KB214761

사랑, 희생, 희망, 겸손, 비움 등 종교의 진리는 영원하다. 다른 한편으로 과학은 새로운 사실을 탐구하면서 세상의 변화를 이끌어간다. 그러므로 신학은 과학과의 대화를 통해 시대와 호흡할 수 있고, 보다 설득력을 가질 수 있다. 기포드 강연은 국내에는 잘 알려져 있지 않으나, 신학과 철학, 과학과 종교 분야의 최고 석학을 초대하여 스코틀랜드 유수의 대학들에서 130년 넘게 진행해온 연속 강좌다. 이 책은 한국 독자들을 이 놀라운 지성의 향연으로 초대해줄 것이다.

김기석 성공회대학교 총장, 영국 버밍엄대학교 '과학과 종교' 박사, 『신학자의 과학 산책』 저자

그 유명한 기포드 강연이 드디어 한국에 왔다. 기포드 강연이 우리말로 이뤄진 것으로 착각할 정도로, 이 책에는 다양한 강연 주제가 형식적인 면에서나 내용적인 면에서 매우 깔끔하게 잘 정돈되어 있다. 낯익은 이들과 더불어 미처 알지 못했던 우리 시대의 저명한 과학자, 신학자, 철학자들이 신과 인간, 자연, 종교, 우주에 관하여 솔직하고 명쾌하게 쏟아낸 다양하고 다채로운 학문적 견해를 한 권의 책으로 만날 수 있다니, 얼마나 즐거운 일인가! 또한 심화 연구를 위해 관련 서적과 글도 제시하고 있어, 이 분야의 입문자나 연구자 모두에게 도움을 준다. 지금까지 다양한 학문과 교우하며 자신의 진리를 설득력 있게 전하고자 했던 기독교 신학은, 오늘날 과학계의 도전에 적극적으로 응답할 책임이 있다. 따라서 지적 책임성을 가지고 신앙하고자 하는 그리스도인에게 이 책이 필독서가 되리라 생각한다.

박영식 서울신학대학교 부교수, 『창조의 신학』 저자

이 책은 놀이동산을 안내하는 지도와 같다. 신학과 과학, 철학이 함께 얽힌 낯선 동네에 호기심을 느끼는 사람들에게 이 동네가 흥미진진한 놀이동산임을 알려준다. 이 책은 기포드 강연자와 저작의 핵심을 짚으면서, 신학과 과학과 철학이 어우러진 동네의 지형과 모습을 드러낸다. 기포드 강연자에 대한 간략한 소개와 강연의 핵심 내용, 추천 도서, 질문으로 짜인 구성은 입문하는 사람들이 이 분야의 구역과 주제와 인물을 쉽게 이해하며 편하게 접근하도록 돕고 있다. 기포드 강연의 결과물을 국내 학자들이 소화해서 소개하는 각각의 글은 짧지만 맛깔스럽다. 글 하나하나가 각기 다른 맛의 조각 케이크를 음미하는 것 같은 색다른 즐거움을 준다. 신학과 과학의 만남에 관심을 가진 이들이 우선 손에 쥘 필독서로 강력히 추천한다.

신재식 호남신학대학교 조직신학 교수

신학과 과학의 만남이라면 흔히 천동설과 지동설 또는 창조론과 진화론이라는 빤한 수준의 다람쥐 쳇바퀴 도는 논의를 떠올린다. 차마 논의라고 하기에도 살짝 민망한 수준일 때도 많았다. 갈등이 있을 때 치유하는 첫 단계는 분리다. 이제는 두 번째 단계, 즉 예의 바른 접촉을 시도할 때가 되었다. 자연신학의 전통을 100년 이상 품위 있게 이어온 기포드 강연에서는 최고의 과학자와 신학자들이 종교, 특히 기독교 신앙을 바라보는 다양한 관점을 흥미롭게 피력했다. 『신학과 과학의 만남』은 기포드 강연의 핵심 논제를 한국 학자들의 시각으로 정리·해설·비판한 책이다. 이 책이 널리 읽히고 토론의 재료가 되기를 소망한다. 세 번째 단계라고 할 수 있는 상호 지지와 협력의 시대를 열어야 하지 않겠는가. 이미 21세기다.

이정모 국립과천과학관 관장

기포드 강연을 신학과 과학의 만남이라는 주제를 중심으로, 한국의 저명한 학자들이 네 분야로 나눠 소개하는 유익한 책이다. 추천자가 에든버러에서 공부하는 동안 수차례 참석했던 유서 깊은 기포드 강연을 소개해주는 책이 나와서 개인적으로도 매우 반갑다. 저자들의 노력을 통해 기포드 강연자들의 사상을 비교적 쉬운 언어로 접할 수 있게 된 것은 독자들에게 행운이다. 이 책에는 강연자들의 생애와 사상이 잘 요약되어 있어, 이 분야를 이끌어갔던 분들의 생각을 읽을 수 있다. 기포드 강연에는 전공이나 신앙과 관계없이 수많은 사람이 참여하는데, 이 책을 계기로 과학과 신학 분야가 일반인에게도 널리 알려지는 계기가 되기를 소원한다. 신학과 과학의 대화에 관심이 있는 분, 그리고 신학과 철학에 관심이 있는 분이라면 꼭 읽어야 할 책이다.

장재호 감리교신학대학교 종교철학 교수, 감신대 과학과신학연구소 소장

현대 신학에서 신학과 과학 관련 주제는 매우 심도 있게 논의되며 연구되고 있다. 우리나라 신학계에서도 이에 관한 연구가 활발하게 진행되어오고 있음은 매우 고무적이다. 신학자를 넘어 과학자들에게도 이 분야에 대한 관심이 점점 증폭되고 있다. 이러한 시기에 맞춘 이 책의 출간은 매우 적절하다고 본다. 기포드 강연에서는 신학, 종교, 철학, 과학 등과 관련된 석학들의 매우 깊이 있는 연구 결과를 발표하고 있는데, 관련 학자가 아닌 일반인은 이해하기 쉽지 않다. 이 책은 1980년 이후 기포드 강연 중에서도 신학과 과학 관련 분야의 강연을 일반인도 이해할 수 있게 설명하려고 노력하고 있다. 신학과 과학에 관심을 가지는 많은 이에게 이 책이 도움을 줄 것이라고 생각한다.

최승언 서울대학교 지구과학교육과 명예 교수

신학과 과학의 만남

기포드 강연을 중심으로

신학과 과학의 만남

책임편집 **윤철호 · 김효석**

새물결플러스

차례

머리말

이 책은 한국연구재단의 지원을 받아 2019년 7월부터 2022년 6월까지 3년 동안 진행하기로 한 일반 공동 연구 "기포드 강연 연구를 통한 21세기 자연신학의 모색: 신학-철학-과학의 학제 간 연구"의 1년 차 연구 결과물이다. 이 연구의 목적은 영국의 아담 기포드 경이 1888년에 시작한 자연신학의 공론장인 기포드 강연(Gifford Lectures)을 과학 시대인 오늘날의 '빅 히스토리'(Big History) 관점을 가지고 신학, 철학, 과학의 학제 간 연구와 대화를 통해 새롭게 조명하고 심화·발전시킴으로써, 21세기의 새로운 기독교 자연신학을 모색하고 수립하는 것이다.

이와 같은 목적 아래 이 연구는 다음 세 가지를 목표로 한다. (1) 기포드 강연 연구를 통해 과학과 종교의 학제 간 대화를 발전시킨다. (2) 이와 같은 학제 간 대화를 통해 과학과 인문학, 신학과 일반 학문 간의 갈등과 대립을 극복하고 공명의 가능성을 모색한다. (3) 과학 시대에 공적 신학으로서의 새로운 기독교 자연신학의 전망을 모색하고 수립한다. 또한 이 연구는 자연과학, 과학신학/과학철학, 철학, 신학의 네 분과로 나누어 수행한다. 분과당 3명씩 배정되어 연구를 수행하는 총 12명의 연구 위원은 각기 신학, 철학, 과학을 전공한 대학교수로 각 분야에서 탁월한 학문적 업적을 쌓은 학자들이다.

이번 1년 차 연구는 2, 3년 차 연구의 토대가 되는 연구로서, 1980년대 이후의 기포드 강연 중 대표적인 것을 분야별로 선별하여 연구하고 해당 강연의 핵심 내용과 기조를 밝히는 것을 과제로 한다. 이 책은 바로 이 1년 차 연구의 결과물이기 때문에 신학이나 철학이나 과학에 깊은 조예가 없는 일반 독자도 큰 어려움 없이 이해가 가능한 수준이라고 할 수 있다(그렇게 될 수 있도록 노력했다). 본서는 신학, 철학, 과학 전공자를 위한 전문 학술 서적이라기보다는 신학, 철학, 과학에 관심을 가진 일반 독자 또는 학생들을 위한 안내서기 때문에 엄격한 논문 형식을 취하지는 않았다. 따라서 꼭 필요한 경우가 아니면 인용문에 대한 각주 처리를 하지 않았다. 이 점을 양지해주시기 바란다. 이 책이 신학, 철학, 과학의 학제 간 대화를 통한 기독교 자연신학의 전망에 관심을 가진 모든 이들, 특히 젊은 지성인들에게 도움을 주는 유익한 안내서가 될 것을 믿어 의심치 않는다.

좋은 동료를 한데 불러주시고 한 팀이 되어 함께 연구함으로써 한국 교회와 사회에 작은 초석이 될 수 있는 유의미한 연구 결과물을 내도록 은혜를 베풀어주신 하나님께 모든 감사와 영광을 올려드린다. 그리고 이 연구를 위한 모임을 시작할 때 일 년 동안 모임 장소와 점심 식사를 제공해주신 신일교회 배요한 목사님의 은덕에 진심으로 감사를 드린다. 그 은덕이 없었다면 이 연구는 시작되지 못했을 것이다. 그리고 어려운 상황 가운데서도 이 책의 출판을 허락해주신 새물결플러스의 김요한 대표님과 왕희광 편집장님께 심심한 감사의 말씀을 드린다.

2021년 6월

연구 책임자 윤철호

서론

기독교 창조론의 우주적 지평 회복

강태영

I. 기포드 강연

아담 기포드 경
(Adam Lord Gifford, 1820-1887)
출처: 위키피디아

기포드 강연(Gifford Lectures)은 스코틀랜드의 변호사이자 판사이며 상원의원이었던 아담 기포드 경(Adam Lord Gifford)의 후원으로 1888년에 시작되어 지금까지 이어져내려온 영국의 전통적인 신학 강연이다. 스코틀랜드의 유서 깊은 네 학교인 애버딘(Aberdeen), 에든버러(Edinburgh), 글래스고(Glasgow), 세인트앤드루스(St. Andrews) 대학교와 연계해 매년 계속되면서 국제적으로 권위를 인정받고 있다. 공식 홈페이지에 소개된 이 강연의 특징은 "100년 이상 이어져온 자연 신학 강의"(Over 100 years of lectures on natural theology)라는 것이다. 자연신 학과 철학에 조예가 깊었던 기포드가 이 강연을 통해 추구한 목적은 "가 장 넓은 의미에서의 자연신학(더 분명히 설명하면 하나님에 대한 지식) 연구를 촉진하고 보급하는 것"이었다.[1] 이러한 강연의 목적에 걸맞게 강사들은 자 연신학과 관련된 신학, 종교, 철학, 과학 등 다양한 분야의 최정상급 석학 으로 선정해왔다. 대표적인 인물을 살펴보면 칼 바르트(1936 - 1938), 폴 틸 리히(1953 - 1954), 루돌프 불트만(1954 - 1955), 위르겐 몰트만(1984 - 1985) 과 같은 신학자가 있었고 앙리 베르그송(1913 - 1914), 알프레드 노스 화이 트헤드(1927 - 1928), 한나 아렌트(1973), 힐러리 퍼트넘(1990 - 1991)과 같은 철학자와 닐스 보어(1949 - 1950), 베르너 하이젠베르크(1955 - 1956), 존 에 클스 경(1978 - 1979), 로저 펜로즈(1992 - 1993)와 같은 자연과학자와 이안 바버(1989 - 1991), 아서 피콕(1992 - 1993), 존 폴킹혼(1993 - 1994), 앨리스 터 맥그래스(2009)와 같은 과학-신학자는 물론, 칼 세이건(1985)이나 리처 드 도킨스(1988)처럼 종교에 적대적인 유물론·무신론 입장의 과학자도 초 청했다. 화이트헤드의 명저 『과정과 실재』(Process and Reality, 1929)나 몰트만 의 역작 『창조 안에 계신 하나님』(Gott in der Schöpfung, 1985)이 모두 기포드 강연 내용을 바탕으로 탄생한 작품이라는 점만 봐도 기포드 강연의 학문 적 수준과 영향력을 헤아릴 수 있다.

100여 년 역사의 기포드 강연에서 강연한 학자들의 주된 학문적 관심 사와 공헌을 살펴보면, 자연신학 연구에 있어 신학, 철학, 과학, 종교 간의

---

1   "The Gifford Lectures," *The Gifford Lectures*, https://www.giffordlectures.org(2021년 6 월 16일 접속).

지속적 학제 간 대화가 가장 중요한 방법론이라는 점이 분명히 드러난다. 기포드 강연은 '과학과 종교 간 대화'의 시작점일 뿐 아니라, 일관성과 전문성을 갖춘 그런 대화를 한 세기 넘게 지속 수행함으로써 신학, 철학, 과학, 종교 사이 학제 간 대화의 전형적인 모델을 제시했다. 그러므로 기포드 강연에 관한 심층적 연구는, 기독교 신학과 자연과학 사이의 학제 간 대화 역사를 조망하고, 신학, 철학, 과학, 종교 사이의 학제 간 대화를 심화·발전시킴으로써, 21세기 과학 시대라는 삶의 자리에 상응하는 기독교 자연신학을 수립하는 데 이바지할 수 있을 것이다. 이처럼 새로운 자연신학을 구축하여 기독교 창조론의 우주적 지평이 활짝 열린다면, 기독교 창조론은 신학적 우주론이라는 본래의 기능과 의미를 되찾아 보편타당한 진리로서 생동할 수 있을 것이다.

II. 빅 히스토리

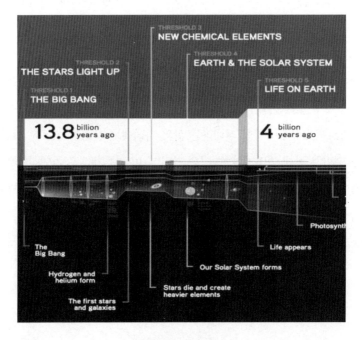

과거, 현재, 미래의 연결
출처: https://www.oerproject.com/Big-History

빅 히스토리는 물리학, 천문학, 화학, 지질학, 생물학 등의 자연과학과 고
고학, 인류학, 역사학 등의 인문학을 아우를 수 있는 학제 간 연구로서, 역
사를 하나의 통일된 지식 안에 통합해서 이해하기 위하여 과학과 인문학
을 결합한 융합 학문이다. 빅 히스토리는 '자연과 역사'를 분리한 인간 중
심의 이분법적 역사관을 넘어 역사의 범위를 빅뱅으로까지 확장함으로써
자연의 역사, 곧 우주 전체의 역사 가운데서 인간을 이해하고자 한다. 따라
서 빅 히스토리는 인류나 문명의 기원 대신 우주의 기원인 빅뱅에서 시작
해 문명을 이루고 살아가는 인간의 현대 사회와 다가올 인류의 미래까지

포함하여 138억 년에 이르는 자연과 인간의 역사를 우주적 관점에서 조망한다. 이러한 학문 활동은 호주의 역사학자 데이비드 크리스천이 처음 주창했고 빌 게이츠의 적극적인 후원하에 전 세계에서 빅 히스토리 교육 프로그램들을 개발하는 "빅 히스토리 프로젝트"(Big History Project)로 발전했다. 빅 히스토리는 우주, 생명, 인간의 기원과 역사와 미래를 중심 주제로 다룬다.

기독교 창조론이 신학의 영역을 넘어 자연과학 및 철학과의 학제적 대화라는 열린 공론의 장에 등장하게 한 기포드 강연의 자연신학적 주제들(신, 세계, 인간에 대한 다양한 통찰)을 빅 히스토리의 관점에서 심층적으로 새롭게 구성한다면, 우주의 기원부터 생명의 출현, 의식의 창발과 인간의 삶, 오늘날의 인류 문명, 나아가서 우주의 미래와 종말에 이르는 역사를 창조신학의 관점에서 온전하게 통찰할 길이 열릴 것이다. 이는 기독교 창조론이 우주적 지평을 확립하게 됨을 의미한다. 기독교 창조론이 이러한 과정을 거쳐 신학적 우주론으로 군건히 확립된다면, 기독교 신앙은 그리스도인만의 주관적 진리나 사적 신념 체계로 위축되지 않고 일반 학문과 이해 가능한 방식으로 소통하는 가운데 신, 세계, 인간에 관한 포괄적 전망을 제공함으로써 기독교 진리를 합리적으로 해명하며 열린 공론의 장에 참여할 수 있게 될 것이다. 현재 진행되고 있는 빅 히스토리 논의는 '창조자로서의 신'에 대한 고려가 없고, 인류의 미래나 우주의 미래에 대한 예측도 단지 자연과학의 방법, 즉 자연법칙에 따라서만 이루어진다는 점이 한계일 수 있다. 기포드 강연의 주요 주제를 빅 히스토리와의 관계성 속에서 심층적으로 발전시키는 것은, 곧 세계 가운데 활동하는 신과의 연계 속에서의 빅 히스토리를 제안하는 것이다. 이러한 창조신학의 조명을 통하여 기존의 빅 히스토리 논의에 새로운 통찰을 주는 신학적 전망을 제시할 수 있을 것이다. 자연법칙에 따라 예측하는 우주의 미래는 팽창하던 우주가 다시 수축하여 빅뱅 당시로 되돌아가는 모델, 혹은 우주의 끝없는 팽창으로 엔트로피가 무한히 증가하면서 어떤 사건도 일어날 수 없게 되는 열 죽음 모델 등과 같이 범우주적 허무로 끝나지만, 예수 그리스도의 부활에 근거해서 인식하게 되는 종말은 파멸이 아니라 만물의 새창조로서 우주적 완성에 이르게 된다.

성서의 하나님은 하늘과 땅의 창조자인 동시에 새창조를 통해 구원을 완성하실 구원자 하나님이다. 따라서 창조와 구원을 이분법적으로 생각하거나 창조를 구원의 드라마가 펼쳐지는 무대 정도로 간주하면 안 된다. 특히 그리스도의 성육신과 부활(몸의 부활)을 통해 인식하게 되는 창조와 구원의 연속성을 고려할 때, 자연과 인간 혹은 구원사와 보편 역사를 둘로 나누어 생각하는 이분법적 사고는 지양해야 한다. 세계를 하나님의 창조로 인식한다는 것은 인간 중심의 역사 이해를 넘어 전 우주의 역사를 하나님의 창조 과정으로 인식함을 의미한다. 창조에 대한 이러한 인식은 기독교 창조론이 그리스도인에게만 타당한 특수 학문으로 위축되는 것을 막고, 과학 시대에 기독교 창조신학을 설득력 있게 제시할 길을 발견하게 할 것이다.

III. 자연신학

기독교 신학 전통에서 자연신학은 계시에 의존하지 않는 신학의 일부로서, 자연과 이성을 통한 신 인식의 문제를 관건으로 한다.[2] 그것은 신 존재 증명의 한 방법으로 자연을 관찰하고 인간의 이성을 사용하여 하나님의 존재와 거룩한 목적을 증명하려는 시도다. 기포드 강연을 창설한 의도도 성서에 나타나는 특별계시에 의존하지 않고 자연 질서와 인간의 이성 능력에 기초한 자연신학의 가능성을 모색하는 것이었다. '계시신학'의 명백한 전제는 하나님과 그의 거룩한 목적이 인간의 이해에 개방되어 있지 않다는 것이다. 하나님의 목적은 하나님의 계시를 통해서만 알 수 있고, 단순히 인간의 탐구를 통해서는 알 수 없다는 것이다. 자연신학은 계시신학이 이성과 조화될 가능성의 문제를 다룬다. 그래서 교회 역사에서 계시신학은 자연신학에 대해 전혀 호의적이지 않았다. 17-18세기에는 사람들이 인정할 수 있는 '자연 종교'를 확립하고 그럼으로써 계시 종교에 의혹을 품는 이들에 대한 가혹한 비난과 조치를 개선하려는 시도들이 있었다. 윌리엄 페일리(William Paley)의 『자연신학』(*Natural Theology or Evidences of the Existence and Attributes of the Deity*, 1802)은 거룩한 목적의 합리적 도출을 주장하는 고전적 작업이다. 비록 기독교 역사에 속하지는 않지만 이미 플라톤의 저술들(c. 427-347) 가운데서도 세상에서 일하는 신성한 이성의 존재에 대한 합리적 주장을 찾아볼 수 있다.

---

2   자연신학과 그 역사에 대해서는 다양한 관점과 이해와 평가가 있지만, 이 연구 프로젝트의 특성상 기포드 강연 공식 홈페이지(www.giffordlectures.org)에 표명된 자연신학과 그 역사에 대한 이해를 정리해서 소개한다.

**이성과 신앙의 조화를 추구한
토마스 아퀴나스[3]**

예수 그리스도 안에서의 하나님의 계시를 인간의 이성과 조화시키려는 시
도는 기독교 신학사 안에서 오랜 전통으로 자리 잡고 있다. 정통적인 기독
교 신학은 그리스도 안에서 하나님을 유일무이하게 경험하는 가운데 발
견되는 구원의 특별한 속성을 역설하는 동시에, 인간에게 하나님의 은혜
에 대한 응답의 책임을 지운다. 간단히 말해서 계시는 책임감 있고 하나님
께 응답하는 이성적 개인과 만나야 하며 그와 화해해야 했다. 그리고 자연
신학을 기독교 신앙과 조화시키려는 많은 시도 중에는 토마스 아퀴나스(c.

---

3   "그는 기독교 교리를 위협하는 아리스토텔레스의 자연철학을 기독교 신학에 편입했
     다"(Carlo Crivelli의 "Saint Thomas Aquinas"[c.1435-1495]). https://www.injurytime.
     kr/news/articleView.html?idxno=3219.

1225-1274)와 이마누엘 칸트(1724-1804)의 노력이 있었다. 한편 철학자 데이비드 흄(1711-1776)은 자연신학이 단순한 추측에 불과하고 어쨌든 기독교 진리를 믿으려면 맹목적인 믿음으로 믿어야 한다고 주장했다.

자연신학은 근대 이래로 자연과학과 만나면서 새로운 국면을 맞이했다. 과학 시대의 도래는 자연신학이 전개되는 전혀 새로운 맥락이 되었다. 많은 이가 과학과 과학적 방법이 신앙에 대한 전통적 이해에 도전한다고 보지만, 오히려 그것이 종교적 이해를 보완한다고 보는 이들도 있다. 새로운 자연신학은 과학 내의 적절한 영역으로 들어가 과학과 경쟁하는 대신 그것과 상보적 관계를 맺고, 과학 자체로서는 그저 맹목적인 사실로 다루던 것을 새롭게 이해하는 일에 관심을 쏟는다. 과학적 질문이 늘 당연하게 과학적 답을 얻게 되는 것은 아니다. 필수적이고 의미 있으며 중요한 질문임에도 과학이 자기 제한적으로 설정해 놓은 한계(과학의 전제와 방법에서 야기된 한계)로 인해 과학의 영역 밖에 놓여 있는 경우도 많다. 또한 과학이 제기하는 질문 중에는 과학을 하는 과정의 경험에서 나온 것은 분명하나, 과학의 좁은 경계를 넘어 해답을 찾아야만 하는 메타 질문도 있다. 과학의 메타 질문을 고려할 때, 새로운 자연신학의 가치는 의심의 여지가 없는 증명이 아니라 통찰을 충족하는 데 있다. 과학-신학자인 존 폴킹혼(John Polkinghorne)은 과학과 신앙 사이의 그런 보완성을 이렇게 설명한다. "과학자들의 노력에 동기를 부여하는 것은 단순한 기능적 성공이 아니라 존재론적 지식에 대한 열망"이라고 말이다.[4]

21세기 과학 시대라는 삶의 자리에서 자연이 신학적 주제가 될 때는

---

4   John Polkinghorne, *Belief in God in an Age of Science* (New Haven, CT: Yale University Press, 1998), 30.

전통적 자연신학이 제기하는 질문과 전혀 다른 질문들이 제기된다. 전통적 자연신학에서는 자연과 이성을 통한 신 인식이 관건이었던 반면, 과학 시대의 새로운 자연신학에서는 이 세계를 하나님의 창조로 인식하는 것이 핵심적 문제가 된다. 근대 과학의 등장 이래로 자연은 자연법칙에 따라 작동하는 하나의 메커니즘으로 이해되었고, 환원주의와 자연주의가 과학의 가장 중요한 방법론이 되었다. 우주의 구조와 모든 자연 사건이 자연주의적 방법으로 이해되고 설명되면서 모든 것이 예외 없이 자연화되었다. 인간은 우주의 진화 과정에서 우연히 발생한 하나의 생물 종이 되었다. 그러한 관점에서는 하나님의 형상인 인간의 정신 혹은 마음까지도, 뇌에서 일어나는 물리적·화학적 작용의 결과로서 하나의 자연 현상일 뿐이었다. 인간도 결국 하나의 거대한 분자 기계로 환원되고 신은 인간의 뇌가 만들어 낸 망상이 되며 우주에서는 어떤 목적도 의미도 가치도 발견할 수 없었다. 과학의 환원주의와 자연주의에 따른 자연화에는 예외가 없다. 생명도 인간도 정신도 형이상학도 종교도 모두 자연화되어버린다. 21세기 과학 시대라는 삶의 자리에서 세계를 하나님의 창조로 인식하는 것은 아주 어려운 과제가 되었다.

세계를 하나님의 창조로 받아들이고 자연으로부터 신을 인식하려 할 때 발생하는 어려움이 있다. 기독교 신학 전통은 하나님의 '선한' 창조를 강조한다. 창세기는 창조주 하나님께서 창조하신 세계가 "보시기에 좋았다"고 선포한다. 그러나 '자연악'이라고 부르기도 하는 자연의 잔혹함(약육강식의 생존 방식, 자연재해, 자연에서 유래하는 질병 등)을 경험하며 살아가는 인간에게 자연을 통해 창조주 하나님의 선하심을 인식할 수 있다는 사실은 결코 자명하지 않다. 사실 성서의 창조 전승은 자연을 이상화하지 않으며 창조 세계에 카오스적 특성이 내포되어 있는 것이 명백한 현실임을 보여준다.

자연신학은 신앙의 전주나 예비가 아니라 일반적인 세계관으로서, 신앙은 그 가운데서 지성으로 이해될 수 있는 위치를 차지할 수 있다. 따라서 새로운 자연신학은 이성적 관찰과 반성을 통하여 신 존재에 대한 인식 가능성을 논하는 기존의 협소한 전통을 넘어서야만 한다. 21세기 과학 시대라는 맥락에서 새롭게 수립해야 할 자연신학은 위에서 살펴본 여러 문제점을 극복해야 한다는 과제를 안고 있다. 전통적인 서구 교회의 전통, 특히 개신교 신학의 전통은 은혜와 자연, 계시와 이성을 이분법적으로 분리하고 계시신학과 자연신학을 대립시켜 왔다. 배타적 계시신학은 일반 학문과의 대화를 거부함으로써 공적 담론의 장으로부터 고립을 자초했다. 이렇게 자폐적인 교회와 신학의 오랜 관행을 극복하고, 우주적 창조자에 대한 신앙 안에서 일반 학문과 소통하면서 신과 세계(자연)와 인간에 대한 포괄적 전망과 합리적 해명을 제시하는 자연신학을 모색해야 한다. 이를 통해 교회와 신앙이 사적 신념으로 환원되는 것을 방지하고 공적 토론의 장에서 이해 가능한 방식으로 소통하게 하는 통전적·공적 신학으로서의 자연신학을 수립할 길이 열릴 것이다.

IV. 신학적 우주론으로서의 창조신학

기독교 신학은 자연을 자연과학만의 고유한 전문 영역으로 내어줘서는 안 된다. 자연은 과학의 관찰과 자연법칙에 따른 이론화를 넘어, 창조신학적 통찰을 통하여 비로소 온전히 인식될 수 있기 때문이다. 기독교의 하나님이 우주의 유일한 창조자이자 지지자이자 완성자시기 때문이다. "보시기에 좋았더라", 즉 의도하신 대로 되었다는 창조세계를 향한 하나님의 평가는, 창조에 대한 인간의 경험에서 나온 평가가 아니라 창조주 하나님의 평가다. 한순간을 살다 가는 인간과 달리 하나님은 창조의 전 과정(태초의 창조, 계속적인 창조, 새창조)을 보시기 때문에 창조에 대해 궁극적인 긍정을 하실 수 있었다. 근대 이래로 수학과 물리학이라는 도구를 통해 우주가 형식화되고, 정확하고 검증 가능한 예측을 하는 과학적 우주론이 신학적 우주론을 대체하면서, 기독교 창조론은 점차 신학적 우주론으로서의 본래 기능과 의미를 상실하고 말았다. 신학은 자연을 자연과학의 전문 영역으로 넘겨주고 인간, 역사, 실존이라는 주제만을 신학의 대상으로 삼으면서 우주적 지평을 잃고 위축되었다. 우주를 이해하려는 인간의 노력에서 우주이론이 제안되었지만 과학적 우주론만이 유일하게 보편타당한 우주론이라고 주장한다면 그것은 과학의 방법이 진리에 이르는 유일한 길이라고 주장하는 과학주의적 편견일 뿐이다. 마찬가지로 20세기의 우주론을 지나치게 순진하게, 혹은 이데올로기적으로 해석하려는 유혹에 빠지지 않게 주의해야 한다. 현대 우주론은 전통적인 형이상학 및 신학적 문제와도 복잡한 논리적 관계를 맺고 있기 때문에 오히려 매혹적이다. 특히 우주론과 관련된 과학의 메타 질문들은 신학과 과학의 대화에서 중요한 주제가 된다. 신학적 우주론과 과학적 우주론이 서로 경쟁하거나 상호 배타적으로 서로를 지배하려 하거나 대체하려 할 이유가 없다. 기독교 창조신학은 신학적 우주론으로서의 본래적 기능과 의미를 되찾고 과학적 우주론과 지속적으로 진지하게 대화하면서 창조의 진리를 새롭게 해석함으로써, 그 진리를 현대인들이 지성적으로 이해할 수 있는 생동하는 진리로 증언할 수 있을 것이다.

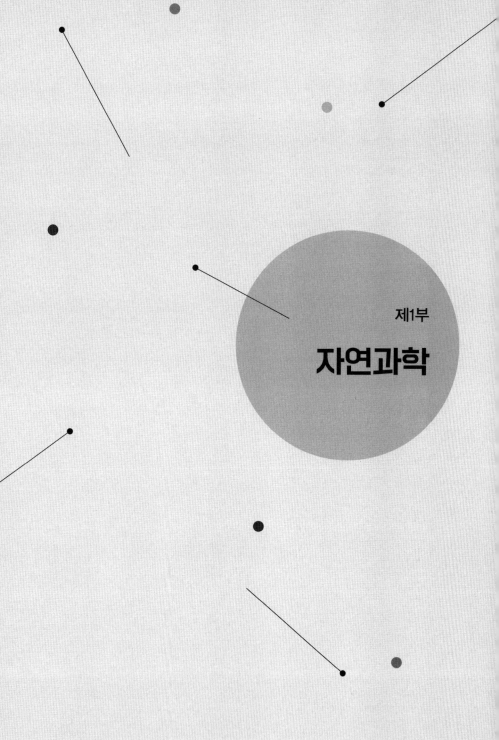

제1부

자연과학

칼 세이건, 프리먼 다이슨

우종학

I. 칼 세이건의 『과학적 경험의 다양성: 신의 존재에 관한 한 과학자의 견해』

1. 서론

칼 세이건(Carl Sagan, 1934-1996)은 미국의 과학자로서 외계 생명체 연구에 이바지한 행성과학자이자 과학의 대중화에 크게 기여한 과학자다. 시카고 대학교에서 행성들에 대한 물리적 연구로 박사 학위를 받았으며 하버드 대학교를 거쳐 코넬 대학교에서 교수직을 맡았다. 금성의 표면 온도, 토성의 위성인 타이탄과 목성의 위성인 유로파 연구 등을 통해 태양계 행성 연구에 기여했고 미국 항공 우주국(NASA)의 태양계 탐사에도 깊이 관여했다. 외계 생명체 연구와 탐사에 힘을 쏟았으며 외계 생명체가 보내는 전파 신호를 찾는 프로젝트인 Search for Extraterrestrial Intelligence(SETI) 연구에도 관여했다.

칼 세이건은 특히 과학 대중화에 이바지하며 대중의 사랑을 받았다. 100편 이상의 글과 20여 권의 책을 통해 우주를 쉽게 소개했으며, 주요 저서 중 하나인 『에덴의 용』(*The Dragons of Eden*, 사이언스북스 역간, 2006)으로는 풀리처 상을 받았고 다른 저서로도 다수의 상을 받았다. 그는 특히 공영방송 PBS에서 시리즈로 방영한 과학 다큐멘터리 "코스모스"의 진행자로 인기를 얻었는데, 같은 제목으로 출판된 책은 60여 개국에서 번역되어 5억 명 이상이 읽었다고 알려진다.

이처럼 과학을 대중에게 소개하면서 과학적·비판적 사고를 증진한 칼 세이건은 그 과정에서 종교에 대한 입장을 드러내기도 했다. 신에 대한 그의 입장은 종종 무신론으로 평가되기도 하지만, 더 정확히 말하자면 불가지론에 가까웠다.

2. 본론: 신 존재 가설과 인류의 미래

칼 세이건은 1985년 글래스고 대학교에서 9회에 걸쳐 "우리가 누구인지를 찾아서"(The Search for Who We Are)라는 제목으로 기포드 강연을 했다. 그 내용은 2006년 『과학적 경험의 다양성: 신의 존재에 관한 한 과학자의 견해』[1]라는 제목으로 출판하였으며, 책에는 강연의 아홉 가지 주제를 각 장에 정리했다. 세이건은 신의 존재에 대한 과학적 증거가 없다고 판단하는 한 과학자로서의 자기 견해를 밝히면서, 현대 과학의 결과 앞에서 더 이상 기독교의 신이 존재할 자리가 없다는 주장을 펼친다. 그는 종교의 기원과 역할 및 종교적 경험 등에 대한 의견을 제시하고 신 존재 가설을 비

---

1   Carl Sagan, *The Varieties of Scientific Experience: A Personal View of the Search for God* (New York: Penguin Press, 2006).

판한다. 그러나 1980년대 냉전 시대의 주요 화두였던 핵무기의 위험성을 논한 후, 마지막으로는 종교에 대해 살짝 열린 태도로 강연을 맺는다. 종교와 과학, 신 존재 논증, 종교의 역할 등, 자연의 신학과 관련된 세이건의 주요 견해는 다음의 몇 가지로 정리할 수 있다.

1) 종교와 과학

칼 세이건은 현대 과학이 밝힌 우주에서 기독교를 포함한 어떤 종교도 성립될 수 없다고 주장하는데 그 이유는 이러하다. 첫째, 우주의 크기에 비해 서양의 신학이 묘사하는 신은 너무나도 작다. 기독교의 신은 은하의 신도 되지 못하며 나아가 우주의 신이 되기에는 턱없이 부족하다. 둘째, 우주에서 수없이 생성되고 파괴되는 행성의 변화 과정은 피조물을 위해 자상하게 수고하는 서양의 신 개념과는 맞지 않는다. 전능한 신이 자신은 불멸의 존재이면서 왜 인간을 불멸의 존재로 창조하지 않았는지 묻지 않을 수 없다. 신의 영원성과 인간의 유한성은 마치 부자가 가난한 자에게 가난을 부과하면서 자신을 좋아해달라고 요구하는 것과 비슷하다. "성서에 담긴 신은 시대상을 반영하며, 당대의 유대인에게 작은 신으로 비쳤을 뿐이다"라는 반론이 있기는 하다. 그러나 은유만으로도 은하나 우주를 묘사하기에 충분했을 텐데 성서에는 그런 내용조차 없다. 신은 작은 세계에 국한된 존재로 기록되어 있을 뿐이다. 자신은 전능하면서도 인간에게 유한성과 죽음을 부여한 신은 그저 인간과의 차별성을 드러내기 위해 성서에는 거대하게 묘사되었으나 현대 과학의 관점으로 보면 지구의 신에 불과하다는 것이다.

세이건은 과학과 종교의 목표가 같다고 해도 그것을 추구하는 방법이 다르다고 했으며, 종교에는 논제를 검증하기 위한 실험이 없고 하나의 정답만 있다고 비판한다. 한편 인간의 호기심과 지성은 신이 존재한다면 신으로부터 부여받은 것일 수도 있고 신이 존재하지 않는다면 생존을 위해 진화된 능력으로 볼 수 있는데, 둘 중 어느 쪽이든 종교는 과학과 함께 가야 한다는 말도 한다. 인간의 안녕을 위해서는 과학과 종교가 모두 필요하기 때문이다.

과학은 '평범성의 원리'로도 불리는 코페르니쿠스의 통찰을 통하여 지구가 우주에서 특별한 위치에 있지 않고 인간도 생물학적으로 특별한 존재가 아니며, 인류가 우주의 유일한 지적 생명체가 아닐 수도 있음을 말해준다. 반면 종교는 평범성의 원리가 주는 통찰에 방해가 되며 과학적 설명이 가능해질수록 신의 자리는 축소될 수밖에 없다.

2) 생명과 지성

태양계를 포함한 우주에는 유기 분자가 많아 지구의 긴 역사 속에서 생명체를 만드는 재료가 되었다. 우주에는 인류 외에도 지적 생명체들이 존재할 것이다. 외계 지적 생명체가 존재할 가능성을 확률적으로 다룬 드레이크 방정식을 긍정적으로 계산하면 백만 개의 통신 문명이 존재할 수 있다. 따라서 통신 문명을 소유한 외계 지적 생명체를 찾기 위한 SETI 프로젝트가 필요하다. 외계 지적 생명체가 발견된다면, 인간이 하나님의 형상으로 창조되었다고 말하는 기독교는 무너질 것이다.

3) 신 가설 비판

칼 세이건은 신의 존재에 관해서도 증거를 탐색하는 과학적 접근 방법을 취해야 한다면서 전통적인 신 가설을 비판한다. 먼저 그는 신의 개념을 전지전능하고 인격적인 신과 비인격적인 신으로 구분하고 비인격적인 신, 가령 물리 법칙의 총합을 신으로 본다면 누구도 무신론자가 될 수 없다고 주장한다. 그러나 인격적인 신을 믿는 종교는 문화에 예속되어 있으며, 바로 그 점이 종교가 지역 문화를 넘어서는 신과 관련이 없다는 증거라고 주장한다. 세이건은 여섯 가지 신 존재 논증, 즉 (1) 제1원인을 상정하는 우주론적 논증, (2) 설계로부터의 논증, (3) 윤리의 기원에 대한 논증, (4) 존재론적 논증, (5) 의식으로부터의 논증, (6) 경험으로부터의 논증을 하나하나 반박한다. 그의 핵심 주장은 신 존재에 관한 이 여섯 가지 논증이 그다지 설득력이 없으며 믿음의 합리적 정당화를 위해 만들어낸 논리일 뿐이라는 것이다. 그는 신이 정말 존재한다면 왜 고통과 악을 허락했는지에 의문을 표하고 신정론의 문제가 서구 신학의 근본적 모순을 드러낸다고 말한다. 그러면서 전통적인 신 존재 논증 대신 신이 과학의 내용을 계시했더라면 신의 존재가 완벽하게 증명되었을 것이라고 주장한다.

4) 현안과 미래

세이건은 종교를 비판했지만 인류의 현안과 미래에 관한 논의에서는 인류를 위한 종교의 역할이 있음을 역설한다. 그는 6천 5백만 년 전의 소행성 충돌로 일어난 대규모 멸종과 같이 무서운 결과를 가져올 핵무기와 핵전쟁의 위협에 대비해야 한다면서, 종교인들이야말로 이런 창조에 반하는 범죄를 막는 데 앞장서야 한다고 했다. 또한 자연의 본성과 인간의 본성을 탐구하는 바람직한 자세로서, 인류의 탐구가 제한적임을 받아들이는 겸손함과 더불어 우주를 있는 그대로 받아들일 용기가 필요하다고 주장한다.

3. 결론

칼 세이건은 분명히 유물론적 자연주의와 환원주의의 입장에 서 있었지만 대화에 열려 있었고 자신의 전문성을 넘어서는 범위에 대해서는 겸손한 자세를 취하기도 했다. 그러나 그가 수용한 신 개념은 기독교의 신보다 철학자들의 신에 가까워 보인다. 반면 그가 이해하고 비판한 기독교의 신은 주로 작위적이고 마술사적인 신이며 그런 관점에서 출발하여 기독교의 신이 과학과 대립된다고 논증한다. 과학적 설명이 가능해지면 신의 자리가 없어진다는 그의 반복적 주장은 기독교의 신을 기적의 신, 즉 작위적이고 미신적인 신으로 보는 그의 좁은 신관이라는 한계를 여실히 드러낸다.

기적의 세계에 존재하는 미신적인 신은 과학의 발전을 통해 설 자리를 점점 잃게 되는데, 기독교의 신이 바로 이런 종류의 신이므로 기독교는 과학과 대척점에 있다는 것이 세이건의 주장이다. 하지만 이렇게 보는 것은 고대인들이 제한적으로 이해하여 그들의 눈높이에서 표현했던 신 개념 안에 기독교의 신을 구겨 넣는 셈이다. 신이 인간의 이해에 따라 제한되는 것이 아니라, 신에 대한 우리의 이해가 제한적이라는 점에 주목하면 칼 세이건의 비판은 상당 부분 설득력을 잃는다. 그러나 그의 비판으로부터, 신의 창조물인 자연에 대한 기독교적 이해가 더 깊어져야 한다는 긍정적인 메시지도 읽어낼 수 있다.

더 읽어보기

칼 세이건, 임지원 옮김, 『에덴의 용: 인간 지성의 기원을 찾아서』(사이언스북스, 2006).

칼 세이건, 홍승수 옮김, 『코스모스』(사이언스북스, 2006).

칼 세이건, 박중서 옮김, 『과학적 경험의 다양성: 신의 존재에 관한 한 과학자의 견해』(사이언스북스, 2010).

① 기독교의 신은 지구의 신으로 제한되는가?

② 과학적 증거를 찾는 방식이 진리에 접근하는 유일하고 참된 길인가?

③ 외계 생명체가 발견된다면 기독교의 종말이 올 것이라는 주장에 동의하는가?

II. 프리먼 다이슨의 『무한한 다양성을 위하여』

1. 서론

프리먼 다이슨(Freeman Dyson, 1923-2020)은 영국 출신의 미국 과학자로서 양자전기역학(quantum electrodynamics) 등의 분야에 업적을 남긴 이론 물리학자다. 영국에서 교육받고 성장했으나 미국으로 건너가 리처드 파인먼 등의 연구를 이어나가면서 괄목할만한 결과로 주목받았고, 박사 학위 없이 코넬 대학교의 교수가 되기도 했다. 이후로는 프린스턴 대학교 고등과학원의 교수로 평생을 지내며 여러 분야에 업적을 남겼다. 다이슨 구(Dyson sphere), 다이슨 나무(Dyson tree) 등 자신의 이름이 붙은 다양한 개념들을 구체화했으며, 이 개념들이 여전히 사용되고 있다. 그는 과학과 종교에 대한 이해를 증진한 업적을 인정받아 2000년 템플턴 상을 수상했다.

다이슨은 기독교 배경에서 성장했으나 자신이 기독교에 느슨하게 연결되어 있고 특정 도그마에 헌신되어 있지 않다고 말했다. 그는 16세기 이

탈리아에서 유래한 이단인 소키누스주의(Socinianism)의 전지하지도 전능하지도 않으며 미래에 대해 열려 있는 신관의 영향을 받았다. 우주적 지성과 신을 명확하게 구분하지 않는 다이슨의 신관은 스피노자나 아인슈타인의 신관에 가깝다.

2. 본론: 우주의 다양성과 무제한성

프리먼 다이슨은 1985년 애버딘에서 "다양성을 찬양하며"(In praise of Diversity)라는 제목으로 기포드 강연을 했으며 그 내용은 1988년에 『무한한 다양성을 위하여』[2]라는 제목의 책으로 출판되었고 2004년에 개정되었다. 다이슨은 강연을 통해 '생명의 무제한적 풍성함'(unbounded prodigality of life)과 그 결과로 나타나는 '인류 미래의 무제한성'(unboundedness of human destiny)을 논한다. 다양성을 미와 가치의 원천으로 여긴 그는 "다양성은 삶의 향신료이며 악의 편만함은 다양성을 위해 치러야 할 대가"라는 말로 자신의 관점을 잘 드러냈다.

기포드 강연은 '인류의 목적'과 같은 담론을 직접 다루지는 않는다. 그러나 다이슨의 강연은 우주가 진화 과정을 통해 다양성을 형성해왔고, 생명과 지성이 만들어내는 다양성을 통해 더욱 풍성해질 것이라는 메시지를 담은 것으로 읽힌다. 인류의 미래에 대한 다이슨의 관점은 인류를 신의 보좌 앞에서 나비로 변신할 운명의 벌레로 그렸던 단테의 그림에 비유된다.

이 강연을 기초로 한 다이슨의 저서 『무한한 다양성을 위하여』의 내용은 크게 둘로 나뉜다. 1부는 생명을 주제로 삼고, 과학과 종교의 관점, 생명의 기원, 자연과 과학, 인류의 미래 등을 다룬다. 2부는 윤리와 기술에

---

2   Freeman Dyson, *Infinite in All Directions* (New York: Harper & Row, 1988).

초점을 두고 핵 발전과 핵무기, 우주 탐사 등을 포함한 기술적이고 정치적인 내용을 주로 다룬다. 그중 자연신학과 관련된 주요 내용은 다음과 같이 세 항목으로 요약할 수 있다.

1) 과학과 종교

다이슨은 과학과 종교가 같은 우주를 탐험하지만 서로 다른 도구들을 사용하고, 갈등 관계에 있지는 않으나 관점이 서로 다르다고 주장한다. 그의 논의는 우주를 과학과 종교라는 두 관점으로 동시에 볼 수 없다는 데서 출발한다. 그에 따르면 자연은 과학이 파악하는 것보다 훨씬 더 복잡하며, 객관적 실재로 다룰 만큼 단순한 물질적 우주는 존재하지 않는다. 과학적 유물론과 종교적 초월주의는 상호 배타적이며 갈등을 극복하기 어렵다. 그러나 입자물리학 관점에서 물질은 활동적 행위자에 가깝고 그 활동이 예측 불가능하다는 점에 주목한다면 과학과 종교의 유사성을 찾을 수 있다. 가령 인간의 지성으로 파악하는 물질의 예측 불가능성과 신의 예측 불가능성은 서로 닮았으며, 물질 자체가 완벽히 예측할 수 없는 독특한 존재이기 때문에 인과관계의 결정론을 특징으로 하는 과학 유물론이 신의 자유를 배제하지는 않는다.

과학은 하나의 독트린이 아니라 문화처럼 계속 성장하고 바뀌는 것이다. 다양한 형태의 시와 그림이 있듯이 과학도 서로 경쟁하는 다양한 스타일로 구성되어 있다. 기독교 영성을 하나의 교회로 다 담아낼 수 없는 것처럼 자연의 본성도 하나의 과학 분과로 다 담아낼 수 없다. 과학은 국제적인 규모의 일로서 인류 전체를 위한 노력이라는 면에서 종교와 비슷하다. 과학과 종교가 서로 진리를 독점하려 하거나 무오성을 주장하지 않는다면 둘의 갈등을 피할 수 있다.

2) 과학과 자연

과학은 통일화(unifying)와 다분화(diversifying)라는 두 가지 스타일을 동시에 지닌다. 가령 학계의 과학은 통일화하는 이들에 의해 주도되지만 산업계의 기술은 다분화하는 이들에 의해 움직인다. 통일성을 추구하는 이론가들은 아이디어와 이론을 중시하고 이론으로 만드는 틀의 내면과 과거를 보며 그들이 발견한 것보다 우주를 더 간단하게 만들 때 만족한다. 반면 다양성을 추구하는 실험가들은 사실과 데이터를 중시하고 이론의 틀 바깥쪽과 미래를 보며 그들이 발견한 것보다 우주를 더 복잡하게 만들 때 만족한다. 이 두 가지 스타일은 상보적으로 과학을 끌어간다. 그러나 우주를 동시에 이 두 가지 관점으로 볼 수는 없다.

블랙홀의 대가인 존 휠러는 물리법칙도 우주에 출현한 생명에 의존한다고 봤다. 그는 물리법칙을 스위스 시계공이 우주에 집어넣은 것이 아닌 생겨난 것(come into being)으로 이해했다. 즉, 물리법칙은 원래 주어져 있는 것(primary)이 아니라 인간이 경험을 통해 만들어가는 것(derivative)이라는 의미다. 물리 법칙이 항상 100% 맞지 않는 것도 이 때문이며, 그것은 관측되는 우주에 맞게 점진적으로 진화한다. 휠러는 괴델의 불완정성 원리가 보여주는 것처럼 과학도 우주를 다 풀어내지 못할 것이라고 봤으며, 우주의 구조가 물리학 법칙 몇 개로 확실히 환원될 수 있다는 생각에 반대한다. 경험되는 우주는 단지 물리법칙으로 환원해 설명하기에는 너무나 무한하다. 만일 물리적 실재 전체가 몇 가지 방정식으로 기술 가능하다면 그런 우주를 만든 신은 상상력이 부족한 신일 것이다.

이론과 아이디어는 결국 인간의 인식론에 의존하고, 실재에 대한 수학적 전개는 인간의 인지 안에 구성된 추상화된 원리들이다. 그러나 그 바탕이 되는 경험적 데이터는 어쩌면 수학적 추상으로 통일될 수 없을지도

모를 (혹은 통일되기에는 너무나 풍성한) 다양성을 지니고 있다. 즉 우주의 수학적 구조는 우주의 실재라기보다 인간의 인식 안에 재구성된 추상이며, 실제 우주는 추상화된 수학적 구조 이상의, 혹은 그 구조를 넘어서는 다양성을 갖추고 있다.

3) 신앙과 이성의 충돌을 넘는 이해

다이슨은 신앙과 이성이 충돌하는 다섯 가지 지점에 관해 논한다. 첫째는 초기 생명체와 지성의 기원에 관한 것으로, 생명이 우연적 과정으로 출현했다는 이론과 신의 계획으로 만들어졌다는 교리가 충돌하는 지점이다. 그는 우연이 존재하고 신도 우리의 무지를 공유한다는 소키누스주의적 견해를 피력한다. 전지하지 않은 신이 우연을 사용하면서 그의 목적을 이룬다는 주장이다.

둘째는 인간의 자유의지와 과학의 인과론이 충돌하는 지점이다. 자크 모노와 같은 과학자들은 물질의 세계가 결정론을 따른다고 보기 때문에 인간의 자유의지를 부정하고, 전지전능한 신을 수용하는 신학도 신의 전능성을 제한할 수 없기 때문에 인간의 자유의지를 부정한다. 그러나 소키누스주의 신학으로 자유의지와 인과론을 포괄할 수 있다. 무작위적으로 보이는 뇌의 작용에 인간의 지성이 연결되어 있으며, 무작위적으로 보이는 세계의 물리적 과정에 우주적 지성이 연결되어 있다.

셋째는 목적론과 과학적 설명 방식이 충돌하는 지점이다. 과학은 아리스토텔레스처럼 돌이 지구를 좋아해서 아래로 떨어진다는 식의 목적론적 설명을 금한다. 그런데 어떤 자연법칙과 어떤 초기 조건을 선택할 것인가의 문제에 대해서는 과학이 아닌 메타 과학의 범주로 넘어가 대답할 수 있다. 과학은 우주 안에서 발생하는 일에 대한 설명으로 제한되는데, 목적론은 이러한 과학을 넘어 메타 과학에 필요한 설명을 다루는 것으로 구분하여 이해할 수 있다. 많은 과학자가 인류 원리를 좋아하지 않는 이유는 그것이 마치 코페르니쿠스 이전, 아리스토텔레스 시대로 돌아간 인류 중심적 사고처럼 보이기 때문이다. 그러나 인류 원리는 "두 가지 상보적 설명이 가능하다"는 현대 과학의 정신과 잘 맞는다. 그중 하나는 우주에서 목적을 다루는 목적론적 설명이고, 다른 하나는 목적을 배제하고 과학 영역 내에서 현상을 다루는 비목적론적 설명이다.

넷째는 설계 논증이라는 지점이다. 설계 논증은 19세기 창조론 대 진화론 논쟁의 핵심이었다. 그러나 당시 논쟁이 진화론자들의 승리로 끝나면서, 목적을 다루는 설계 논증이 과학에서 배제되었다. 그러나 철학 원리로서의 설계 논증은 여전히 장점이 있으며, 인류 원리처럼 과학에서는 배제하더라도 메타 과학의 범주에서 다룰 수 있다. 우주는 세 수준의 지성적 작용을 보여주는데, (1) 우선 양자역학이 다루는 입자들이 확률 안에서 끝없이 선택하는 활동적 행위자들로서 선택을 가능하게 하는 지성의 속성을 가졌다고 볼 수 있다. (2) 인간은 뇌 분자들이 양자역학적 선택을 통해 정신적 작용을 만들어내는 과정을 지성으로 경험한다. (3) 나아가 우주는 지성의 탄생과 성장에 적합하도록 스스로를 만들어간다. 즉, 인류 원리를 우주적 스케일로 확장하여 우주에 지성적 요소가 있다고 볼 수 있으며, 이 우주적 지성을 신이라고 부른다면 우리는 신의 지성적 도구라고 할 수 있다.

다섯 번째로 다이슨은 신의 목적 혹은 신의 마음에 관해서, 물리적 수준과 지성적 수준에서 함께 작용하는 최대 다양성의 법칙을 추론한다. 자연법칙과 초기 조건은 우주를 가장 흥미롭게 만드는 방식으로 결정되었다. 그래서 어렵지만 생명이 탄생했고 유지되다가 지성이 출현했으며, 고통과 더불어 지속되었다. 생명과 인류는 우주로 확장되면서 비극도 겪겠지만 성장 및 다양화는 계속될 것이다. 지성의 힘은 한 사람과 한 행성의 지성(인류의 지성)을 넘어 우주의 다른 지성(외계 지성)으로까지 확장되고, 만일 인류가 실패한다면 다른 지성이 리더십을 발휘하고 우주를 채울 것이다.

3. 결론

다이슨은 양자론을 토대로 인간의 지성이 다 파악할 수 없는 우주를 상정한다. 통일성을 추구하는 이론가들의 생각과 달리, 실험과 관측으로 얻은 방대한 데이터를 보면 우주는 단순한 물리법칙으로 환원될 수 없다. 우주는 그만큼 무한한 다양성을 포괄한다. 물리법칙은 우주의 실재라기보다, 무한한 양의 데이터를 인간의 지성 안에서 재구성한 하나의 이해 방식이다. 따라서 물리법칙은 인류가 실제 우주를 파악해가는 과정에서 계속 진화할 수밖에 없다. 인간이 우주의 비밀을 알아낼수록 모르는 것이 늘어나는 점에 주목한다면, 다이슨의 이런 관점은 괴델의 불확정성 원리에 대한 실험가 혹은 경험 과학자들의 공통된 고백과도 같다고 볼 수 있다. 이처럼 우주의 다양성과 무제한성을 인정하는 것은, 그 다양성을 만들어내는 우주적 생명력에 대한 찬사인 셈이다.

다이슨은 지성에 특히 강조점을 두고 인류 원리를 확장하여, '우주적 지성'이야말로 우리가 찾는 신이라고 인식하는 듯하다. 우주가 정말 신의 작품이라면 이 우주는 신성을 반영할 것이며, 그 신성이란 폭군이나 억압의 이미지가 아니라 지성의 무한성을 반영한 이미지여야 한다. 다이슨의 강연에는 과학과 종교가, 이처럼 무한성을 반영한 신의 작품인 우주를 탐구하는 겸손한 도구가 되어야 한다는 메시지가 담겨 있다.

더 읽어보기

프리먼 다이슨, 김희봉 옮김, 『프리먼 다이슨, 20세기를 말하다』(사이언스
북스, 2009).

프리먼 다이슨, 김학영 옮김, 『과학은 반역이다』(반니, 2015).

프리먼 다이슨 외, 하연희 옮김, 『어느 노과학자의 마지막 강의』(생각의길,
2017).

Freeman Dyson, *Infinite in All Directions* (Harper & Row, 2004).

생각해보기

① 과학의 통일화와 다분화의 특징은 무엇이며 둘 사이의 차이는 무엇인
가?

② 물리법칙은 우주에 주어져 있는 것이 아니라, 인간이 경험을 통해 만들
어가는 것이라는 주장에 동의하는가?

③ 인간의 지성과 우주의 지성, 그리고 신은 어떻게 연결되는가?

마이클 아빕 & 매리 헤세,
발터 부르케르트, 어거스틴 푸엔테스[3]

정대경

I. 마이클 아빕 & 매리 헤세의 『실재의 구성』

1. 서론

마이클 아빕(Michael A. Arbib)은 1940년 영국에서 태어나 호주로 이민한
후, 시드니 대학교에서 이론 수학(pure mathematics)으로 학사를 마치고,
미국 MIT에서 수학으로 박사 학위를 받았다. 이후 매사추세츠 대학교
(University of Massachusetts Amherst)에서 컴퓨터정보공학 교수로 재직하다가
남부 캘리포니아 대학교(USC)에서 같은 전공의 교수이자 생명과학, 의생
명공학, 전기공학, 뇌과학 및 심리학 전공 교수로 재직하다가 2016년에 은

---

3 본고는 「대학과 선교」 47(2021년 3월)에 실린 "종교의 기원에 관한 과학적 연구: 마이
클 아빕과 매리 헤세, 월터 버커트, 어거스틴 푸엔테스의 기포드 강연들을 중심으로"라
는 논문을 수정·보완한 글이다.

퇴했다.

아빕의 대표적인 저작으로는 *Brains, Machines, and Mathematics*(1964)
가 있다. 대표 저서의 제목을 통해 어렴풋이 짐작할 수 있듯이 아빕은 인
간의 뇌와 컴퓨터가 현재 기술 구현의 관점에서 동일한 것으로 볼 수는 없
으나 서로 깊은 연관성이 있다고 본다. 따라서 이를 바탕으로 전체 연구의
방향을 뇌과학, 인지과학, 그리고 컴퓨터공학 사이의 학제 간 연구로 잡는
다. 아빕의 삶 전반에 걸친 연구 주제는 구체적으로 지각(perception)과 행
위(action) 사이의 연관을 일으키는 메커니즘이다. 그는 지각과 행위를 가
능하게 하는 기제를 연구하기 위해 '스키마 이론'(Schema Theory)을 도입
하여, 뇌 기능과 인지 행위가 해당 기제 형성에 하향-인과적(downward-
causal)으로 어떻게 작용하는지 살펴보는 동시에, 신경망(neural networks)
이 상향-인과적(bottom-upward-causal)으로 어떻게 인과력을 미치는지도
연구한다. 가장 주목할 만한 연구 성과는 두뇌의 거울 신경 세포(mirror-
neurons) 계산 모형을 구현한 것과, 원숭이 뇌 연구를 통해 인간의 언어 능
력과 관련된 뇌의 진화를 연구한 것이다. 앞선 저작 외에 대표적인 연구물
로 *The Metaphorical Brain 2: Neural Networks and Beyond*(1989), "Brains,
Machines and Buildings: Towards a Neuromorphic Architecture"(2012),
"Towards a Neuroscience of the Design Process"(2015) 등이 있다.[4]

아빕과 함께 공동 강연자로 나선 매리 헤세(Mary B. Hesse)는 1924
년 영국에서 태어나 임페리얼 칼리지 런던(Imperial College of Science and

---

4   https://webcache.googleusercontent.com/search?q=cache:ydPR7ae7PikJ:https://portal.
i3s.up.pt/I3SEvents/browser/getFile.php%3Ffileid%3D376+&cd=1&hl=en&ct=clnk&g
l=kr&lr=lang_ko%7Clang_en&client=safari; https://www.giffordlectures.org/lecturers/
michael-arbib.

Technology London)에서 수학으로 학사를 마치고, 리즈 대학교에서 재료과학 및 공학으로 박사 학위를 받았다. 이후 리즈 대학교, 런던 대학교 등에서 수학, 과학사 및 과학철학 등을 강의하고, 케임브리지 대학교의 과학철학 및 과학사 교수로 1985년까지 재직했다.

헤세의 주된 관심사는 자연과학과 사회과학의 방법론과 해당 과학의 인간에 대한 함의들이다. 그는 구체적으로 과학 연구에서 논의되는 '가설연역 이론'(hypothetical deductive theory)이 실제 과학자들의 연구 방법-과정과 불일치한다는 점을 비판한다. 헤세는 실제로 과학 연구에서 통용되는 지배적인 방법은 '귀납적 추론'(inductive inference)이라면서, 과학자들은 연역적 추론을 통해 과학 연구 활동을 진행하는 것이 아니라 귀납적 방법을 통해 얻은 데이터를 토대로 유비(analogy), 모델(model), 메타포(metaphor) 등을 사용한다고 지적한다. 그리고 1980년대 이후부터 헤세는 순수논리학적 관심에서 벗어나 과학의 사회학적 분석 등에 치중한다. 이를 통해 과학을 여타 다른 학문적 활동(비과학)과 뚜렷이 구분하도록 하는 '반증 가능성'(falsifiability) 같은 개념은 유효하지 않으며, 과학 활동과 비과학 활동 모두 주관의 영향을 받는다는 차원에서 날카롭게 구분하는 것이 불가능함을 역설한다. 대표적인 저서로는 *Science and the Human Imagination*(1954), *Forces and Fields*(1961), *Models and Analogies in Science*(1963), *The Structure of Scientific Inference*(1974), *Applications of Inductive Logic*(1979), *Revolutions and Reconstructions in the Philosophy of Science*(1980), *The Construction of Reality*(1987) 등이 있다.[5]

아빕과 헤세의 기포드 강연은 1983년 에든버러 대학교에서 이루어졌

---

5   https://www.giffordlectures.org/lecturers/mary-brenda-hesse.

고, 추후 『실재의 구성』(*The Construction of Reality*, 1986)이라는 제목으로 출판되었다. 해당 강연에서 두 연사는 인공지능 이론과 뇌과학 이론 등을 바탕으로, 인지과학적 입장과 과학사 및 과학철학적 입장에서 인간의 지각과 행위를 살펴본다. 구체적으로는 개별자로서의 인간이 어떻게 실재를 자신의 사회적-물리적 환경과의 상호작용을 통해 구성하는지 살펴보는데, 아빕의 스키마 이론을 바탕으로 인간이 실재를 구성하는 기본 단위(i.e. representation의 기본 단위)가 스키마라고 지적한다. 흥미롭게도 보통 스키마 이론을 인지과학에 적용하는 방법이 과학주의 혹은 환원주의로 연결되기 쉬운데, 이들은 도리어 그러한 접근을 비판한다. 뇌과학과 심리학은 상호 간에 독립적인 영역을 탐구하며, 심리학이 뇌과학으로 환원될 수 없다. 그러나 심리학이 뇌과학 없이 탐구될 수 없다는 주장도 한다. 이러한 차원에서 종교라는 스키마와 과학이라는 스키마 역시 서로 독립적인 스키마로, 각각이 인간이 실재를 구성하고 이해하는 데 도움을 준다고 본다. 그리고 두 스키마 모두 실재를 객관적·사실적으로 다루는 것이 아니라 은유적으로 다룬다는 점에서 '소박실재론적 입장'(naive realism)을 거부한다.[6]

2. 본론: 인간의 인식 행위와 스키마 이론

스키마는 하나의 기능적 단위로, 개별자로서의 인간이 특정한 시간 t에 받게 되는 내외부적 자극에 지각적·행위적 반응을 일으키는 기제를 의미한다.[7] 이 기제는 가변적인 것인데, 아빕과 헤세는 스키마 형성의 원인으로 작용하는 세 가지 차원을 상정한다. 그것은 유전학적 요인, 개인적 요인,

---

6   https://www.giffordlectures.org/books/construction-reality.

7   Michael A. Arbib and Marry B. Hesse, *The Construction of Reality* (New York: Cambridge University Press, 1986), 48.

사회적 요인이다. 아뱝과 혜세에 따르면, 개별적 인간은 세계 안에 동떨어져서 실존하는 개체들이 아니라 체화된 주체(embodied self)다. 그들은 끊임없이 자연적-사회적 환경과 상호작용하면서, 유전적으로 타고나는 스키마 체계를 능동적·수동적으로 변형한다.

구체적으로 보자면 유전적으로 타고나는 스키마와 지속적 경험을 통해 변형되는 스키마를 구분할 수 있다. 예를 들어, 유전적으로 타고나는 스키마는 먹잇감과 포식자를 구분하는 일에 활성화되는 지각과 행위 기제이며, 이러한 반응 행위는 타고난 유전 정보가 발현되어 형성되는 신경 회로(neural circuit)에 의해 일어난다. 반면 지속적 경험을 통해 변형되는 스키마는 타고난 스키마, 예를 들어 'A=먹잇감'이라는 스키마 자체가 새로운 종류의 경험(e.g. "라이온 킹"의 심바에 대한 품바의 경험)을 통해 기존의 스키마와 다르게 변형된 것을 의미한다. 유전적으로 타고나 형성되는 스키마 중 무조건 반응과 같은 행위는 모든 사람에게 동일한 스키마로 존속하겠지만, 개념적 스키마나 조건반사적 행동들은 개인이 어느 집단에 속했느냐에 따라, 어떤 사회와 상호작용 등을 거쳤느냐에 따라 다르게 형성된다.[8]

다른 맥락에서 스키마들은 상-하위 레벨로 구분될 수 있다. 예를 들어 시각 경험을 통해 들여온 외부적 사물 (A)의 특징들을 바탕으로, 인식 주체는 선천적 혹은 후천적으로 형성된 하나의 스키마 (가)로 이끌린다. 하지만 또 다른 상황에서 동일한 인식 주체는 새로운 외부적 사물 (B)의 특징들을 바탕으로, 동일한 종류의 스키마 (가)로 이끌릴 수 있다. 이후 다른 상황에서 동일한 인식 주체는 외부적 사물들 (C), (D), (E), (F) 등에 대한 시각 경험을 통해, 동일한 종류의 스키마 (가)로 이끌릴 수 있다. 이를 통해

---

8   Ibid., 58.

'추상화 과정'이 지각 행위와 관련된 하나의 스키마 형성이라는 점이 드러난다. 그렇게 형성된 스키마들은 같은 레벨에 있는 스키마들과 상호 연관을 통해 상위 단계의 스키마 집합(schema assemblage)을 형성한다. 그리고 스키마 집합 자체가 그 단계에서는 하나의 스키마로 자리 잡는다. 예를 들어, 특정한 시간 t에 외부 세계를 경험하는 인식 주체는 외부 자극을 통해 다양한 종류의 관념-스키마들을 떠올릴 수 있는데, 해당 스키마들은 그것의 상위 레벨인 관념-스키마(i.e. '세계'라는 관념-스키마)의 사례들(instantiations)로 볼 수 있다.[9]

이러한 방식으로 세계 내에 체화된 존재로서 경험하는 인간은 선천적·후천적으로 끊임없이 스키마들을 형성하며 살아간다. 그렇게 형성된 스키마들은 하나의 레벨에서만 상호 교환되며, 경쟁하는 것이 아니라 상위 레벨 스키마들의 사례로 포함되기도 하고 하위 레벨 스키마들을 포함하기도 하면서 작동한다. 이를 토대로 각 개별자는 자기 경험을 바탕으로 여러 개념을 포괄하는 거대한 차원의 상위 스키마를 가지게 되는데, 그 예가 '위대한 스키마'(the Great Schema) 혹은 '세속적 스키마'(the Secular Schema)다.[10]

아빕과 헤세는 종교가 사회적 스키마들이라고 지적한다. 이 사회적 스키마들의 발생에 관해서는 큰 틀에서 네 가지 입장으로 구분하여 이해할 수 있다. 지성주의적 입장(intellectualist), 기능주의적 입장(functionalist), 상징주의적 입장(symbolist), 구조주의적 입장(structualist)이 그것이다. 지성주의적 입장은 종교가 원시 과학의 기능을 수행했던 시절, 인간에게 개

---

9   Ibid., 49-54.
10   Ibid., 50.

인, 자연, 사회에서 일어나는 현상을 설명하는 '통합된 설명 체계들'(unified explanatory categories)을 제공함으로써 유용했다는 것이다. 기능주의적 입장은 종교라는 사회적 스키마가 소유한 기능들로 인해 종교 현상이 존속한다는 입장이다. 종교가 사회 내적인 차원의 안정성을 담보해주고, 그럼으로써 개별자들과 사회 자체의 존속 및 생존에 유리함을 주기 때문에 종교 스키마라는 것이 존속한다는 것이다. 상징주의적 입장은 기본적으로 종교 자체가 사회적 현상으로 출발했다는 것은 인정하지만, 종교 현상을 단순히 생물학적·기능주의적 기원을 통해서 설명할 수는 없다는 입장이다. 다시 말해 종교 현상은 그것이 주는 지적 만족감이나 사회적 안정감에 의해 존속되는 것이 아니라, 개별적 인간들이 구성한 사회 내적인 구조의 상징적인 표현과 수행에 의해 발생했고 존속한다는 것이다.

마지막으로 구조주의적 입장은 앞선 세 가지 입장을 모두 인정한다. 그런데 상징주의가 종교나 신화의 '내용'이 사회적 차원의 질서나 상호작용 등을 반영한다고 봤다면, 구조주의적 입장은 종교와 신화의 '형식들'이 사회적 차원의 상호작용과 과정을 반영하는 것이라고 주장한다. 다시 말해 모든 종교와 내러티브들은 보편적으로 사회 내 '정, 반, 합'의 과정, 즉 형식을 반영하고 있다는 것이다. 저자들은 이 네 가지 입장 중 구조주의적 입장을 견지하면서, 상징주의적 입장이 내포하는 종교 현상에 대한 상대적 해석을 비판한다. 그들은 종교 현상을 인류 사회 보편적으로 일어나는 현상으로 보고 내용적 측면을 강조하는 상대주의적 이해를 지지하기보다, 형식적 차원을 지적하면서 보편주의적 이해를 추구한다. 그리고 이러한 차원에서, 초월적 실재를 바탕으로 상정하는 위대한 스키마와 해당 실재를 제거하고 상정하는 세속적 스키마를 가장 궁극적인 스키마로 이해하고, 사실상 두 스키마 사이에 내용적인 차이는 있지만 형식적인 차이는 없

다고 주장함으로써 종교와 과학의 조화를 추구한다.[11]

3. 결론

아빕과 헤세의 스키마 이론은 주어진 실재를 파악하는 인식 활동으로서의 종교와 과학이 각각 어떻게 인지신경과학적으로 이해될 수 있는가를 구체적으로 설명한다. 나아가서 종교적 인식에 결부되어 있는 스키마와 과학적 인식에 결부되어 있는 스키마가 각각 독립적으로 활성화되면서도 상호작용할 수 있는 가능성도 보여준다. 스키마 이론의 이러한 특성들은 실재에 대한 인식 태도로서 종교와 과학의 유효성을 드러내고, 두 인식 태도 사이의 대화와 상호작용을 활성화하는 데 기여하는 측면이 있다. 이러한 맥락에서 스키마 이론은 과학이라는 이름 아래 종교적 인식의 실재성을 끊임없이 부정하는 과학주의(scientism)를 비판하는 근거로 사용될 수 있다.

스키마 이론은 구체적으로 몸-마음 문제(mind-body problem)에 있어 인간의 마음을 두뇌로 환원하는 동일론, 제거주의, 허구주의 등을 비판하고, 의식이 신체에 미치는 하향식 인과를 확보함으로써 인간에 대한 비환원론적 물리주의 입장이 가능하게 한다. 이는 인간 실존에 있어 물리적인 몸만 실재하는 것이 아니라 비물리적인 마음과 영혼 또한 실재하고 있음을 보여줌으로써, 통전적 인간 이해와 종교 현상의 실재성을 주장할 기반을 제공한다. 그러나 아빕과 헤세가 주지하고 있듯이, 스키마라는 단위가 물리적 차원에서 관찰되거나 경험될 수 없는 개념적 단위라는 점은, 그들의 스키마 이론이 과학 이론으로 수용될 수 있을지, 과학자 커뮤니티 안에서 지지받을 수 있을지에 대한 의문을 남긴다.

---

11   Ibid., 198-213.

더 읽어보기

Michael A. Arbib and Marry B. Hesse, *The Construction of Reality* (Cambridge University Press, 1986).

Michael A. Arbib, *The Metaphorical Brain* (Wiley Publication, 1972).

Michael A. Arbib, *In Search of the Person: Philosophical Explorations in Cognitive Science* (The University of Massachusetts Press, 1985).

Michael A. Arbib, *Brains, Machines, and Mathematics* (Springer-Verlag, 1987).

Michael A. Arbib, "Toward A Neuroscience of the Person," ed. Robert J. Russell et al, *Neuroscience and the Person: Scientific Perspectives on Divine Action* (Center for Theology and Natural Science, 2002).

Michael A. Arbib, *How the Brain Got Language: The Mirror System Hypothesis* (Oxford University Press, 2012).

Mary B. Hesse, *The Structure of Scientific Inference* (University of California Press, 1974).

Mary B. Hesse, *Revolutions and Reconstructions in the Philosophy of Science* (Harvester Press, 1980).

생각해보기

① 스키마 이론이란 무엇인가?

② 과학적 스키마와 종교적 스키마의 공통점과 차이점은 무엇인가?

③ 스키마 이론은 종교와 과학 각각의 인식론적 유효성을 확보하고 둘 사이의 대화를 증진할 수 있는가?

II. 발터 부르케르트의 『성스러움의 기원』

1. 서론[12]

발터 부르케르트(Walter Burkert)는 1931년 독일에서 태어나 에를랑겐 대학교와 뮌헨 대학교에서 문헌학, 철학, 역사학 등을 공부하고 1955년 에를랑겐 대학교에서 박사 학위를 받았다. 베를린 기술 대학교를 거쳐 취리히 대학교 고전 문헌학 교수로 1996년까지 재직하였다. 부르케르트는 그의 대표 저작인 *Homo Necans: The Anthropology of Ancient Greek Sacrificial Ritual and Myth*(1972, English trans. 1983) 영문판 서문에서 자신이 고대 그리스 신화를 포함한 종교 문헌을 통해 종교 현상이 생물학적·심리학적·사회학적 관점에서 어떻게 발생했는지를 연구하는 문헌학자임을 표명한다. 그가 1988-1989년 세인트앤드루스 대학교에서 했던 기포드 강연은 이러한 정체성을 바탕으로 한 그의 연구 결과이며, 이후 『성스러움의 기원』(*Creation of the Sacred: Tracks of Biology in Early Religions*, 1996)으로 출판되었다. 부르케르트는 강연을 통해 메소포타미아, 유대, 그리스, 로마 종교를 다루며 종교에 대한 다양한 관점을 살펴본 후 자신만의 정의를 내리고, 이러한 종교 현상이 사회생물학적 관점에서 어떻게 설명될 수 있는지를 살펴본다. 부르케르트는 신의 분노 등을 진정시키는 의식 행위, 전체를 위한 부분의 희생, 희생양 등이 포식자-피식자 관계를 비롯한 생물학적 현상이 반영된 결과라고 주장한다.

앞에서 언급한 것 이외의 대표 저서로는 *Structure and History in*

---

12   https://www.giffordlectures.org/lecturers/walter-burkert.

Greek Mythology and Ritual(1979), *Greek Religion*(1985), *Ancient Mystery Cults*(1987), *The Orientalizing Revolution: Near Eastern Influence on Greek Culture in the Early Archaic Age*(1992), *Savage Energies: Lessons of Myth and Ritual in Ancient Greece*(2001), *Babylon, Memphis, Persepolis: Eastern Contexts of Greek Culture*(2004) 등이 있다.

2. 본론: 종교의 생물학적 기원

부르케르트의 기포드 강연 "성스러움의 기원"(Creation of the Sacred)의 부제는 "초기 종교들을 통해 드러나는 생물학의 흔적들"(Tracks of Biology in Early Religions)이었다. 부르케르트는 이 강연을 통해 주로 문화적 현상으로 이해되어왔던 종교 현상이 어떤 생물학적 요인들에 의해 발생하였는지 살펴보고자 한다. 그에게 종교 현상은 단순히 인간 정신의 산물이 아니라 생물학적 기반을 통해 출현한 현상이다.[13] 부르케르트는 문헌학자로서 원시 종교의 형태들을 살펴보면서 크게 두 가지 속성을 종교 현상의 요소로 보는데, 의식 행위(희생 제사)와 신화(내러티브)가 그것이다. 부르케르트는 종교 의식 행위로서의 희생 제사의 기원을 살펴보는데, 이는 집단 혹은 사회를 위한 개인들의 희생을 전제로 한다. 그는 자연계 내에서도 전체를 위한 부분의 희생이 뚜렷하게 나타난다고 지적한다(e.g. 여우가 덫에 걸렸을 때 전체로서의 자기가 살아남기 위해 자기 발을 물어뜯는 행위, 새들이 포식자를 피해 자기 털을 가는 행위). 이렇게 자연계 안에서 발견되는 행위들로부터 종교 내 희생 제사가 나타난 것이다. 그럼에도 불구하고 부르케르트는 해당 행위들이

---

13   Walter Burkert, *Creation of the Sacred: Tracks of Biology in Early Religions* (Boston, MA: Harvard University Press, 1998), 30-32.

진화 과정 내 이종 간 전이를 통해 이어져왔다고 보지는 않는다. 다시 말해 동물들 차원의 행위가 유전 정보 등에 의해 인간들 차원의 행위로 나타난 것은 아니라는 이야기다. 동물 행동 차원에서의 세대 간 교육적-문화적 전달이 희생 제사와 같은 행위를 일으킨 것도 아니다.[14] 그렇다면 희생 제사와 같은 종교 의식 행위는 어떻게 발생하여 현재까지 존속하고 있는 것일까?

부르케르트는 이러한 종교 의식 행위가 "특정한 경험을 촉발시키는 생물학적 기제"(a biological 'landscape' underlying experience)에서 기인한다고 본다.[15] 기초적 지능을 가진 모든 생명체는 생존을 추구하는 욕구 안에서 환경의 영향을 받는다. 환경과 끊임없이 상호작용하면서 생존을 추구하는 생명체의 기본적인 욕구와 행동이 앞서 밝힌 종류의 행위를 발생시켰고, 종교는 이러한 차원에서 초기 인류 가운데 나타나기 시작했다는 것이다. 부르케르트는 종교 의식 행위가 구체적으로 사냥을 하던 초기 인류의 공격성과 불안에서 기인한 것으로 본다. 생존을 위해 반드시 사냥해야 하는 원시 인류는 공격성을 기본적으로 가지고 있었다. 하지만 사냥 행위 중 피식자가 잠재적으로 자신에게 가할 수 있는 위해에 대한 불안, 지나친 사냥에 따른 피식자 급감 때문에 발생할 수 있는 생존 가능성의 하락에 대한 불안, 동시에 사냥을 너무 하지 않게 되어 굶주림과 죽음으로 이어질 수 있는 불안, 동료 사냥꾼들이 그들의 공격성을 언제든지 자신에게로 돌릴 수 있다는 불안 등이 작용하여, 원시 형태의 인류 행동으로부터 희생 제사 의식이 발현되었다는 것이다. 나아가서 희생 제사는 희생당한 피식자에

---

14   Ibid., 49-51.
15   Ibid., 51.

대한 초기 인류의 죄책감 등을 덜어주는 기능도 했다는 것이 부르케르트의 설명이다. 이러한 매커니즘을 바탕으로 초기 인류 사이에 종교 의식 행위가 자리 잡게 되었고, 인간이 가진 언어와 소통 능력을 통해 해당 행위가 존속되기 시작했다는 것이다.[16]

하지만 앞서 지적했듯이 부르케르트가 알고자 한 것은 종교 의식 행위의 기원만이 아니었다. 그는 종교 현상의 다른 중요한 요소로 신화(내러티브)를 지적하고 그것의 기원을 탐색한다. 이야기는 개인과 사회가 축적해온 세계에 대한 경험과 해석의 총체다. 이야기를 통해 드러나는 것은 그 이야기를 발생시킨 이들이 경험한 사건 및 그와 결부된 그들의 행위다. 부르케르트는 이야기들이 공유하고 있는 기본적 구조를 민속학자 블라디미르 프로프(Vladimir Propp)의 설화 연구를 통해 제시한다. 프로프에 따르면 모든 설화는 31개의 이야기적 요소를 공유하는데, 부르케르트는 이 가운데 몇 가지 요소에 집중한다. 즉, 모든 설화가 다음의 구조를 공유한다는 것이다. "피해, 결핍, 부재, 혹은 욕망의 상태에서 시작—영웅은 어디로 가야 함을 듣고 그에 순응한다—집을 떠나서 누군가의 테스트를 받는다—그 가운데 신비한 힘이나 선물을 부여받는다—당초의 목적지에 다다르게 되고 그곳에서 적대자와 대립한다—피해나 어려움을 조금 당하지만 결국 승리한다—그 후 본래의 집으로 돌아온다." 부르케르트는 이 구조를 토대로,

---

16 Ibid., 51-56, 60-64. 부르케르트가 그리는 종교 의식의 기원은 구체적으로 다음과 같다. 초기 인류가 지니는 공격성은 일반적인 형태의 축제나 의식을 통해서도 좀처럼 사그라들지 않았다. 사냥 공동체로서 초기 인류에게 같은 집단 내 동료의 공격성은 언제든지 사냥감이 아닌 나, 혹은 같은 집단의 다른 구성원을 향할 수 있는 상황이었다. 이러한 맥락에서 부르케르트는 초기 인류 집단에 내재해 있는 기본 정서를 불안과 함께 두려움으로 본다. 이러한 환경으로 인해 초기 인류 사이에는 두려움의 대상이 더 이상 내 옆에 있는 사냥 동료가 아닌 보이지 않는 대상으로 대체되어야 할 필요성이 대두되었다. 부르케르트는 이러한 환경적 요인이 초기 인류 집단 내 희생 제사를 발생시켰을 것으로 본다.

프로프가 연구한 러시아 설화뿐 아니라 그리스와 메소포타미아 설화도 구조가 유사함을 밝힌다.[17]

　부르케르트에 따르면 모든 내러티브는 그것의 모체가 되었던 사건과 행동들을 반영한다. 그리고 그 사건과 행동들은 생물학적 원인과 요소들을 반영한다. 이러한 이해 안에서 앞서 지적한 모든 내러티브가 공통적으로 지니는 구조의 생물학적 기원은 이러하다. "모든 생명체는 정기적으로 항상 결핍 상태에 놓여 있다―생존을 위해 먹을 것을 찾아 자신의 거주지를 떠난다―먹잇감이 있는 장소인 목표 지점에 도달한다―먹잇감의 저항, 같은 먹잇감을 놓고 싸우는 경쟁 등 위험에 노출된다―위험과 어려움을 극복하고 본래의 거주지로 복귀한다." 이러한 생명체의 행동 패턴이 의식 현상을 지닌 인간에 와서 내러티브 형식으로 표현되었던 것이고, 그러한 과정을 통해 종교적 내러티브를 포함한 모든 종류의 내러티브가 출현했다는 것이 부르케르트의 주장이다.[18]

　종합해보면 부르케르트는 의식(ritual)과 내러티브를 바탕으로 하는 종교 현상의 기원을 생물학적 차원에서 찾는다. 하지만 이는 생물학적 속성으로서의 유전자나 진화 과정에서 인간 이전 생명체들의 행동 등이 자동으로 종교를 촉발했음을 의미하지는 않는다. 부르케르트는 본성(nature)과 양육(nurture), 생물학적 차원과 문화적 차원의 간극을 절대적으로 인정한다. 다만 종교 현상의 기원을 생물학적 차원에서도 살펴봐야만 종교의 기원에 대한 실재론적 기술에 가까이 다가갈 수 있음을 역설한 것이다.

17　Ibid., 68-72.
18　Ibid., 72-76.

3. 결론

종교의 기원에 관한 부르케르트의 설명은 합리적이다. 그는 구체적인 생물학 데이터를 토대로 종교 내러티브와 종교 의식의 기원을 제시한다. 그의 이론은 종교의 기원에 대한 과학 연구가 활발히 이루어지고 있는 상황에서 심도 깊은 논의를 가능하게 한다.[19] 그러나 부르케르트의 모델은 다양한 종류의 기원(e.g. 우주, 생명, 인간의 기원)에 관한 과학 연구의 일반적 한계를 지닌다. 즉, 과거에 발생한 종교의 기원을 설명하는 것임에도, 현재 접근 가능한 종류의 데이터만으로 재구성해야 한다는 한계다. 나아가서 부르케르트의 이론은 검증이 불가능하다. 과학과 비과학을 구분하는 중요한 기준인 '재현 가능성'(i.e. 동일한 조건과 환경에서 실험하면 동일한 결과를 창출하는 것)이 부르케르트의 모델에는 적용될 수 없다는 뜻이다. 이러한 한계들은 종교의 기원에 관한 부르케르트 이론의 객관성과 합리성을 의심하게 하고, 그의 모델이 비과학적일 수 있음을 의미한다.[20]

---

19 대표적인 연구로 다음을 참고하라. Jeffrey Schloss and Michael J. Murray, *The Believing Primate: Scientific, Philosophical, and Theological Reflections on the Origin of Religion* (New York: Oxford University Press, 2009).

20 이런 점은 부르케르트 본인도 인지하고 있다. Ibid., 28-29.

더 읽어보기

Walter Burkert, trans. Peter Bing, *Homo Necans: The Anthropology of Ancient Greek Sacrificial Ritual and Myth* (University of California Press, 1983).

Walter Burkert, *Ancient Mystery Cults* (Harvard University Press, 1987).

Walter Burkert, *Creation of the Sacred: Tracks of Biology in Early Religions* (Harvard University Press, 1998).

생각해보기

① 발터 부르케르트가 제시하는, 종교의 기원에 대한 생물학적 영향은 무엇인가?

② 종교 현상 내의 자연적 요인과 초자연적 요인을 명확하게 구분할 수 있는가?

③ 부르케르트 모델을 바탕으로 종교적 경험, 계시적 경험은 어떻게 이해해볼 수 있겠는가?

III. 어거스틴 푸엔테스의 『어떻게 우리는 종교적인 존재가 되었는가』

1. 서론

어거스틴 푸엔테스(Agustin Fuentes, 1966-)는 동물학-생물학을 바탕으로 하는 인류학 전공으로 버클리 대학교에서 모든 학위를 마쳤다. 그 후 노트르담 대학교 인류학 교수를 거쳐 현재는 프린스턴 대학교 인류학 교수로 재직 중이다. 그의 주된 연구 방향은, 진화 과정에 있어 호모 사피엔스와 연계된 영장류 등의 생물학적 특성과 행동을 바탕으로, 인간의 본성과 행동 양식 등을 규명하는 것이다. 이러한 맥락에서 푸엔테스의 2018년 기포드 강연 "어떻게 우리는 종교적인 존재가 되었는가: 진화, 의미 창출, 그리고 인간 본성의 발달"(Why We Believe: Evolution, Making Meaning, and the Development of Human Natures)은 인간과 영장류가 공유하는 사회성을 바탕으로 인간의 협동, 창조적 상상력, 신뢰 등의 진화적 기원을 모색한다. 나아가서 20만 년 전 출현한 호모 사피엔스 종의 발달사를 다루면서 기존 영장류와 사피엔스 종의 차이를 설명한다. 구체적으로 보자면 12만 년 전부터 발생한 '기존의 자연 물질을 가공하는 행위', 2만 년 전부터 발생한 '가축화 행위' 등은 영장류에게 나타나지 않은 새로운 차원의 문화 현상이었다. 푸엔테스는 문화 현상 중 종교 현상은 비교적 최근에 발생한 것이며, 의미 창출, 상상력, 희망 등의 인지 능력이 종교의 기원에 영향을 주었을 것이라고 주장한다.[21]

---

21   https://www.giffordlectures.org/lecturers/agust%C3%ADn-fuentes.

2. 본론: 인간의 종교성에 관한 인류학적 고찰[22]

푸엔테스는 종교 현상을 인간 문화 현상의 하나로 규정한다. 인간의 종교 현상은 진화 과정에서 획득한 창조적 능력, 상상하는 능력, 언어 능력, 사회를 구성하는 능력이 복잡하게 상호작용하면서 출현했다는 것이다.[23]

니치 구축(niche construction) 현상이 보여주듯이, 생명체는 단순히 수동적으로 환경에 적응하는 것이 아니라 항상 주변 환경을 변형하고 그럼으로써 자기 생존력을 높인다.[24] 모든 생명체가 지닌 이런 속성을 기반으로, 그러면서도 이전 동물들과 다른 차원에서 자연 환경을 변형하는 행위가 호모 속의 출현 이후 발생했다. 호모 속의 이러한 새로운 행동 패턴은 환경을 바꾸는 데 그치지 않고 역으로 환경이 그들에게 영향을 끼치게 됨으로써, 다시 이전 영장류와 다른 종류의 생활과 행동 패턴이 생기는 결과를 초래했다. 구체적으로 살펴보면 초기 인류는 12만 년 전부터 광물, 식물, 동물로부터 채집한 자연 물질을 합성해 풀이나 염료 등을 만들기 시작했고, 2만 5천 년 전부터는 동물들을 가축화하기 시작했다. 호모 속은 이러한 행위를 기반으로 여타 동물과 질적으로 달라보이는 문화 현상을 일으킨다. 푸엔테스는 다른 동물들에게도 기본적인 문화 현상이 나타나기는 하지만, 인간에게 나타나는 도구, 무기, 의복, 건축 등의 문화 현상은 다른 동물에게서 발견될 수 없는 복잡한 종류의 현상이라고 주장한다. 종교 현상도 이전 영장류에게서 나타나지 않던 문화 현상 중 하나다.[25]

---

22   https://www.giffordlectures.org/lectures/why-we-believe-evolution-making-meaning-and-development-human-natures.

23   Agustin Fuentes, *Why We Believe: Evolution and the Human Way of Being* (New Haven, CT: Yale University Press, iBook edition, 2019), 79-80.

24   Ibid., 35-36.

25   Ibid., 50-60.

호모 속 출현이 200만 년 전임을 고려할 때, 종교 현상은 비교적 최근에 발생했다(i.e. 4천-8천 년 전). 하지만 푸엔테스에 따르면 종교 현상의 기저를 이루는 인간의 의미 창출 능력, 상상력, 창조력, 사회성은 형식적 혹은 제도적 종교의 발생보다 앞선다.[26] 이런 맥락에서 그는 인간의 종교성과 종교 자체를 구분하면서, 인간의 종교성을 이렇게 규정한다.

"종교적"이라는 말의 뜻은, (클리퍼드 기어츠의 주장을 따라) 특정한 형식을 가진 교리, 실천, 경전, 혹은 단체들과 관련될 수 있는(하지만 필연적이지 않은), 강력하고 설득력 있으며 장기적으로 지속되는 초월적인 것에 대한 지각적이고 경험적이며 실천적인 신앙 행위에 가담하는 것이다.[27]

이와 구분하여 종교는 이렇게 규정한다.

뒤르켐의 주장과 같이 종교적 신념, 행위, 의식, 상징들이 구조화된 제도와 결합함으로써 발생한, 특정한 신학적 교리와 종교 의식을 지니는 공동체를 의미한다.[28]

푸엔테스는 위의 구분을 통해 인간의 종교성이 종교 자체가 출현한 것보다 훨씬 이전부터 나타나고 있었음을 강조한다. 예를 들어, 원시적 형태의 장식물이나 조각품은 34만 년 전에 나타났다(e.g. 상어 이빨로 조개껍질에 새긴 문양, 북아프리카에서 발견된 30만-40만 년 전 인간 모양의 돌 조각품). 나아가 죽음

26   Ibid., 117-19.
27   Ibid., 119.
28   Ibid.

을 인식하고 그것을 기념하는 행위는 적어도 30만 년 전부터 나타났다(e.g. 호모 날레디의 장례 의식).[29] 그는 그러나 이런 행위가 초기 혹은 원시 인류에게 보편적으로 나타나지는 않았다고 지적한다. 인류가 경험한 세계를 상징체계를 통해 표현한 동굴벽화와 같은 현상은 기껏해야 6만 5천 년에서 4만 년 전부터 '보편적으로' 나타나기 시작했다.[30] 이처럼 원시 인류 사이에서 예외적이던 행위가 보편적으로 나타나도록 만든 것은 무엇일까? 그것은 급작스러운 뉴런적 변화의 산물인가? 아니면 초자연적 경험이 초기에는 선택적으로 몇몇 그룹에게만 주어졌다가 이후 보편적으로 주어지기 시작한 것일까?

푸엔테스는 두 가지 가능성을 모두 부정한다. 대신 진화의 과정에서 체계적이고 보편적인 종교 현상이 이미 진행되고 있었고, 그 복잡성이 점진적으로 증가하던 찰나에 나타나게 된 것이라고 주장한다. 다시 말해, 당시에 존재했던 인류 사이의 거래와 상호작용이 더욱 증가하면서 초기 인류 안에 종교 현상은 이미 내재되어 있었고, 부분적으로 표출되고 있던 상징과 의미를 담은 물품과 새로운 방식의 소통 방법 등이 종교 현상의 폭발적 증대에 기여했다는 것이다. 종교의 출현은 소통과 거래를 더 활발하게 하고 초기 인류 그룹 사이의 상호작용을 증대했으며, 역으로 기존보다 더욱 복잡해진 형태의 종교를 발생시켰다.[31]

푸엔테스는 여기서 한 걸음 더 들어가, 점진적 진화 과정 안에서 종교 자체가 발생하게 된 근본적 원인을 찾는다. 종교는 진화 과정에서 채택된 것인가(e.g. HADD)? 아니면 부산물로 나타난 것인가(e.g. 뇌의 구조와 패턴 변

---

29   Ibid., 127-29.
30   Ibid., 37-38.
31   Ibid., 135-39.

64 신학과 과학의 만남

화로 인한 결과)? 푸엔테스는 두 가지 입장을 모두 비판하며, 종교의 발생은 진화 역사에 있어서 신경생물학적·사회적으로 자연스러운 결과라고 주장한다. 간단히 말해 영장류가 가지고 있던 신경생물학적·감정적·사회적 유대 관계와 복잡성이 증대하면서, 상징체계를 사용하여 의미를 창출하고 표현할 수 있는 내재적인 구조(infrastructure)와 발성 체계, 언어 체계들을 가지게 되었고, 이런 능력을 바탕으로 즉각적인 현재 너머를 생각할 수 있는 상상력이 표현됨으로써 종교가 발생했다는 주장이다.[32]

3. 결론

종교의 기원에 관한 푸엔테스의 인류학적 연구는 앞서 살펴본 부르케르트의 모델과 상당 부분 공명한다. 각각 독립된 학자의 연구가 동일한 연구 주제에 관해 상응하는 모델을 제시한다는 것은 종교의 기원에 관한 그들의 이론이 실제 있었던 사건에 부합할 수도 있다는 가능성을 보여준다. 종교의 기원에 관한 푸엔테스의 모델은 부르케르트의 모델과 달리 초기 인류에 집중하여, 종교가 발생하는 데 구체적으로 어떤 인류학적 요인들(e.g. 발성 기관과 소통, 의미 체계와 상상력, 가축화 작업)이 결부되어 있을지를 보여준다는 측면에서 가치가 높다. 하지만 푸엔테스의 이론 또한 과거 시점에 발생한 종교의 기원에 관한 과학적 연구라는 점에서, 부르케르트 모델과 동일한 비판을 받을 가능성을 피할 수 없는 것으로 보인다.

---

32   Ibid.

더 읽어보기

Agustin Fuentes, *Evolution of Human Behavior* (Oxford University Press, 2009).

Agustin Fuentes, *The Creative Spark: How Imagination Made Humans Exceptional* (Dutton Press, 2017).

Agustin Fuentes, *Biological Anthropology: Concepts and Connections* (McGraw-Hill Education, 2018).

Agustin Fuentes, *Why We Believe: Evolution, Making Meaning, and the Development of Human Natures* (Yale University Press, 2019).

생각해보기

① 부르케르트 모델과 푸엔테스 모델의 유사점과 차이점은 무엇인가?

② 종교의 발생에 인간의 상상력과 의미 부여 행위가 결부되어 있다는 푸엔테스의 주장은 종교의 실재성을 약화하는가?

③ 종교의 기원에 관한 과학 연구는 종교의 진리 주장과 양립할 수 있는가?

마틴 리스, 빌라야누르 라마찬드란, 션 캐럴

김정형

I. 마틴 리스의 "21세기 과학: 우주적 관점들과 지구상의 도전들"

1. 서론

마틴 리스(Martin J. Rees, 1942-)는 영국의 천체물리학자이자 우주론자다. 케임브리지 트리니티 칼리지 학장(2004-2012)과 영국 왕립 학회 회장(2005-2010)을 역임했다. 리스는 우주 배경 복사의 기원, 은하 형성 및 군집화 등의 연구에 공헌했으며, 퀘이사 분포에 관한 연구를 통해 정상 우주론을 결정적으로 논박했다는 평가를 받고 있다. 1970년대 이후 인류 원리에 관심을 두게 된 리스는 다중우주(multiverse)의 가능성을 진지하게 고려한다. 외계 지적 생명체를 찾는 시도에 대해서는, 성공 가능성은 적지만 가치 있는 일이라고 평가한다. 세계 문화 협의회의 아인슈타인 상(2003), 템플턴 재단의 템플턴 상(2011)을 비롯해 많은 상을 받았으며, 기포드 강연

외에도 영국 BBC의 리스 강연(2010) 등 저명한 강연을 맡아 강의했다.[33]

리스는 2007년 3월 19일과 20일 이틀에 걸쳐 세인트앤드루스 대학교에서 "21세기 과학: 우주적 관점들과 지구상의 도전들"(21st Century Science: Cosmic Perspectives and Terrestrial Challenges)이라는 제목으로 기포드 강의를 했다. 여기서 리스는 인간이 처한 현 상황을 현대 과학이 펼쳐 보이는 우주적 지평에서 살펴볼 것을 제안하면서, '깊은 시간'(deep time)의 의미를 진지하게 고려할 것을 촉구한다. 나아가 오늘날 과학과 기술의 진보가 실재에 대한 우리의 이해와 실재 속 우리의 위상에 큰 변화를 가져왔다면서, 금세기의 과학기술이 인류의 미래를 향해 놀라운 약속을 제시하기도 하지만 인류의 생존 자체를 위협하는 위험 요소도 될 수 있다고 지적한다.[34]

2. 본론: '깊은 시간'과 인류의 미래

기포드 강연 공식 홈페이지는 리스의 강연 내용을 다음과 같이 간략하게 소개하고 있다.[35]

---

33 자세한 내용은 기포드 강연 공식 홈페이지에 소개된 마틴 리스의 약력을 참고하라. https://www.giffordlectures.org/lecturers/martin-rees. 마틴 리스의 2007년 기포드 강연은 동영상이나 책 등 어떠한 형태로도 기록이 남아 있지 않다. 아래의 글은 기포드 강연 공식 홈페이지에 소개된 내용을 바탕으로 다음 자료를 참고하여 리스의 기포드 강연 내용을 대략 재구성한 것이다. Martin Rees, "Deep Time and the Far Future," *Edge*, https://www.edge.org/response-detail/11889; Martin Rees, *Our Final Hour: A Scientist's Warning* (New York: Basic Books, 2003).

34 https://www.giffordlectures.org/lectures/21st-century-science-cosmic-perspectives-and-terrestrial-challenges.

35 앞의 각주를 참고하라.

마틴 리스는 평범한 사람의 일상생활을 맥락화하는 광대한 우주에 대한 설명으로 시작한다. 이어서 대폭발에서 시작하여 대함몰, 무한 팽창 등 우주의 먼 미래에 대한 다양한 시나리오를 소개한다. 그는 천체역학의 발전, 기초화학의 형성, 양자역학의 환상적인 영역 등 거시적인 것에서부터 미시적인 것까지 설명한다. 그는 오늘날 물리학이 풀어야 할 과제가 두 영역을 포괄하는 하나의 '통일 이론'을 만드는 것이며 최근 끈 이론에서 중요한 진전이 이루어지고 있다고 설명한다.

리스는 우리가 미세 조정된 우주에 살고 있다고 주장한다. 우주의 상수가 지금과 조금만 달랐어도 생명을 지탱하는 데 필요한 복잡한 환경이 조성될 수 없었을 것이다. 그는 우주의 미세 조정과 관련해서 다음 두 가지 함의에 주목한다. 첫째, 그것은 우주의 다른 곳에 지성이 존재할 가능성을 제기한다. 우리의 우주가 '생명 친화적'이기 때문에, 우주의 다른 태양계에 외계 지적 생명체가 존재할 수 있다는 것이다. 둘째, 그것은 미세 조정의 이유에 대한 사고를 촉발한다. 리스는 우주 상수의 미세 조정이 지적 설계의 근거로 종종 언급된다는 사실을 알고 있지만, 다중우주론에 주목하고서 이 이론이 형이상학이 아니라 (비록 개념적으로 사변적이지만) 타당한 과학 이론이라고 설명한다.

한편 리스는 다가오는 세기에 관해 우리에게 주의를 준다. 지난 2세기에 걸친 과학기술의 발전은 실재에 대한 우리의 이해를 풍성하게 했을 뿐 아니라, 이전에는 상상할 수조차 없던 위협을 가져오고 있다는 것이다. 20세기 중반의 핵무기 경쟁은 전 지구적 재앙의 가능성을 높이고 과학기술적 위험이 점증하는 시대를 가져왔다. 생명공학은 질병 극복에 도움을 주는 한편,

손쉽게 구할 수 있는 화학물질을 이용한 생화학 테러에 활용될 수도 있다. 리스는 특히 새로운 기술이 인간의 본성 자체를 변화시킬 가능성을 염두에 두고서 과학자와 일반 대중이 함께 머리를 맞대고 고민할 것을 촉구한다. 그는 이 시대를 이끌어가는 과학자들의 특권적 위치를 인정하면서, 과학자는 자신의 연구가 내포하는 윤리적 함의에 깊은 관심을 가져야 한다고 주장한다. 또한 마지막으로 우주의 먼 미래를 위해 모든 사람이 힘을 모을 것을 주문한다.

리스의 기포도 강연은 '깊은 시간'이라는 관점을 강조한다. 깊은 시간에 대한 리스의 강조는 우리의 통상적인 시간 지평을 '천문학적으로' 확장한다. 그는 "지금까지의 우주 역사보다 훨씬 더 많은 시간이 우리 앞에 놓여 있다"는 사실을 강조한다. 40억 년이 넘는 생명 진화의 역사, 나아가 빅뱅에서 시작하는 138억 년에 걸친 우주 진화의 역사는 이제 많은 사람에게 친숙하다. 하지만 "45억 년 전에 생성된 우리의 태양은 연료를 모두 소진할 때까지 아직 수십억 년이 더 남아 있다. 태양이 수명을 다하고 모든 생명이 태양계에서 소멸한 이후에도, 팽창하는 우주는 계속해서 (아마도 영원히) 더 차가워지고 더 공허해질 것이다."[36]

리스는 우리 앞에 놓인 이 광대한 시간 규모에 대해서는 많은 사람이 잘 인식하지 못하고 있다고 지적한다. 인류 앞에 놓인 깊은 시간에 대한 리스의 강조는 오늘날 지구상의 생물권의 의의, 특히 호모 사피엔스로서 우리 인류의 존재 의의를 바라보는 새로운 시각을 제시한다. 리스에 따르면, 천문학자는 인류를 '진화의 정점'으로 보는 사람들과 다른 관점을 갖고

---

36   이 문단의 인용문은 Rees, "Deep Time and the Far Future"를 보라.

있다. 천문학자는 "우리가 아직 [진화 역사의] 반환점에도 도달하지 못했을 것"이라고 추정한다. "지구상에서든 지구 밖에서든 포스트 휴먼(post-human)의 진화를 위한 시간이 엄청나게 남아 있기" 때문이다. 앞으로 오랜 시간 동안, 지금까지 진화 역사가 보여준 것보다 "훨씬 더 큰 다양성, 훨씬 더 큰 질적 변화"가 일어날 수 있다. 동시에 "유전자 조작과 인공지능의 발전을 통한 미래의 진화는, 수백만 년이 소요되는 자연선택을 통한 진화보다 훨씬 더 빠른 속도로 이루어질 것이다." 다시 말해, "인간은 진화 나무의 가장 끝에 있는 가지가 아니다. 인간은 우주 역사에서 상당히 이른 시기에 출현했을 수 있다. 하지만 이런 사실이 우주 안에서 인간의 고유한 지위를 깎아내리지는 않는다. 인간은 스스로 진화 역사를 만들어갈 수 있는 최초의 종으로서 독특한 중요성을 지니기 때문이다."

이렇듯 인류의 미래를 향해 놀라운 가능성을 펼쳐 보여주는 현대 과학기술은, 다른 한편으로 인류의 미래에 가공할 위협도 가져오고 있다.[37] 리스에 따르면, 인류가 지난 세기 핵무기 경쟁의 위협을 극복한 것은 참으로 다행스러운 일이지만, 핵 테러리즘의 위협은 여전히 우리 주변에 도사리고 있다. 그리고 유전학, 로봇학, 나노 기술 등 최근 첨단 기술은 인간의 오류나 실수를 통해 인류에게 큰 재앙을 가져올 수 있다. 리스는 과학기술의 오남용이 가져오는 이 같은 위협 외에도 거대 소행성의 충돌이나 거대 화산 폭발과 같은 자연재해, 인간적 원인으로 사태가 악화하고 있는 지구 온난화와 같은 환경 재해, 가속기 실험이 가져올 수 있는 기술 재해의 위협도 지적한다. 결론적으로 그는 현재의 인류 문명이 21세기 마지막까지

---

37 리스는 Rees, *Our Final Hour*, 3-4장, 7-9장에서 인류의 미래에 대한 다양한 위협에 관해 상세하게 고찰한다.

지구상에서 살아남을 확률은 절반이 되지 않는다고 본다.[38] 이 같은 위협 앞에서 리스는 미래에 남아 있는 '깊은 시간'과 지구 밖 더 넓은 우주의 가능성에 주목하면서, 앞으로 지구의 운명은 지구를 넘어 우주적 중요성을 띤다고 주장한다. 마지막으로 리스는 인류를 포함한 생명체가 심지어 지구를 떠나서도 거의 영속적으로 생존하는 미래, 우주 전체가 다양한 생명체로 가득한 미래에 대한 소망을 피력하는 가운데 인간의 책임을 역설한다. "나에게 있어, 그리고 아마도 (특히 종교적 신념이 없는) 다른 사람들에게 있어, 우주적 관점은 우주 안에서 이 '창백한 푸른 점'을 소중하게 돌보아야 한다는 명령을 강화한다."[39]

3. 결론

지금까지 살펴본 리스의 사상은 광대한 우주 역사의 관점에서 우리 인간의 위상을 다시 보게 한다. 하지만 그는 우주의 광대함에 비추어 인간의 보잘것없음을 강조하기보다, 오히려 지구에 사는 생명의 소중함과 우주 속 생명의 역사를 풍성하게 만들어갈 인간의 고유한 책임과 사명을 강조한다. 비록 리스에게는 기독교 신앙이 없지만, 그가 우주의 역사에 있어 인간의 위상을 재평가하고 우주의 미래에 대한 인간의 책임을 강조한 것은, 과학 시대에 기독교 신학이 반드시 유념해야 할 중요한 요소다.

---

38   Ibid., 8.
39   Ibid., 188.

더 읽어보기

Martin J. Rees, *Our Final Hour: A Scientist's Warning* (Basic Books, 2003).

Martin J. Rees, *From Here to Infinity: Scientific Horizons* (Profile Books, 2011).

Martin J. Rees, *On the Future* (Princeton University Press, 2018).

Martin J. Rees, *Our Cosmic Habitat* (Princeton University Press, 2017).

Martin J. Rees, *New Perspectives in Astrophysical Cosmology* (Cambridge University Press, 2000).

생각해보기

① 핵전쟁이나 기후 재해로 인류가 멸종한 다음에도 지구 생태계가 지속 될 수 있을까 하는 미래의 가능성에 대해 그리스도인은 어떻게 생각할 수 있을까?

② 지구뿐 아니라 우주 전체가 생명으로 가득 찬 미래에 대한 리스의 비전 은 창조세계의 완성에 대한 기독교의 비전과 어떻게 연결될 수 있을까?

II. 빌라야누르 라마찬드란의 "몸과 마음: 신경과학으로부터 얻는 통찰"

1. 서론

빌라야누르 라마찬드란(Vilayanur Subramanian Ramachandran, 1951-)은 행동 신경학 분야의 다양한 실험과 이론으로 유명한 인도계 미국인 신경과학자다. 그는 샌디에이고에 있는 캘리포니아 주립대학교 교수이자, 뇌신경 센터(Center for Brain and Cognition) 소장이다. 인도에서 의학 학위를 받고 영국 케임브리지에서 박사 학위를 받았다. 초기에는 인간의 시각을 연구했고 이후에는 환각지(phantom limbs)를 연구하면서 거울 치료법을 개발해 환각통을 치료하는 데 일조했다. 또한 거울 신경(mirror neurons) 등의 연구를 활용해 공감, 모방 학습, 추상적 언어 등 인간의 독특한 능력이 어떻게 진화했는지를 설명할 수 있다고 주장했다.[40]

라마찬드란은 2012년 글래스고 대학교에서 "몸과 마음: 신경과학으로부터 얻는 통찰"(Body and Mind: Insights from Neuroscience)이라는 큰 제목 아래 두 차례에 걸쳐 기포드 강연을 진행했다. 이 강연에서 라마찬드란은 신경과학의 최근 연구 결과를 바탕으로 몸과 마음의 관계를 새롭게 이해할 수 있다는 의견을 냈다. 특히 다양한 실험과 치료 자료를 근거로 신경과학이 인간의 '자아'와 관련된 철학적 난제를 해결하는 데 크게 도움이 될 것이라고 주장했다.[41]

---

40 자세한 내용은 기포드 강연 공식 홈페이지에 소개된 빌라야누르 라마찬드란의 약력을 참고하라. https://www.giffordlectures.org/lecturers/vilayanur-s-ramachandran.

41 5월 28일(월)에는 "환상, 망상, 뇌"라는 제목으로 강연하고, 5월 30일(수)에는 "분자, 신경, 도덕"이라는 제목으로 강연했다. 이 두 강연은 유튜브에서 직접 시청할 수 있다. https://www.giffordlectures.org/lectures/body-and-mind-insights-neuroscience. 본격적인 강연에 앞서 5월 27일(일)에는 "예술, 은유, 공감각"이라는 제목으로 워크숍을 했다. 이 강연들은 그가 앞서 출간한 책 내용을 발췌하여 소개한 것으로 보인다. Vilayanur S. Ramachandran, *The Tell-Tale Brain: Unlocking the Mystery of Human Nature* (London: Windmill, 2012).

2. 본론: 뇌의 가소성과 거울 신경의 진화역사적 함의[42]

라마찬드란의 강연에서 가장 주목할 것은 뇌의 가소성 개념이다. "라마찬드란은 인간 자의식의 본성을 신체 이미지(body image, 신체상, 신체적 도식)와의 관계 속에서 탐구한다. 일반적으로 자아와 몸이 깊이 연관되어 있고 사람은 자기 몸 안에서 자신의 존재를 인식한다는 것은 자명한 사실로 받아들여진다. 하지만 라마찬드란은 [환각지의 사례들을 소개하면서] 우리의 신체 이미지가 실제로는 매우 불안정하며 상대적으로 짧은 시간 동안에도 급격한 변화를 겪을 수 있다는 것을 보여준다."[43] 그는 뇌의 이 같은 '가소성'(plasticity)의 사례로 사고를 당해 손이 절단된 사람이 얼굴에 가한 자극을 손가락에 가한 자극으로 느낀 경우를 예로 들면서, 이것을 뇌의 신체 지도에서 얼굴의 위치와 손가락의 위치가 서로 인접해 있다는 사실과 연관해서 설명한다.[44] 환각지 사례를 통해 뇌의 가소성을 입증한 라마찬드란은 자코모 리촐라티(Giacomo Rizzolatti)가 처음 소개한 거울 신경에 대한 연구에 주목하며 다른 동물(유인원)의 뇌와 구분되는 인간 뇌의 독특성을 강조한다.[45]

거울 신경(혹은 회로)은 어떤 사람이 특정한 행위를 행할 때나 다른 사람이 그 행위를 하는 것을 관찰할 때 모두 작동한다. 예를 들어, 어떤 사람이 주

---

42   이 글은 기포드 강연 공식 홈페이지에 소개된 강의 소개 글과 동영상 자료, 출간된 저서를 참고하여 정리한 것이다.

43   기포드 강연 공식 홈페이지를 참고하라.

44   Ramachandran, *The Tell-Tale Brain*, 27; Sebastian Seung, 승현준·신상규 옮김, 『커넥톰, 뇌의 지도』(*Connectome: How the Brian's Wiring Makes Us Who We Are*, 파주: 김영사, 2019), 74의 그림 12를 참고하라.

45   Ramachandran, *The Tell-Tale Brain*, 121-24, 132을 참고하라.

사 맞는 장면을 다른 사람이 보고 있다고 하자. 이때 주사를 맞는 사람의 뇌와 그 장면을 보는 사람의 뇌 속에서는 거울 신경이 동시에 작동한다. 라마찬드란에 따르면, 사람은 거울 신경을 통해 다른 사람의 관점을 취하고 모방하고 그의 의도를 읽고 그와 공감할 수 있다. 그래서 그는 이 거울 신경을 '간디' 신경이라고도 부른다. 거울 신경은 두 '자아' 사이의 경계가 흔히 생각하는 것만큼 그렇게 명확하지 않음을 보여준다. 두 '자아'가 동일한 자극에 대해 비슷한 반응을 보이기 때문이다. 그는 여기서 한 걸음 더 나아가, 이같은 거울 신경의 진화적 발전 과정에서 모방 학습이 가능해졌고 이것이 인간 문화와 문명의 토대가 되었다고 주장한다.[46]

라마찬드란에 따르면, 1990년대 접어들어 뇌에 대한 과학적 이해에 큰 변화가 일어났다. 1980년대까지만 해도 "뇌는 태어날 때부터 특정한 과제만을 수행하도록 고정된, 특화된 모듈로 구성되어 있다"는 정적인 이해가 지배적이었지만, 1990년대부터 모듈 사이의 상호작용에 대한 이해의 확장과 함께 "뇌 손상 또는 성장, 학습, 경험을 통해 어느 한 모듈의 작동에서 변화가 생기면, 그와 연결된 다른 많은 모듈에도 중요한 변화가 일어날 수 있다"는 사실이 확인되었다.[47] 좀 더 자세히 설명하자면 다음과 같다.

뇌의 [시냅스] 연결은 태어나기 전부터 유전적으로 엄격하게 고정된 것이 아니라, 어린 시절은 물론이고 성년이 되어서도 일평생 동안 수시로 변화할 수 있다. 우리가 보았듯이 뇌의 기본적인 '접촉' 지도 역시 [얼굴과 손과 같

---

46   https://www.giffordlectures.org/lectures/body-and-mind-insights-neuroscience.
47   Ramachandran, *The Tell-Tale Brain*, 37.

이 외관상] 상대적으로 멀리 떨어진 거리 사이에도 변화될 수 있고, 환각지는 거울을 사용해 [거울 시각 피드백(mirror visual feedback)을 통해서] '절단'이 가능하다. 따라서 우리는 뇌가 자기 신체 및 다른 사람의 뇌를 포함하여 외부 세계와 역동적 평형 상태를 이루고 있는, 매우 유연한 생명 체계라고 확신을 가지고 말할 수 있다.[48]

한편, 라마찬드란은, 평생에 걸친 뇌의 이 같은 가소성이 인간만의 고유한 특징은 아니라는 사실을 인정하면서도, 인간이 다른 유인원에 비해 긴 유년기와 청소년기를 거치며 (거울 신경의 발달이 가능하게 한) 모방 학습을 통해 과거 세대의 문화적 유산들을 단기간에 습득하는 법을 터득함으로써(이것은 뇌의 가소성을 전제로 한다), 불을 사용하고 도구를 만들고 몸을 꾸미고 언어를 사용하는 존재가 되었다고 지적한다.[49] 그에 따르면 원숭이를 비롯한 다른 유인원에게도 거울 신경이 있지만, 인간의 거울 신경 체계(mirror-neuron system)는 다른 유인원들의 것보다 훨씬 더 정교하게 발전했다. 그 결과 인간은 "실험을 통해서든 실수를 통해서든 (혹은 우연히든) 일단 획득한 복잡한 기술을…모든 세대의 사람들에게 신속하게 전수해서 공유할 수 있는 능력을 지니게 되었으며", 이것이 인류가 다른 유인원과 달리 고유한 문화를 형성할 수 있는 토대가 되었다.[50]

특히 인간의 특징적인 거울 신경 체계와 관련해서 라마찬드란은 뇌의 구조 가운데 아래 마루 소엽(inferior parietal lobule, IPL)에 주목한다. 아래 마루 소엽(IPL)은 두정엽(체감각)에 속하지만 후두엽(시각) 및 측두엽(청

---

48   Ibid.
49   학습을 통한 새로운 거울 신경의 획득에 관해서는 Ibid., 130-35의 논의를 참고하라.
50   Ibid., 132.

각)과 인접해 있다.[51] 그래서 모든 감각 정보를 수용할 수 있고, 그래서 다양한 양태 간 추상이 가능한 영역이기도 하다. 또한 라마찬드란은 아래 마루 소엽 인근에 거울 신경이 많다는 사실에도 주목한다.[52] 이 영역은 여타의 포유류에 비해 유인원의 뇌에서 두드러지게 크다. 흥미로운 사실은 인간의 뇌에서 이 영역이 다른 유인원의 그것보다 훨씬 클 뿐 아니라, 오직 인간의 뇌에서만 이 영역이 산술, 추상, 은유, 언어 등을 다루는 아랫부분(supramarginal gyrus)과 바느질, 빗질 등 숙련된 기술이 요구되는 행동을 다루는 윗부분(angular gyrus)으로 분화되어 있다는 점이다. 라마찬드란은 이것을 일종의 '진화적 도약'으로 이해한다.[53] 인간은 이 진화적 도약을 통해 특유의 정교한 거울 신경 체계를 갖게 되었고, 결국 뇌에서 일어난 이 유전자 변화를 통해 "다윈의 진화적 굴레에서 해방되어" 문화적 진화의 길을 개척하게 되었다는 것이 라마찬드란의 주장이다.[54]

결론적으로, 라마찬드란은 복잡한 언어, 상징체계, 추상적 사고, 은유, 자의식 등 인간에게만 고유한 특징을 인정하면서 인간과 다른 유인원들 사이의 차이점을 강조한다. 그럼에도 인간의 이 모든 특징은 진화의 과정을 통해 자연적으로 (뇌 유전자의 점진적 변화가 급작스럽게 초래한 정신적 국면 전환을 통해) 출현했다고 본다. 여기서 라마찬드란은 다윈의 자전적 고백을 인용하면서, 전통적인 창조론이나 지적설계론을 거부하는 동시에 철저하게 유물론적인 입장과도 거리를 둔다. "우리가 뇌와 뇌가 만드는 우주를

---

51   Ibid., 16-17을 참고하라. 『커넥톰, 뇌의 지도』를 소개하는 아래 웹페이지에서도 관련 이미지를 확인할 수 있다. http://m.blog.yes24.com/jk325636/post/7681170.

52   Ramachandran, *The Tell-Tale Brain*, 130-31.

53   Ibid., 131.

54   Ibid., 133.

아무리 깊이 이해하게 된다 해도, 궁극적 기원에 관한 질문은 언제나 우리 곁에 남아 있을 것이라는 사실을, 우리는 인간으로서 겸손하게 받아들여야 한다."[55]

3. 결론

라마찬드란은 실험과 관찰을 통해 인간의 마음이 뇌 신경계에 어떻게 의존하고 있는지를 연구하는 신경과학자다. 뇌의 거울 신경 체계 발달이 호모 사피엔스의 진화를 가져왔다는 그의 설명은 인간의 진화론적 기원에 관한 중요한 통찰을 제공하는 것처럼 보인다. 그럼에도 라마찬드란은 우리의 궁극적 기원이 과학적 탐구 영역을 넘어서 있음을 겸손하게 인정한다. 신경과학의 통찰을 긍정하면서도 철저한 유물론을 배척하는 라마찬드란의 이 같은 태도는 기독교 신학자가 신경과학의 통찰을 수용하면서도 많은 신경과학자의 유물론적 전제를 거부할 수 있는 근거를 제공해준다.

더 읽어보기

Vilayanur S. Ramachandran, *The Tell-Tale Brain: Unlocking the Mystery of Human Nature* (Windmill, 2012).

Vilayanur S. Ramachandran, *Encyclopedia of Human Behavior* (Academic Press, 2012).

Vilayanur S. Ramachandran, *The Emerging Mind* (Profile Books, 2003).

---

55   Ibid., 293.

① 뇌에서 일어난 유전자 변화를 통해 정교한 거울 신경 체계가 출현했고 이것이 인간 진화의 계기가 되었다는 라마찬드란의 주장은 기독교 신학의 입장에서 어떻게 평가할 수 있을까?

② 라마찬드란을 비롯한 신경과학자들이 주장하듯이 인간의 마음이 뇌의 구조와 활동에 상당 부분 의존하고 있다면, 이것은 신학적 인간 이해에 어떤 통찰 혹은 도전을 가져다줄 수 있을까?

III. 션 캐럴의 『큰 그림: 생명, 의미, 우주 자체의 기원에 관하여』

1. 서론

션 캐럴(Sean Carroll, 1966-)은 캘리포니아 공대 소속 이론물리학자다. 그의 연구는 암흑 물질, 암흑 에너지, 시공간 대칭, 우주의 기원 등으로, 기초물리학과 우주론에 초점을 두고 있다. 최근에는 양자역학의 토대, 시간의 화살, 복잡성의 출현 등을 연구하고 있는 그는 미국에서 성공회 신자로 자랐으나 지금은 무신론자가 되었으며, 자신을 '시적 자연주의자'(poetic naturalist)라고 부른다. 2013년에 템플턴 재단의 초청 강연을 거절한 일도 있는데, 그 이유는 과학과 종교가 화해할 수 있다는 생각을 지지하는 것처

럼 보이고 싶지 않아서였다고 한다.[56] 그런 그가 어떻게 기포드 강연의 연
사로 서게 되었을까? 그의 강연을 통해 알아보자.

션 캐럴은 2016년 10월 19-27일 글래스고 대학교에서 "큰 그림: 생
명, 의미, 우주 자체의 기원에 관하여"(The Big Picture: On the Origins of Life,
Meaning, and the Universe Itself)라는 제목 아래 다섯 차례에 걸쳐 기포드 강
연을 진행했다. 여기서 캐럴은 양자 이론에서부터 윤리, 미학, 상상력 등에
이르기까지 현상 세계의 다양한 측면을 과학적 관점에서 일관성 있게 서
술하고자 한다. 이는 우주와 생명과 의미의 기원에 관한 빅 히스토리를 고
유한 관점에서 재구성한 것이라고 할 수 있다. 이때 캐럴은 초자연적 관점
과도, 철저한 자연주의적 관점과도 구분되는 '시적 자연주의'의 관점을 발
전시킨다.

2. 본론: 우주의 근본 실재와 '시적 자연주의'[57]

기포드 강연 공식 홈페이지에서는 캐럴의 강연 내용을 다음과 같이 요약·
소개하고 있다.

---

56   Sean Carroll, "Science and Religion Can't Be Reconciled: Why I Won't Take Money
      from the Templeton Foundation," *Slate.com*, https://slate.com/technology/2013/05/
      i-wont-take-money-from-templeton-science-and-religion-cant-be-reconciled.
      html(May 9, 2013)을 참고하라. 기포드 강연 공식 홈페이지에서도 이 점을 의식한 듯,
      대중 과학 강연의 형식을 취하는 션 캐럴의 강연이 전통에서 다소 벗어나 있음을 인정하
      고 있다.
57   션 캐럴의 다섯 차례 강연 중 첫 번째 강연 자료는 PPT만 남아 있으나, 나머지는 유튜
      브로 시청이 가능하다. https://www.gla.ac.uk/events/lectures/gifford/previouslectures/
      seancarroll. 이 강연들은 그가 출간을 준비 중이던 책의 내용에서 발췌한 것으로 보인다.
      Sean M. Carroll, *The Big Picture: On the Origins of Life, Meaning, and the Universe Itself*
      (London: Dutton, 2017).

1강 우주, 시간, 기억

우리는 우리의 삶 속에서 그리고 우주의 진화 과정 속에서, 흘러가는 시간 사이의 상관관계를 경험한다. 하지만 캐럴에 따르면, 지난 수십 년간 과학자들은 자연의 근본 법칙들이 인과관계에 기초해 있지 않고 과거와 미래를 구분하지 않는다는 사실을 발견했다. 말하자면 구분된 시간 사이에 정해진 방향(화살표 방향)을 특정할 수 없다는 것이다. 시간이 흘러간다는 말이 의미가 있는 것은 빅뱅에서 시작하여 별들과 은하들이 진화하는 우리 우주의 특수한 역사 때문이다.

2강 우리를 구성하고 있는 물질

아직 우리가 우주에 관해 모르는 것이 많지만 알고 있는 지식도 많다. 거기에는 일상 경험 기저에 놓인 물질을 충분하게 완전히 설명하는 일련의 구성요소들과 규칙에 관한 지식도 포함된다. 우리는 진동하는 양자 장의 집합으로서 '핵심 이론'이라고 불리는 일련의 법칙을 준수한다. 앞으로 실재의 본성에 관해 더 많은 연구가 이루어지겠지만, 우리를 구성하고 있는 입자와 힘들에 관한 기본적인 그림에는 큰 변화가 없을 것이다.

3강 실재의 층위들

우리가 세상을 볼 때 개별 원자와 입자들을 보지는 못한다. 우리가 보는 세계는 가시적인 사물들과 원인들에 관한 이미지이다. 실재의 가장 심오한 특징 중 하나는 우리에게 다양한 층위로 나타난다는 점이다. 한 단계에서 이루어지는 자기 충족적이고 창발적인 설명은 그 아래 단계에서 이루어지는 설명과 일관되기는 하지만, 동시에 그것으로부터 독립적이다. 우리가 세계에 관해 이야기하는 다양한 방식은 근본적으로 서로 구분되는 종류의 개념들을 드러내며, 각각은 더 큰 그림의 일정 부분을 정확하게 포착하는 한에서 '실재적'이라고 할 수 있다.

4강 단순성, 복잡성, 사고
어떻게 향방 없는 물리법칙들의 비인격적 작용으로부터 인간처럼 복잡하고 조직화된 생명체가 출현하게 되었을까? 우주는 질서에서 무질서로 옮겨가지만, 그 과정에서 (비록 잠깐이지만 점차 소멸하기 전까지) 복잡성이 자연스럽게 증가한다. 이것은 커피에 크림을 섞을 때뿐 아니라 우주 전체의 과정에도 적용되는 진리다. 우리 인간처럼 복잡하게 조직되고 정보를 처리하며 자기를 의식하는 구조들의 창발은 대단히 흥미롭지만, 이는 기저의 물리적 실재에 관해 우리가 이해하고 있는 모든 내용과 완전히 조화를 이룰 수 있다.

5강 우주 안에서 우리의 위치
우주는 크고 우리는 작다. 이처럼 더 큰 우주지만 그것은 우리를 판단하지 않으며 선악의 구별에 관해 지침을 주지도 못하고 선한 삶을 살도록 도와주지도 못한다. 하지만 사고와 의지를 가진 고차원의 창발적 생명체로서 우리는 스스로 목적과 의미를 구축하는 능력을 갖고 있다. 우주의 광대한 역사에 비해 우리의 인생은 매우 짧지만, 우리가 세계에 관해 사고하고 세계에 일어나는 일에 마음을 쓴다는 사실이 우리 존재에 의미를 준다.[58]

---

58   https://www.gla.ac.uk/events/lectures/gifford/previouslectures/seancarroll.

캐럴의 자전적 고백에 따르면,[59] 그는 어릴 적 할머니의 영향을 받아 성공회 교회에 출석했지만 열 살 때 할머니가 돌아가신 이후 교회에 다니는 것을 그만두었다. 그러다가 서서히 자연주의에 젖어들게 되었다. 어느날 교회에서 예전 순서를 임의로 바꾸는 광경을 보고서, 하나님이 아니라 사람이 그것을 결정할 수 있다는 사실에 의심이 싹텄다고 한다. 이후 가톨릭 재단인 빌라노바 대학교 학부 과정에서 천문학을 전공할 때 (비록 공개적으로 고백하지는 않았지만) 진정한 의미에서 자연주의자가 되었다.

캐럴은 오직 하나의 세계, 즉 자연 세계만 존재하고 초자연적·영적·신적 영역은 존재하지 않는다고 믿는다는 점에서 자연주의를 채택하지만, 우리를 둘러싸고 있는 많은 신비마저도 물리적 차원으로 축소·환원해서 설명할 수 있다고 생각하는 엄격한 자연주의(eliminativism, 제거주의)는 거부한다.[60] 초자연주의와 엄격한 자연주의 사이에서 '시적 자연주의'라는 제3의 길을 모색하는 캐럴은 숭배를 내포하는 '경외'(awe)와 호기심을 내포하는 '경이'(wonder)를 구분하고, 전자보다 후자를 택한다. 이 점에서 그는 "신비의 매력이 그 내용을 절대 알 수 없다는 데 있지 않고 오히려 그것을 알아가는 흥미진진한 여정을 약속한다는 데 있다"고 주장한다.[61]

---

59   Carroll, *The Big Picture*, 428-29.
60   Ibid., 19.
61   Ibid., 430.

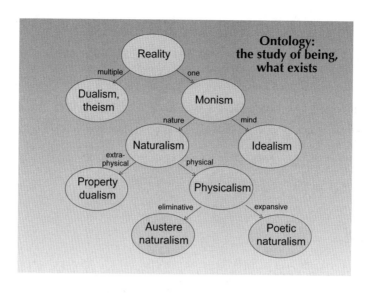

존재론: 존재, 존재하는 것에 관한 연구[62]

캐럴은 자신이 무신론자임을 처음 공개적으로 인정했을 무렵에는 "과학이 모든 문제를 해결할 수 있고 심지어 우리가 왜 여기에 있으며 어떻게 행동해야 하는지에 대해서도 과학이 대답을 줄 수 있다"고 믿었지만, 시간이 지나면서 "과학이 세계를 설명하기는 하지만 우리가 세계에 대한 과학적 지식을 가지고 어떻게 할 것인가의 문제는 과학과 다른 문제임"을 깨달았다고 한다.[63] 이러한 문제의식에서 캐럴은 과학이 밝혀낸 실재를 직면하기 위해는 모종의 '실존적 치료'(existential therapy)가 필요함을 인정한다.[64] 말하자면 그는 우리가 아무런 목적 없는 우주에서 떠돌고 있으며 죽음을 피

---

62   이 이미지는 캐럴의 첫 번째 강연 PPT 자료 중 한 장을 그대로 재현한 것이다. 각주 57
      을 참고하라.
63   Ibid., 431.
64   Ibid., 3, 428-33.

할 수 없다는 사실 앞에서 (유신론으로의 회귀 대신) 그 사실을 정직하게 인정하고 받아들일 수 있는 실존적 해결책을 모색한다. 이와 관련해서 캐럴이 그의 저서 결론 마지막 부분에서 알베르 카뮈의 시지프 신화를 언급한 점은 매우 흥미롭다. 캐럴의 해석에 따르면, 시지프는 "목적 없는 우주"에 살고 있지만 "스스로 목적을 만들어내는 영웅"이다.[65] 결론적으로 그는 시지프와 같이 스스로 의미를 창조하는 존재가 되는 것이 무의미하고 무목적인 실재를 직면하는 실존적 해결책이 된다고 본다.

3. 결론

캐럴의 기포드 강연은, 비록 하나님의 존재를 믿지는 않더라도 현대 과학의 업적을 충분히 인정하는 동시에 인생의 의미와 목적에 관한 질문에 있어 과학의 한계를 인정하는 겸손한 과학자의 모습을 보여준다. 물론 기독교 신학은 캐럴이 제시하는 '시적 자연주의'에 만족할 수 없다. 자연 세계를 초월하는 창조자 하나님에 대한 분명한 고백이 필요하다고 보기 때문이다. 그럼에도 오늘날의 그리스도인은 현대 과학이 펼쳐 보여주는 우주의 모습에 '경이'를 느끼는 무신론자들과 대화하면서 많은 통찰을 얻을 수 있을 것이다.

---

65   Ibid., 432.

더 읽어보기

Sean M. Carroll, *The Big Picture: On the Origins of Life, Meaning, and the Universe Itself* (Dutton, 2017; 『빅 픽쳐: 양자와 시공간, 생명의 기원까지 모든 것의 우주적 의미에 관하여』, 최가영 옮김, 2019).

Sean M. Carroll, *From Eternity to Here* (Dutton, 2010).

생각해보기

① 현대 과학을 진지하게 받아들이면서 종교를 믿지 않는 사람에게, 캐럴이 제시한 실존적 치료법은 얼마나 유익할까? 이보다 나은 치료법이 제시될 수 있을까?

① 캐럴은 '시적 자연주의' 관점에서 빅 히스토리를 재구성한다. 그렇다면 기독교 신학의 관점, 특히 창조에서 종말에 이르는 하나님 나라 이야기의 관점에서 빅 히스토리를 다시 기술하는 것이 가능할까? 그것은 캐럴의 빅 히스토리와 어떤 점에서 비슷하고 어떤 점에서 차이가 날까?

제2부

과학신학
및 과학철학

아서 피콕, 존 폴킹혼, 앨리스터 맥그래스

박형국

I. 아서 피콕의 "자연, 하나님, 그리고 인간"

1. 서론

아서 피콕(Arthur R. Peacocke, 1924-2006)은 영국의 신학자이자 생화학자이
자 성공회 사제로서 버밍엄, 케임브리지, 옥스퍼드 대학교에서 가르쳤으
며, 1995년부터 사망 전까지 "과학과 종교 포럼"(Science and Religion Forum)
대표를 맡아 과학과 종교 사이의 대화를 이끌었다. 1993년 대영제국 훈
장을 받았고 2001년 템플턴 상을 수상했다. 1992-1993년 세인트앤드루
스 대학교에서 "자연, 하나님, 그리고 인간"(Nature, God and Humanity)이
라는 제목으로 기포드 강연을 했으며, 그 내용을 확장하여 『과학 시대를
위한 신학: 존재와 과정─자연, 하나님, 그리고 인간』(*Theology for a Scientific
Age: Being and Becoming–Natural, Divine, and Human*, 1993)에 담아 출판했다. 책
은 자연의 존재와 과정, 하나님의 존재와 과정, 인간의 존재와 과정의 총 3

부로 구성되어 있는데, 강연은 이 중에서 인간의 존재와 과정을 중심적으로 다루었다. 피콕은 기포드 강연을 담은 위의 저서뿐 아니라 *Paths From Science Towards God: The End of All Our Exploring*(2001)과 *All That is: A Naturalistic Faith for the Twenty-First Century*(2007) 등의 책을 남겼다.

2. 본론: 하나님과 세계의 소통과 진화

피콕은 강연에서 과학의 설명과 공명하는, 자연과 인간에 대한 하나님의 '내재 안의 초월' 또는 '초월의 내재' 활동을 주장한다. 그가 보기에 "하나님은 실체들, 구조들, 그리고 과정들로 구성된 인간을 포함한 모든 자연 사건의 짜임새의 다차원에, 말하자면 사건들 안에, 사건들과 함께, 사건들 아래, 그리고 사건들을 통해 현존하면서 세계와 상호작용한다. 하나님은 자연 사건들과 상호작용하지만 특별히 인격적인 차원에서 가장 현저하고도 온전하게 상호작용한다."[1]

피콕은 하나님과 온 세계의 소통이라는 맥락에서 특별히 인간과의 인격적 소통의 독특성, 즉 세계 과정 속으로의 하나님의 존재적 소통을 설명한다. 하나님이 세계와 상호작용하는 방식을 과학이 설명하는 대로 이해하는 것은, 인간의 뇌 안에서 일어나는 정신적 사건을 포함한 자연 사건들 안에서 또한 그 사건들을 통해서, 하나님이 인간에게 자신을 소통할 수 있다는 생각에 부합한다. 이러한 생각은 하나님이 자신의 의미와 나아가 그의 현존을, 그 의미를 이해하고 그의 현존에 인격적으로 응답할 수 있는 인간과 소통할 수 있다는 희망의 근거가 될 수 있다(11장). 피콕은 과학이

---

1   cf. Arthur Peacocke, *Theology for a Scientific Age: Being and Becoming–Natural, Divine, and Human* (Philadelphia, PA.: Fortress, 1993) 23, 211.

밝혀주는 인간의 다수준적 본성을 탐구하면서 그것이 지닌 신학적 함의에 관해 말한다. 과학이 제공하는 자연적 인간 이해에 따르면 인간은 물리적 기초 수준(물리학과 화학)에서 시작해 유기체 수준(생물학)을 거쳐 의식과 문화의 수준(사회과학과 인문학)으로 복잡성과 조직화가 증대되는 과정적 존재자라고 볼 수 있다. 이처럼 복잡성과 조직화가 증대되는 과정에서 하나님과 인간의 소통은, 당연히 온 세계 과정의 완성에서 대단히 중요한 의미를 지닌다(12장).

예수 그리스도는 완전한 인간으로서, 세계 과정의 완성을 위한 하나님의 결정적 자기표현이요 의미 제공자로 이해할 수 있다. 예수 그리스도의 계시를 통해 특별하게 드러난 하나님의 인간에 대한 자기 소통의 의미는, 오직 과학과 인간 경험에 비추어 인간의 존재와 과정을 독특하게 구성하고 있는 것이 무엇인지를 평가할 때만 분별할 수 있다. 온전한 인간 안에서 이루어진 하나님의 자기표현으로서의 예수 그리스도에 대한 신앙은, 자연의 존재와 과정에 대한 성찰에서 단지 잠정적으로 파생된 하나님 개념, 즉 하나님의 창조성 실행이 자신을 제한하고 상처받기 쉬운 자리로 보내며 비우고 희생한 것이라는 개념과 완전히 부합한다.[2] 예수 그리스도의 삶과 죽음은 단순히 신적 소통의 역사적 현현으로서가 아니라 인간 의식이 지고선(至高善), 즉 신 자체를 향해 재정향되는 방식으로 이해된다. 하나님이 제공하는 의미는 창발을 통해 아직 미완성인 인간의 과정을 완성하고 실현하기 위한 것이다.[3] 하나님은 예수 그리스도의 인격 안에서 그리고 성육신을 통해서 인간의 과정적 완성을 위한 하나님 자신의 의미들, 즉 그

---

2   Ibid., 310.
3   Ibid., 315ff.

의 의도와 목적들을 그의 궁극적 존재와 과정과 연합된 한 인간의 형식으로 계시하셨다. 그런 의미에서 예수 그리스도는 진화 과정 안에서 이루어진 하나님의 창조적 역사의 절정이요 하나님의 계시로서, 인간의 존재와 과정의 완성을 위한 의미와 통찰을 제공한다(13-14장).

강연에서 하나님과 세계의 소통과 진화의 관계에 대한 피콕의 설명을 주목할 필요가 있다. 그가 보기에 목적론적 방향성으로 이해되는 진화와 기독교 신앙은 양립할 수 있다. 하나님은 계속해서 세상을 창조하시며, 진화는 하나님이 세상 안에서 활동하시는 방식으로 이해될 수 있다. 하나님은 자연 질서를 통해 이 세상 안에 초월적으로 내재하며 창조하시는 분으로 인식된다. 유기체 안에서 이루어지는 자연선택 작용에 의한 진화 과정은 우연과 자연법칙의 상호작용이라는 임의적 통로를 통해 의식과 자의식을 지닌 인격체라는 복잡한 수준으로 발전해간다.[4] 진화는 생명체의 죽음과 고난을 전제할 뿐 아니라 하나님 자신을 제한하는 고난을 수반하며, 이는 자유로운 인격체를 창발하기 위한 하나님의 자발적 제한을 의미한다. 그러므로 성육신하신 예수 그리스도는 하나님의 자기 제한의 결정체다. 하나님께서 계속되는 창조를 위해 자기를 제한하고 내어주신 행위야말로 하나님의 사랑을 보여주는 최고의 표현이라고 할 수 있다.[5]

3. 결론

피콕의 강연은 제목처럼 과학 시대에 적실한, 즉 과학적 세계관에 부합하는 신학을 모색하는 것을 목표로 한다. 그 목표는 하나님이 세계 안에 초

---

4   Ibid., 303.
5   Ibid., 308-9.

월적으로 내재하면서 자기를 제한하는 방식으로 인간과 자연 세계와 상호작용한다는 '과정 실재론적 만유재신론'으로 귀결된다. 하나님은 자연의 법칙과 질서를 존중하면서 이 세계 안에 초월적으로 내재하며 이 세계를 과정적으로 완성해가고, 특히 인간과는 의미를 제공하는 방식으로 인격적 소통을 한다. 예수 그리스도는 하나님의 자기(존재)표현으로서 하나님의 인격적 소통의 절정으로 이해된다. 피콕의 강연은 과학신학자로서 과학의 세계관에 부합하는 최선의 설명을 제공해주는 것으로 볼 수 있지만, 그의 설명과 하나님의 주권과 자유에 대한 성서적이고 전통적인 교의학적 설명 사이에 메꿔야 할 간격도 작지 않아 보인다.

더 읽어보기

Arthur Peacocke, *Creation and the World of Science* (Clarendon Press, 1979).

Arthur Peacocke, *Paths From Science Towards God: The End of All Our Exploring* (Oneworld, 2001).

Arthur Peacocke, ed. Philip Clayton, *All That is: A Naturalistic Faith for the Twenty-First Century* (Fortress Press, 2007).

John Macquarrie, *In Search of Deity: An Essay in Dialectical Theism* (SCM, 1984).

생각해보기

① 과학적인 세계상에 부합하는 하나님과 세계의 소통에 대한 피콕의 주장에 관해 생각해보고 그 장단점을 평가해보자.

② 하나님과 인간의 인격적 소통이 온 세계 과정의 완성에 대단히 중요하다는 피콕의 설명에 관해 숙고해보자.

③ 예수 그리스도는 진화 과정 안에서 이루어진 하나님의 창조적 역사의 절정이요 하나님의 계시로서, 인간의 존재와 과정의 완성을 위한 의미와 통찰을 제공한다는 피콕의 주장에 대해 어떻게 생각하는가?

II. 존 폴킹혼의 『한 물리학자의 신앙: 아래로부터의 사상가의 성찰』

1. 서론

존 폴킹혼(John Polkinghorne, 1930-2021)은 영국의 이론물리학자이자 신학자, 그리고 성공회 사제로서 1968-1979년 케임브리지 대학교에서 수리물리학 교수로 일했고 1988-1996년에는 케임브리지 대학교 퀸스 칼리지 학장을 역임했다. 런던 왕립 학회의 석학 회원인 그는 1997년 대영제국 훈장을 받았고 2002년 템플턴 상을 수상했다. 1993-1994년 에든버러 대학교에서 "한 물리학자의 신앙: 아래로부터의 사상가의 성찰"(The Faith of a Physicist: Reflections of a Bottom-Up Thinker)이라는 제목으로 기포드 강연을 했고 1994년 같은 제목의 책을 출간했다.[6] 또한 *One World*(1987), *Quarks,*

---

6   John Polkinghorne, *The Faith of a Physicist: Reflections of a Bottom-Up Thinker* (Princeton, NJ: Princeton University Press, 1994).

Chaos and Christianity(1994;『쿼크, 카오스 그리고 기독교』, 우종학 옮김, 2009),
The End of the World and the Ends of God(with Michael Welker, 2000;『종말론에
관한 과학과 신학의 대화』, 신준호 옮김, 2002), *Quantum Physics and Theology: An
Unexpected Kinship*(2007;『양자물리학 그리고 기독교신학』, 현우식 옮김, 2009) 등
다수의 저서가 있다.

2. 본론: 경험적이고 귀납적인 신학의 재구성

폴킹혼의 강연은 자연신학의 관점에서 20세기 과학적 통찰들과 대화하며
니케아 신조의 주제들에 관해 성찰하는 내용이다. 그는 니케아 신조를 마
치 갈릴레오의 망원경처럼 하나님과 세계와 인간에 대한 이해와 설명을
제공하는 압축된 '데이터 목록'으로 이해하고 성서와 교회 전통을 기독교
신학을 위한 경험적 데이터로 간주한다. 그는 기독교의 기초 신조에 대한
설명을 날줄 삼고 현대 과학의 이해를 씨줄 삼아 세계와 인간에 대한 종합
적 설명을 제시하고자 한다. 핵심 주제를 중심으로 폴킹혼의 강연을 살펴
보자.

1) 아래에서 위로 향하는 접근

폴킹혼은 자신의 사고를, 현대 과학을 진지하게 받아들인 이론물리학자로
서의 오랜 연구 경험을 통해 형성된 사유 습관이라 규정하며 '아래에서 위
로 향하는' 접근이라고 부른다. 아래에서 위로 향하는 접근은 특수성에서
출발해 신중하게 일반화로 나아가는 것, 선험적 본질이 아니라 경험적 현
상에서 시작하는 것을 의미한다. 그는 신학이 구체적이고 특수하며 역사
적인 기독교에 닻을 내려야 한다고 주장한다. 하나님에 대한 탐구 역시 경
세적 삼위일체에 관심을 두고 삼위일체의 경세에 대한 경험에서 출발한다

고 한다.

2) 경험으로 뒷받침되는 형이상학

폴킹혼은 아래에서 위로 향하는 과학적 접근을 추구하지만, 세계에 대한 전체적 설명을 위해서는 모든 것에 대한 궁극적 탐구 형식인 형이상학의 겸손한 형태인 '아래에서 위로 향하는', 즉 경험으로 뒷받침되는 형이상학이 필요함을 주장한다. 그가 보기에 이 전략은 기본적인 인간 경험의 모든 부분을 똑같이 진지하게 받아들인다는 장점이 있다. 흔히 과학자들은 사실(fact)을 주장한다고 하지만, 실제로는 형이상학적 해석을 피할 수 없을 뿐 아니라 때로 즐겨 사용하기도 한다. 그는 현대 과학의 환원주의 입장을 날카롭게 비판한다. 현대 과학은 물질과 운동의 일차적인 양적 문제들에 있어 제한된 탐구 방법과 전술을 통하여 놀라운 성공을 거두었지만, 실재에 대한 협소한 환원주의적 개념과 긴밀히 연결된 빈곤한 형이상학적 전략으로 세계에 대한 협소한 전망을 낳았다. 그는 개별 학문이 그 특수한 설명을 넘어 통합적인 세계관, 다시 말해 세계의 존재 방식에 대한 보다 큰 전망이나 그림을 제시할 필요가 있다고 주장한다.

3) 이중 양상 일원론

셋째로 폴킹혼은 의식을 고려하지 않고 오직 물질만을 배타적으로 주장하는 물리적 환원주의 전략을 거부한다. 물질주의는 마음의 직접적인 경험을 바로 보려 하지 않고 우주 역사의 가장 중요한 발전, 즉 우주가 자신을 의식하게 된다는 사실을 소홀히 여긴다. 그는 인간의 본성과 행위를 단순히 물리나 정신으로 환원할 수 없고 심신적 범주로 이해할 필요가 있다고 주장한다. 특별히 자아의식과 하나님 의식의 등장을 주목할 필요가 있는

데, '의식'은 세계를 이해하는 데 근본적으로 중요하다. 폴킹혼은 마음 또는 의식과 물질의 상보성을 표현하기 위해 '이중 양상 일원론'(dual-aspect monism)이라는 용어를 사용한다. 이 입장에 따르면, "세계에는 물질적인 것과 정신적인 것 둘이 존재하는 것이 아니라 오직 하나의 사물만이 존재하지만, 그것은 정신과 물질의 차이에 대한 지각을 설명하는 두 대조적인 상태(물질적/의식적 국면)에서 발생할 수 있다."[7] 이 입장은 물리 세계와 자의식적 존재자들의 세계 사이의 연속성을 설명해준다는 데 그 장점이 있다. 아울러 그는 환원주의를 지향하는 신다윈주의 세계상을 비판하고 신다윈주의가 거시적 복잡성의 증대를 예측하거나 설명할 수 없음을 지적하면서 목적론을 옹호한다.[8]

4) 카오스론의 중요성

폴킹혼은 20세기에 들어와 근대 물리학이 제시한 기계적 세계상을 극복하는 데 있어서 양자론이나 장 이론보다 오히려 카오스론이 더 중요하다고 본다. 카오스론은 일종의 구조화된 무작위성(randomness), 즉 질서적인 무질서의 특성을 지닌 행위의 상을 제공한다. 실제 물리 세계는 미묘하고 탄력적인 성격을 띤 과정의 세계이고 물리 과정은 미래를 향해 개방적이다. 폴킹혼은 이 세계의 방향성을 '개방성과 복잡성의 증대'로 설명하면서 물리학의 환원주의가 이 세계의 점증하는 개방성과 복잡성을 설명하는 데 충분하지 않다고 보는 듯하다. 그는 카오스론이 세계의 개방성과 복잡성의 증대가 발생시키는 통전적이고 과정적인 정신적/의식적 실재를 설명하

---

7   Ibid., 21.
8   Ibid., 16-17.

는 데 도움이 된다고 본다. 즉, 카오스론이 단순한 물리 세계에서 발견되는 부분적인 기계적 상호작용과는 달리, 고차적 실재에서 나타나는 인과적 원리 작용을 설명할 수 있다는 것이다. "고전적인 카오스론의 아래로부터 위로의 설명이 시작되는, 겉으로 볼 때 결정론적인 방정식은, 진정 탄력적인 물리적 실재에 대한 '창발적인 하향적'(emergent-downward) 근사치처럼 생각된다."[9]

5) 이중적 순환성

폴킹혼은 지식 탐구에서 '맹목적 믿음'과 '회의의 위험' 사이의 중도를 추구하면서 이중적 순환성, 즉 믿음과 이해 사이의 '해석학적 순환성'과, 인식 방법은 대상의 본성에 의해 통제되고 대상의 본성은 그에 대한 지식을 통해서 드러난다는 '인식적 순환성'을 주장한다. 그는 신학에 진지한 관심을 둔 과학자로서 인식 행위와 대상 사이의 상응을 상정하는 실재주의를 옹호하면서도 지식 대상의 인식적 우선성을 주장하여 "인식론은 존재론을 모델로 한다"[10]고 말한다. 그는 마이클 폴라니의 인격적 지식 이해를 수용하면서, 과학적 사실들조차 논쟁의 여지가 없는 문제가 아니라 해석이 관여하는 문제라고 보기 때문에 이렇게 말한다. "실재를 더욱 깊이 인격적으로 만나면 만날수록 그 의미는 더욱 심오하게, 그 참여자가 실재에 부여한 해석에 의존한다."[11] 그는 설명과 이해 사이의 구별을 중요하게 여기면서, 이해는 지식의 왕관이라고 주장하고 설명보다 빠른 이해의 능력은 신앙 개념과 밀접하게 연결되어 있다고 본다. 그는 세계에 대한 인간의 경험

---

9   Ibid., 26.
10   Ibid., 156.
11   Ibid., 34.

및 인식 능력의 한계를 주장함과 동시에 인간의 개념 형성 능력과 일종의 지성적 낙관주의에 대한 믿음, 즉 아직 인식하지 못한 것을 이해할 궁극적 능력에 대한 열린 믿음을 피력한다.

6) 자연신학의 필요성

폴킹혼은 자연신학에 대한 과격한 거부를 비판하고 다윈 이후 페일리식 자연신학에 대한 논쟁에서 교훈을 얻어야 하며, 자연신학의 부흥을 맞이하여 신학자들 편에서의 기여가 필요함을 주장한다. "자연신학 없는 신학은 물리적 창조세계에 대한 지식에서 동떨어진 채 게토에 머물 것이다."[12] 하지만 근대 무신론이 그리스도인의 중심 경험에 대한 호소를 소홀히 여기면서 일종의 철학적 자연신학에만 몰두하는 것에서 야기되었음을 직시할 필요도 있다고 지적하고, 자연신학이 단지 철저한 자연주의와 나란히 경쟁하는 하나의 가능성으로 머물 위험성도 경고한다. 그는 자연신학을 옹호하면서 그것을 통해 우주의 합리적 투명성을 경험할 수 있고, 놀라운 이성적 이해의 가능성은 자연신학의 통찰들에 의해 이해될 수 있다고 보면서 과학과 종교 사이의 상보적 협력이 필요하다고 주장한다.

7) 귀추법

폴킹혼은 신학도 과학적 탐구 프로그램이라고 보면서 "최선의 설명에 이르는 귀추 또는 추론"의 방법을 추천한다. 귀추법은 역사적으로 주어진 가정 가운데 단지 최선을 골라내는 규칙이라고 할 수 있는데, 폴킹혼에 따르면 과학의 역사에서 인간이 성공적으로 최상의 설명을 추론할 수 있기에 물리

---

12   Ibid., 44.

적 실재에 대한 신빙성 있는 지식을 얻을 수 있음을 강력하게 증거한다.

8) 과학 시대의 유신론

폴킹혼은 유물론적 무신론자들의 전략이 실재에 대한 빈곤한 환원주의적 견해에 불과한 것이라고 비판하고 유신론의 설명이야말로 통합적 온전성을 지니고 있기에 유신론이 무신론보다 더욱 심오하고 포괄적인 이해를 제공한다고 주장한다. 하지만 고전 유신론의 필연적이고 무시간적인 하나님 이해가 적실하지 않다고 보면서, 영원히 시간을 초월할 뿐 아니라 시간과 관계하면서 시간 안에 내재하는 하나님을 생각해야 한다고 주장한다. 그는 정적인 세계 이해 역시 과학 시대에 적합하지 않고 세계를 우연적이고 시간적인 과정으로 이해해야 한다고 본다.

9) 과학 시대의 창조론

폴킹혼은 창조론이 과학적 세계 설명과 수렴해야 한다고 본다. 수십억 년의 우주 진화 역사를 보지 못한 채 단지 인간에게만 집중한 현대 신학의 사유가 얼마나 협소하고 국지적인지를 의식하고 인간의 역사가 단지 광대한 우주 역사의 일부일 뿐임을 인식할 필요가 있다. 하지만 창조론과 과학의 세계상은 구별되어야 하고, 신학은 존재론적 기원에 관심을 두고 시간적 시작에 관심을 두지 않음을 분명히 한다. 그는 신적 케노시스 방식의 설명을 지지한다. 즉, 하나님은 세계와 상호작용하지만 모든 과정을 전체적으로 통제하는 것은 아니고, 창조 행위는 피조된 타자에게 자유를 부여함으로써 하나님의 전능의 결과적인 자기 비움을 통한 타자 실존의 위험을 감수하는 것을 포함한다.

10) 위로부터의 정보 주입 작용

폴킹혼은 현대 과학의 통찰들이, 하나님이 창조세계 과정 안에서, 즉 계속적 창조 과정 안에서 인식된다는 것을 이해하도록 돕는다고 본다. '신의 개입설'(interventionism)이나 '이신론'은 적절한 설명이 아니다. 우주 역사에서 나타나는 개방성과 복잡성의 점증이 현재는 인식되지 않지만, 그것은 위로부터 아래로의 정보 주입 작용의 방식으로 이해될 수 있다. 하나님이 유동적이고 열린 발전 속으로의 정보 주입을 통하여 우주 과정에서 상호작용한다는 개념은, 창조세계 안에서 이루어지는 성령의 활동에 완전히 부합한다고 볼 수 있다. 성령의 교제에 대한 교리와 현대 과학의 우주론 사이에는 어느 정도의 친화성과 공명이 존재한다.

11) 종말론적 희망

마지막으로 폴킹혼은 종말론적 희망의 정합성을 변호한다. 그는 진화론적 낙관주의 형식을 사용하여 과학 시대에 적합한 종교를 변증하는 것을 비판하면서, 물리적 우주론으로부터 보다 어두운 결론을 내린다. 하지만 오직 하나님의 위대한 새로운 행위만이 우주와 인류를 종말적 공허에서 구할 수 있다고 주장한다. 그는 종말론적 희망을 신뢰하면서 그리스도인이 고대하는 희망은 이원론에 기초한 영혼 혹은 정신적 실체가 죽음 이후에도 존속할 것이라는 영혼불멸에 대한 희망이 아니라, 죽은 자들의 부활이라고 주장한다. 그는 이중 양상 일원론에 따라 영혼을 "매 순간 생기를 지닌 몸(animated body)의 물질을 전달하고, 지상 생애 동안 내내 육체 구성의 모든 구성적 변화를 통해 계속해서 발전하는, 거의 무한히 복잡하고 역동적이며 정보를 담고 있는 양태"[13]로 설명한다. 그는 죽음 너머의 운명에 대한 신앙이, 궁극적으로 선한 창조에 견줄 수 있는 선한 종말론적 새 창조를 향한 하나님의 신실하심을 믿는 신앙에 의존한다고 결론짓는다.

3. 결론

폴킹혼은 기포드 강연에서 인간과 세계에 대한 과학의 이해와 부합하는, 보다 경험적이고 귀납적인 신학의 재구성을 제안한다. 그는 니케아 신조의 항목들을 현대 과학의 주요한 혁신적 통찰들에 비추어 재조명하면서 핵심적 난제에 관해 토론하고 신중하게 자신의 입장을 제시한다. 폴킹혼의 과학신학은 한편으로는 구체적 현실에 닻을 내리지 않은 추상적·사변적 형이상학과, 다른 한편으로는 일체의 형이상학을 배제한다고 스스로 생각하는 환원주의적 과학주의라는 양극단을 피하고, 온건하게 신학과 과학의 공명을 추구하는 입장으로 평가할 수 있다. 하지만 폴킹혼의 과학신학 역시 하나님의 주권과 자유에 대해 충분히 깊이 있고 만족할만한 설명을 제시하는지에 대해서는 더 논의가 필요하다.

더 읽어보기

존 폴킹혼, 신익상 옮김, 『과학으로 신학하기』(모시는사람들, 2015).
데이비드 크리스천·밥 베인, 조지형 옮김, 『빅 히스토리』(해나무, 2013).
Ernst Mayr, *What Makes Biology Unique?* (Cambridge University Press, 2004).

---

13   Ibid., 163.

생각해보기

① 폴킹혼이 주장하는 '아래에서 위로 향하는 접근'은 무엇이며 그는 왜 그것을 주장하는가?

② 자연신학에 대한 폴킹혼의 양면적 입장에 관해 생각해보자.

③ 폴킹혼에 따르면 기독교의 종말론적 새창조 교리는 진화론적 낙관주의와 어떤 차이가 있는가?

III. 앨리스터 맥그래스의
『정교하게 조율된 우주: 과학과 신학의 하나님 탐구』

1. 서론

앨리스터 맥그래스(Alister E. McGrath, 1953-)는 북아일랜드 벨파스트 출신의 성공회 사제이자 기독교 신학자다. 옥스퍼드 대학교에서 분자생물학 박사 학위와 신학 박사 학위를 받은 그는 동 대학교에서 역사신학 교수와 위클리프 홀 학장을 역임했다. 2004년에 학장직을 사임한 후 "옥스퍼드 기독교 변증 센터"(Oxford Centre for Christian Apologetics) 초대 소장이 되었으며, 이후 해리스 맨체스터 대학교 선임 연구 위원이 되어 존 템플턴 재단의 지원을 받은 자연신학 관련 중요 프로젝트를 지도하기도 했다. 2008년에는 킹스 칼리지 런던의 신학, 목회학, 교육학 학과장을 맡았고 "신학, 종교, 교회 연구 센터"(Centre for Theology, Religion and Church) 소장으로서 사회, 종교, 과학 그리고 교회에 대한 문제를 집중적으로 연구했다. 현재는 옥스퍼드 대학교 과학과 종교학 석좌 교수이자 "이언 램지 과학과 종교 연구 센터"(Ian Ramsey Centre for Science and Religion) 소장이며 해리스 맨체스터 대학교 연구 위원이다. 맥그래스는 2009년 애버딘 대학교에서 "정교하게 조율된 우주: 과학과 신학의 하나님 탐구"(A Fine-Tuned Universe: Science, Theology, and the Quest for Meaning)라는 제목으로 기포드 강연을 했다. 이 강연은 같은 해에 책으로도 출간되었다.[14] 그 외에도 *The Dawkins Delusion?: Atheist Fundamentalism and the Denial of the Divine*(2007), *Darwinism and the Divine: Evolutionary Thought and Natural Theology*(2011), *The Big Question: Why We Can't Stop Talking About Science, Faith, and God*(2015)을 쓰는 등 많은 저술 활동을 하고 있다.

2. 본론: 삼위일체 자연신학

맥그래스는 강연에서 근대 자연신학을 비판하고 기독교 신학 전통에 굳건히 토대를 두면서도 과학의 자연 이해를 적절하게 적용하는 삼위일체 자연신학을 제시한다. 그는 자연신학의 과제로서 과학의 영역과 종교의 영역 사이에 개념적 다리 놓기 역할의 가능성을 탐색하고 정교하게 조율된 우주가 자연신학에 시사하는 점을 탐구하는 것을 제시한다. 그는 자연 속에 존재하는 정교한 조율에 대한 논의와 분석을 확대하고, 이 논의와 분석을 설명할 유익한 신학의 틀을 제공하는 것을 강연의 목표로 삼는다. 주요 주제와 주장들을 중심으로 강연을 살펴보자.

---

14   Alister E. McGrath, *A Fine-Tuned Universe: The Quest for God in Science and Theology* (Louisville, KY: Westminster John Knox Press, 2009).

1) 새로운 자연신학

맥그래스는 계몽주의에 뿌리를 둔 근대 자연신학의 신뢰 위기를 성찰하면서 삼위일체 자연신학을 제시한다. 그에 따르면 근대 자연신학이 신앙이나 계시에 호소하지 않고도 하나님의 존재를 증명할 수 있다고 주장하지만, 이는 문제투성이인 기계론적 세계상에 의존한다는 점에서 과학적으로 적합하지 않을뿐더러 신학적으로도 하나님의 자기 계시와 동떨어진 채로 하나님을 설명하려 하기 때문에 적합하지 않다. 또한 근대 자연신학은 성서가 증언하는, 특히 예수 그리스도의 삶과 죽음과 부활 속에서 계시된 하나님과 전혀 상관없는 단일신적이고 이신론적인 하나님 개념으로 귀결되었음을 지적한다. 그는 자연신학의 비전을 갱신해야 한다면서, 새로운 자연신학의 가장 중요한 신학적 요소로서 고정되고 확정된 실체가 아니라 인식되고 해석된 실체로서의 자연 개념을 강조한다. 새로운 자연신학의 목표는 "신학과 과학이 서로 이해하고 상호 대화를 촉진하며, 서로를 풍성하게 해줄 것이라는 소망을 제공하는 더 넓은 틀 속에서 자연과학의 세계상을 조망함으로써 더욱 온전한 세계 이해에 이르는 것"[15]이다. 그가 보기에 삼위일체 자연신학은 사물에 대한 단순한 인식과 이해를 넘어서 자연 세계와 풍성하고 충실한 사귐을 가질 길을 열고 자연에 대한 존재론을 구성해내는 데 매우 유용하며, 무엇보다 자연에 대한 통일적인 설명 형식의 존재론적 토대를 제공한다. 그리고 삼위일체 시각에서의 자연 해석은 경험적 관찰과도 상당히 부합하는 적합성을 제공한다.[16]

---

15   Ibid., 88.
16   Cf. ibid., 134, 137.

2) 환원론 비판

맥그래스는 폴킹혼과 마찬가지로 과학주의가 추구하는 환원론을 비판하고 로이 바스카의 비판적 실재론을 수용하여 존재자들에 대한 단일한 서술이나 해석보다는 중층적인 다양한 서술과 해석이 바람직하다고 주장한다. 즉, 세계는 존재론적으로는 단일하지만 그 세계에 관한 지식은 방법론적으로 다양하고, 실재의 각 단계는 그 독특한 본질에 따라 탐구되고 표현되어야 한다는 것이다. 맥그래스에 따르면 과학자들 사이에서는 선험적·형이상학적 관념을 자연과학에서 추방해야 한다는 생각이 지배적이지만, 형이상학적 관념이 자연과학에서 차지하는 위치가 있고 자연과학과 형이상학적 관념이 명백히 일치하는 지점들이 존재한다. 따라서 그는 자연을 관찰한 결과에서 등장한 후험적·형이상학적 관념들을 몰아내야 한다는 주장은 아무 근거가 없다고 본다. 그 역시 폴킹혼과 같이 존재론이 인식론보다 우선함을 주장하고, 사물들이 지닌 본래적 합리성 또는 이해 가능성을 제공하는 자연신학을 변호한다. 또한 자신의 접근이 포스트모던적 관심에 영향을 받았지만, 객관적 실재에 대한 존재론적 관심을 상실하지는 않았음을 강조한다.

3) 귀추법

맥그래스는 찰스 퍼스가 제시한 귀추법의 역할에 주목하면서, 연역법이 아니라 '최선의 설명에 이르는 추론'이 자연신학에서 가장 유망한 논증 형식이라고 주장한다. 귀추 논리는 관찰 결과를 설명하는 특정 가설을 잠정적으로 채택하는 귀납법의 유형으로 정의된다. 퍼스는 새로운 설명을 발견하는 과정이 기존의 해석 틀에 부합하지 않는 '놀라운 사실들'과의 대치에서 비롯하는데, 이 놀라운 사실들을 탐색하는 과정에서 사고 실험 또는 상상을 통해 사실에 반하는 대안적 가능성을 모색하는 '사실에 반하는 추론'(counterfactual reasoning)이 중요하다고 주장한다. 맥그래스는 귀추법과 최선의 설명에 이르는 추론을 사용해서, 삼위일체 자연신학이 세계를 가장 훌륭하게 설명하는 존재론을 제공한다고 주장한다.

4) 정교한 조율

맥그래스는 물리학, 화학, 생물학의 영역에서 생명체의 등장까지의 과학적 증거들을 고찰하면서(7, 9-12장), 삼위일체 관점과 부합하는 '인간 중심 원리'를 지지하고 과학적 사실들이 우주의 정교한 조율에 대한 해석을 가능하게 한다고 주장한다. 우주의 기본 상수들, 탄소와 물의 화학적 특성들, 그리고 생명의 기원과 유전 과정에 대한 과학의 설명은 정교한 조율에 관해 질문하지 않을 수 없게 하고, 나아가 정교한 조율을 다 설명해주지는 못하더라도 뒷받침하는 것으로 볼 수 있다. 그에 의하면 정교한 조율 현상들은 기독교 유신론과 경험적으로 잘 부합한다. 그는 정교한 조율에 이르기까지 진화하는 능력 자체가 결국 화학의 기본 특성에 의존하기에 이 특성들 자체를 정교한 조율의 근거로 볼 수 있다고 주장하면서, 생명체의 정교한 조율을 거부하는 많은 신다윈주의자는 '진화 가능성 자체'의 정교한 조율, 즉 '자연이 자신을 정교하게 조율'하는 현상을 설명할 필요가 있다고 주장한다.

5) 진화의 목적론

맥그래스는 생물학적 진화의 메커니즘과 그 방향성을 고찰해보면 정교한 조율의 증거를 확인할 수 있다고 조심스럽게 주장하면서, 진화가 본유적인 목적론이나 방향성을 지니고 있는지에 대한 의문을 제기한다. 그는 진화의 방향성을 설명하면서 우연을 강조하는 스티븐 굴드의 입장보다는, 진화가 "생물학 공간에 존재하는 안정된 영역들을 발견하고자 이 영역들을 찾아가는 과정을 항해한다"(수렴 진화)고 주장하는 사이먼 콘웨이 모리스의 입장을 지지한다. 모리스의 수렴 개념은 목적론적이며 신학적 해석에 대해 커다란 여지를 준다. 맥그래스는 진화의 방향성에 대한 신다원주의적 설명의 약점을 비판적으로 분석하면서, 진화 능력이 정교하게 조율된 것일 수 있는 실제적 가능성을 제기하고 인간 중심 원리에 따라 진화의 목적론적 설명이 옳다고 주장한다. 그는 두 가지 목적 개념, 즉 감관과 관찰 결과에 대한 추론이나 성찰에서 끌어낸 퍼스의 경험적 목적 개념과 아리스토텔레스와 칸트처럼 경험으로 확인할 수 없는 형이상학 체계에서 연역해낸 선험적 목적 개념을 구분하면서, 진화 과정에 등장하는 목적론 개념은 경험으로 확인할 수 있는 것으로, 경험을 통해 밝혀낸 결과에 근거한 것이지 미리 결정된 목적론이 아니라고 주장한다.

6) 아우구스티누스의 창조 교리

맥그래스는 아우구스티누스의 창조론에서 진화론과 수렴하는 신학적 개념을 발견한다. 아우구스티누스는 창조를 "여러 차원으로 발전해갈 수 있는 잠재력을 지닌 실재를 처음 만들어낸 것"으로 보고, 이 실재가 지닌 특성들은 우주가 처음 등장할 때는 존재하지 않았으나 나중에 어떤 조건이 갖춰지면 등장하는 것으로 해석할 수 있는 신학적 개념의 틀을 제공한다. 맥그래스는 아우구스티누스의 창조론에서 하나님에 의해 심겨지고 하나님의 섭리를 통해 점진적으로 실현되는 잠재성인 '씨앗 이성들'에 대한 설명이, 자연과 진화적 발전에 심긴 인과성에 대한 과학적 이해를 신학적 섭리 모델에 연결하는 데 유용하다고 본다. 아우구스티누스의 창조 교리는

우주론의 차원은 물론 생물학 차원에서도 자연계의 진화를 곱씹어볼 수
있는 지적 틀을 제공한다.

7) 창발 개념의 중요성

맥그래스는 진화론의 등장 이후 창조가 수천 년 전에 이 우주를 지금 우리
가 보고 있는 것과 대동소이한 모습으로 존재하게 한 행위를 가리킨다고
본 영국의 고전적 자연신학의 창조 개념을 확장하고 수정할 것을 제안한
다. 그는 과학적인 창발 개념, 즉 복잡성 수준의 증대에서 나타나는 새롭고
도 예상할 수 없는 속성과 행위들의 전개를 고찰하면서, 창발 개념이 창조
를 역동적 진화 과정과 위계적 성층화로 설명할 때 그것이 신학을 위해서
중요하다고 평가한다. 창발은 생명체의 복잡성이 점점 더 그 정도를 더해
가는 가운데, 새롭고 예견할 수 없던 특성과 행동이 펼쳐지고 나타나는 것
을 의미한다. 창발 특성은 생태계의 오랜 역사를 통해 등장했으며, 실제로
생태계에는 창발 현상의 사례가 많다. 물론 창발 개념이 남용될 위험도 있
지만 그것은 과학에서나 자연신학에서나 가치 있는 개념이다. 창발 개념
은 실현성과 잠재성의 상호작용에 의해 형성된 세계를 잘 설명해준다.

3. 결론

맥그래스는 기포드 강연에서 현대 과학의 발견과 통찰에 비추어 근대 자
연신학이 안고 있는 문제점들을 조명하면서, 한편으로는 기독교 신학 전
통에 군건히 기초를 두고 다른 한편으로는 과학의 자연 이해와 부합하는
삼위일체 자연신학을 제시했다. 그는 자연 속에 존재하는 정교한 조율에
대한 논의와 분석을 확대하고 이 논의와 분석을 설명해줄 수 있는 유익한
신학의 틀을 제공하는 것을 강연의 목표로 삼았다. 하지만 정교하게 조율

된 우주에 대한 경험적 관찰에서 삼위일체 하나님의 창조에 대한 신학적 설명을 변증하고자 하는 맥그래스의 논증이, 과연 신학자들과 과학자들 모두를 만족시킬 수 있을지에 대해서는 비판적 성찰이 필요하다.

더 읽어보기

Alister E. McGrath, *Re-Imagining Nature: The Promise of a Christian Natural Theology* (West Sussex, 2017).

Simon Conway Morris, *Life's Solution: Inevitable Humans in a Lonely Universe* (Cambridge University Press, 2003).

Michael Ruse, *Darwin and Design: Does Evolution Have a Purpose?* (Harvard University Press, 2003).

앨리스터 맥그래스, 박규태 옮김, 『정교하게 조율된 우주: 과학과 신학의 하나님 탐구』(IVP, 2014).

스티븐 제이 굴드, 김동광 옮김, 『원더풀 라이프: 버제스 혈암과 역사의 본질』(궁리, 2018).

리처드 도킨스, 이용철 옮김, 『눈먼 시계공』(을유문화사, 2004).

생각해보기

① 맥그래스가 주장하는 삼위일체 자연신학과 근대 자연신학의 차이를 정리해보자.

② 맥그래스에 따르면 정교하게 조율된 현상은 신다윈주의 진화론에 어떤 도전을 주는가?

③ 맥그래스에 따르면 창조 교리는 어떻게 진화론과 수렴할 수 있는가?

이안 바버, 매리 미즐리,
존 헤들리 브룩 & 제프리 캔터

백충현

I. 이안 바버의 『과학 시대의 종교』

1. 서론

1885년부터 오늘날까지 진행되고 있는 기포드 강연 중, 이안 바버(Ian G. Barbour, 1923-2013)의 강연은 우선 1989-1990년 애버딘 대학교에서 "과학 시대의 종교"(Religion in an Age of Science)라는 제목으로 진행되었고, 1990-1991년에는 "기술 시대의 윤리"(Ethics in an Age of Technology)가 진행되었다. 두 강연은 각각 해당 제목으로 출판되었다.[17]

바버는 1923년 베이징에서 태어나 어린 시절을 중국, 미국, 영국에서

---

17   Ian G. Barbour, *Religion in an Age of Science* (San Francisco, CA: HarperCollins, 1990);
      Ian G. Barbour, *Ethics in an Age of Technology* (San Francisco, CA: HarperCollins, 1993).

보냈다. 미국 스와스모어 대학교에서 물리학을 전공했으며, 이후 시카고 대학교에서 공부하여 1950년에 물리학 전공으로 박사 학위를 받았다. 또한 1956년 예일 대학교 신학교에서 신학 학사 학위를 받았다. 물리학자이면서 신학자인 바버는 과학과 종교/신학의 대화에 많은 관심을 가지고 과학자와 신학자들 사이의 대화에 자주 참여했다. 캘러머주 대학교에서 물리학을 가르쳤고 칼턴 대학교에서 물리학과 종교학을 가르쳤으며, 이후이 대학교의 명예 교수가 되었다. 그는 종교와 과학의 대화에 공헌한 공로를 인정받아 1999년 템플턴 상을 받았다.[18]

바버의 대표 저서로는 *Issues in Science and Religion*(1966), *Science and Religion: New Perspectives on the Dialogue*(1968, 편집), *Myths, Models and Paradigms: The Nature of Scientific and Religious Language*(1974), *Technology, Environment, and Human Values*(1980), *Religion and Science: Historical and Contemporary Issues*(1997), *When Science Meets Religion*(2000), *Nature, Human Nature, and God*(2002) 등이 있다.

2. 본론: 종교 – 과학 관계의 네 유형

기포드 강연의 첫 번째 강연에서 바버는 과학이 종교에 제기하는 도전들을 검토했고, 두 번째 강연에서는 기술이 윤리에 제기하는 도전들을 검토했다. 바버에 따르면 종교에 도전하는 과학 시대의 다섯 가지 특징은 (1) 과학적 방법들의 성공, (2) 자연에 대한 새로운 시각, (3) 신학이 처한 새로운 상황(특히 인간론과 창조론), (4) 국제 시대의 종교 다원주의, (5) 기술

---

18   https://www.giffordlectures.org/lecturers/ian-g-barbour.

이 지닌 애매한 힘(권력)이다.[19] 그리고 윤리에 도전하는 기술 시대를 검토하면서는 (1) 먼 시간/공간에서의 영향들, (2) 비용/혜택의 불공평한 분배, (3) 경제적·정치적 권력의 집중, (4) 조작적 태도들, (5) 기술의 방향 재설정의 필요성, (6) 새로운 가치 우선순위와 좋은 삶에 대한 비전의 필요성을 논의한다.[20]

종교와 과학의 관계에 대한 논의에서 바버의 가장 큰 공헌은 둘 사이의 관계를 네 유형, 즉 (1) 갈등(conflict), (2) 독립(independence), (3) 대화(dialogue), (4) 통합(integration)으로 정리하여 제시한 점이다. 이런 유형론적 접근은 바버가 예일 신학대학원에서 받은 학문적 영향 중 하나로 여겨진다. 바버의 유형론적 분석에 따르면, (1) 갈등의 예로는 과학적 유물론과 성서적 문자주의가 있고, (2) 독립의 예로는 신정통주의, 실존주의, 언어분석철학이 있고, (3) 대화의 예로는 토랜스, 판넨베르크, 라너, 트레이시 등이 있으며, (4) 통합의 예로는 자연신학(natural theology), 자연의 신학(a theology of nature), 조직적 종합(systematic synthesis, 일례로 과정철학)이 있다. 대화 유형이 영역(boundary) 및 방법(method)과 관련된 것이라면, 통합 유형은 각 학문의 내용(content)과 관련된 것이다. 바버는 이 중에서도 간접적 상호작용을 의미하는 대화 유형을 지지한다. 바버는 또한 직접적 상호작용을 의미하는 통합 유형 중 일부 형태를 지지한다. 그는 자연의 신학에 대해 기본적으로 동의하지만 자연신학에 대해 전적으로는 지지하지 않는다. 과정철학에 대해 대체로 동의하지만 과도한 점들에 대해서는 거리를 둔다. 자연신학에서처럼 과학에 과도하게 의존하는 것과 과정철학에서 과

---

19   Barbour, *Religion in an Age of Science*, xiiv-xv.
20   Barbour, *Ethics in an Age of Technology*, xv-xvii.

학에 과도하게 의존하는 것이 자칫 종교적으로 가장 중요한 경험의 영역을 무시하는 것으로 이어질 수 있다고 여기기 때문이다. 이러한 유형론적 분류와 분석을 통해 바버는 종교와 과학의 관계에 관한 논의의 전체 지형도를 제시하면서, 이를 바탕으로 둘 사이의 상호작용을 추구하는 데 크게 기여했다.

바버에 따르면 대화 유형에서의 주된 작업은 (a) 종교/과학의 영역에 관한 질문(boundary questions)과 (b) 종교/과학의 방법적 유사점(methodological parallels)을 다루는 것이다. (a)와 관련하여, 그리스 사상과 성서의 사상은 모두 세계가 질서정연하고 이해될 수 있다고 여기지만, 그리스 사상이 세계의 질서를 필연적(necessary)이라고 여기는 반면 성서의 사상은 그것이 우발적(contingent)이라고 여긴다. 즉, 하나님이 창조하셨다면 세계가 반드시 현재의 모습일 필요는 없었기 때문에 세계를 더 잘 연구해야 한다는 생각이 가능하다. 그리고 성서의 사상은 자연 그 자체를 신적인 것으로 여기지 않는 '탈신성화'(desacralization)를 주장한다. 이러한 성서의 사상은 과학 연구를 촉진한다. 칼뱅의 개신교 윤리도 과학을 지지한다. 왕립 학회 가장 초기에 10명의 회원 중 7명은 청교도였고 그중 많은 이가 성직자였다.

(b)와 관련하여 바버는 종교/과학 분야에서의 방법적 유사점에 주목한다. 그는 객관과 주관을 날카롭게 대조시키는 실증주의 철학이 1950년대 이후로 의문시되었다는 점, 즉 과학은 객관적(objective)이고 종교는 주관적(subjective)이라는 이분법이 의문시되었다는 사실을 강조한다. 둘 사이에 구별은 있지만 절대적이지 않다는 것이다. 종교의 자료들은 종교적 경험과 의식과 경전이지만, 이들은 개념적 해석에 매우 심히 준거하고(laden) 있다. 그런데 과학의 자료들도 이론에 준거한 것이지(theory-laden) 이론과 무관한 것이(theory-free) 아니다. 종교의 믿음을 연구할 때도 과학을 연구

할 때의 탐구 정신이 필요하다. 그러기에 종교/과학의 기본적 구조(자료-이론)는 유사하고 과학에서조차도 확실성(certainty)은 가능하지 않으며 모든 이해가 역사적 조건들 아래서 이루어진다.

물론 바버는 대화 유형이 지닌 몇몇 문제점도 지적한다. (1) 둘 사이의 유사점에 주목하느라 차이점을 간과할 수 있다. (2) 종교의 독특한 특징들을 최소화하여 종교를 지적 체계로만 여김으로써 삶의 방식으로서의 종교를 왜곡할 수 있다. 또한 종교적 믿음은 항상 신앙 공동체의 삶과 개인적 변화의 정황 속에서 봐야 함에도 이런 태도가 간과될 수 있다. (3) 방법론에 관한 논의는 과학철학자와 종교철학자들에게는 더 흥미로울 수 있으나 과학자들과 신학자들에게는 그렇지 않을 수 있다. 방법론에 관한 논의도 결국 과학 공동체와 종교 공동체 안에서 제대로 다루어질 수 있음에 유의해야 한다.

바버의 논의에서 주목할 점은 종교와 과학의 영역 모두에서 모형(model)과 패러다임(paradigm)이 중요한 역할을 하고 있다는 것이다. 자료에서 이론으로 직접 나아가지 않고 중간에 창조적 상상력이 작동한다는 것인데, 여기서 개념적/이론적 모형(e.g. 보어의 원자 모형)이 일정한 역할을 한다. 모형은 유비적인 것으로 이론 확장에 기여하는 일종의 정신적 이미지(그림)이며 추상적 상징체계다. 바버는 『은유 신학』(Metaphorical Theology, 다산글방 역간, 2003)의 저자 샐리 맥페이그를 따라, 모형이 체계적이고 상대적으로 영속적인 메타포(metaphor, 비유/은유)라고 여긴다. 이런 점에서 모형은 문자적으로 여겨질 수 없다. 그것은 관찰될 수 없는 것을 상상하기 위한 제한적인 방식이다. 모형에 관한 바버의 이러한 입장은 비판적 실재론(critical realism)에 근거하는데, 이는 고전적 실재론(classical realism)이나 도구주의(instrumentalism)와는 다르다. 그는 또한 토머스 쿤을 따라, 패러다임을 "개념적·방법론적 가정들의 집합을 구체화하는 과학적 활동의 표준적 예들"이라고 여긴다. 모든 자료는 패러다임-의존적이다. 패러다임은 반증 가능성(falsification)에 따르지 않고 더 유망한 대안적 패러다임이 생겨날 때 대체된다. 패러다임의 기준들조차 패러다임-의존적인데, 그렇다고 해서 자의적이거나 비합리적인 것은 아니다. 결론적으로 바버는 종교와 과학 사이에 유사점이 많음에 주목하는데, 그러한 유사점에는 자료-이론(또는 경험-해석) 사이의 상호작용, 해석하는 공동체의 역사적 특성, 모형의 사용, 패러다임의 영향 등이 있다.

3. 결론

바버는 이 같은 논의들을 통하여 과학 시대에 종교의 자리가 어디인지를 탐구하고, 역사적 전통과 현대 과학에 모두 응답하는 기독교(정확하게는 기독교에 대한 해석)를 제시하고자 한다. 그래서 과학자인 그는 기포드 강연에서 물리학, 천문학, 생물학 등과 많은 대화를 시도한다. 과연 어떤 해석이 과학 시대에 종교의 자리를 확보해주면서 전통과 현대 과학 모두에 대해 진지하게 응답할 것인가?

바버는 자신의 논의를 바탕으로 하나님-세계 또는 신-자연 사이의 관계에 관한 여러 신학적 입장을 정리하고 각각이 제시하는 모형을 분석한다. (1) 고전적 유신론(classical theism)은 군주(왕)-왕국 모형을 제시한다. (2) 이신론(deism)은 시계공-시계 모형을 제시한다. (3) 신토마스주의 신학은 장인-도구(또는 이중 행위) 모형을 제시한다. (4) 케노시스 신학은 신의 자발적 제한과 상처 가능성을 인정하는 부모-자녀 모형을 제시한다. (5) 실존주의 신학은 특정한 모형은 없지만 인격적 대화를 강조하기에 비인격적 영역과의 분리를 초래한다. (6) 언어 분석적 신학은 행위자-행위 모형을 제시한다. (7) 신의 내재성을 강조하는 신학은 세계가 하나님의 몸이라는 모형을 제시한다. (8) 과정 사상과 과정 신학은 신을 우주 공동체의 창조적 참여자(교사, 리더, 또는 부모)로 여기는 모형을 제시한다.

바버에 따르면 위와 같은 모형은 각각 나름의 강점과 약점을 지니고 있는데, 그중 그가 선호한 모형은 무엇일까? 비판적 실재론에 따르면 모든 모형은 제한적이고 부분적이기 때문에 실재에 대한 완전한/충분한 그림을 제시하지 못한다. 세계의 측면은 다양하고, 각 모형은 세계의 각각 다른 측면을 더 잘 표현해낼 수 있다. 따라서 하나의 모형만 우월하다고 할 수는 없다. 그럼에도 바버는 다른 모형에 비해 과정 사상/신학 모형의 약점이 가장 적어보인다고 말함으로써 이 모형을 선호한다. 그의 강연 후 30여 년이 지난 오늘날, 우리가 종교와 과학의 관계에 관해 논의하고자 한다면 바버의 선구적인 작업을 자세히 검토하고 발전시킬 필요가 있다.

더 읽어보기

Ian G. Barbour, *Issues in Science and Religion* (SCM, 1966).

Ed. Ian G. Barbour, *Science and Religion: New Perspectives on the Dialogue* (SCM, 1968).

Ian G. Barbour, *Myths, Models and Paradigms: The Nature of Scientific and Religious Language* (SCM, 1974).

Ian G. Barbour, *Technology, Environment, and Human Values* (Praeger, 1980).

Ian G. Barbour, *Religion and Science: Historical and Contemporary Issues* (HarperSanFrancisco, 1997).

Ian G. Barbour, *When Science Meets Religion* (HarperCollins, 2000; 김영사, 『과학이 종교를 만날 때』 이철우 옮김, 2002).

Ian G. Barbour, *Nature, Human Nature, and God* (Fortress Press, 2002).

생각해보기

① 종교와 과학의 관계의 네 유형은 각각 무엇인가?

② 비판적 실재론이란 무엇인가?

③ 한국 사회와 교회는 종교와 과학의 관계에 있어 어떤 유형의 입장을 보이는가?

II. 매리 미즐리의 『과학과 구원』

1. 서론

매리 미즐리(Mary Midgley, 1919-2018)는 기포드 강연에 초대되어 1990년 에든버러 대학교에서 "과학과 구원"(Science and Salvation)이라는 제목으로 강연했다. 이 강연은 『과학과 구원』[21]으로 출판되었다.

미즐리는 런던에서 태어나 케임브리지 등에서 자라면서 고전학과 철

---

21 Mary Midgley, *Science as Salvation: A Modern Myth and its Meaning* (London: Routledge, 1992).

학에 관심을 가졌다. 옥스퍼드 서머빌 칼리지에서 공부했고, 이후 레딩 대학교와 뉴캐슬 대학교에서 철학을 가르쳤다. 미즐리는 논리실증주의 와 언어철학에 의해 주도되는 당대의 철학이 일상적 삶이나 문제들과 점 점 더 분리되어왔음을 지적했고, 철학 대신 과학이 과학 본연의 자리를 넘어서서 삶의 의미와 지혜를 제공하려 하고 있음을 비판했다. 미즐리는 과학에 대해 신랄한 비판을 제기하는 '과학의 비판자'(science critic)로 널 리 알려져 있다.[22] 미즐리의 대표 저서로는 *Evolution as a Religion: Strange Hopes and Stranger Fears*(1985), *Heart and Mind: The Varieties of Moral Experience*(1985), *Science and Poetry*(2002) 등이 있다.

2. 본론: 과학이 구원을 주는가?

"과학과 구원"이라는 제목은 매우 도발적인 질문, 즉 "과학이 구원을 주는 가?"라는 질문을 떠올리게 하는데, 이 질문에 대한 미즐리의 대답은 부정 적이다! 미즐리에 따르면 인간이 학문/과학(science)을 통해 구원에 이를 수 있다는 생각은 고대로부터 오랫동안 강력했다. 예를 들어 17세기 근대 과학이 생겨날 때 그런 생각은 당연한 것이었다. 자연/세계를 신의 창조물 로 여기면서 자연을 연구하는 것은 신의 영광을 기념하는 방식 중 하나였 으며, 이러한 기념은 또한 영혼의 마땅한 운명이며 삶의 의미라고 이해되 었다. 하지만 미즐리에 따르면 그러한 생각이 오늘날에는 상당히 혼란스 러운 상태에 있다. 그는 오늘날 아카데미아의 연구들이 전혀 구원을 제시 하지 못한다고 단언하며, 따라서 삶의 의미를 간절히 추구하는 사람들이 학술지를 이용할 것이라고는 기대할 수 없다고 말한다. 미즐리가 사용하

---

22   https://www.giffordlectures.org/lecturers/mary-midgley.

는 "구원"(salvation)이라는 용어는 인간에게 삶의 의미를 주는 것을 의미한다.

미즐리에 따르면 오늘날에는, 19세기 말에 과학과 종교가 불가피하게 충돌했고 과학이 종교가 틀렸음을 입증하였으며 그래서 과학이 종교를 이겼다는 생각이 매우 널리 퍼져 있다. 둘이 충돌한 이유는, 한편으로는 종교가 물리적 사실까지 확립한다고 주장함으로써 과학의 일을 하고자 했기 때문이고, 다른 한편으로는 과학이 사람들이 살아갈 수 있는 신앙(faith)을 제공하는 종교의 일을 하고자 하기 때문이었다. 과학이 종교를 이겼다는 생각은 객관성에 대한 잘못된 이해에 근거한다. 데카르트처럼 정신과 물질, 주체와 객체로 구분하면, 인간은 순수주체로 여겨지고 물리 세계인 자연은 순수객관으로 여겨지게 된다. 객관성에 대한 이러한 생각은 과학자로 하여금 객관적이 되게 하고 자연이 객관적이라고 믿게 한다. 그러다 보니 과학 안에서 객관성에 대한 과도한 확신과 무비판적 허세가 일어나고, 이로 인해 인간과 자연 세계의 관계에 대한 왜곡이 초래된다. 인간 주체가 모든 자연 과정 밖이나 위에 있다고 여기는 생각은 사실적이지 않다.

기포드 강연에서 미즐리는 심리적 요소(psychological factors)에 관심을 기울이도록 촉구한다. 동기부여, 종합적인 세계-그림(world-pictures), 신화, 드라마, 판타지 등과 같은 심리적 요소들이 우리의 모든 지적 활동에서 일어나는 상상의 배경을 형성하기 때문이다. 지식이란 별도로 독립된 현상이 아니라 신뢰를 통해서 가능하게 되고, 우리가 신뢰하는 것에 대한 선택을 통해서 이루어진다. 근대 과학의 거대한 성취들은 물리적 세계를 신뢰하고자 하는 혁명적 결정에 의해서 나온 것이지만, 이는 우리 안에 있는 능력들을 신뢰하는 것도 포함한다. 우리 안의 능력들은 회의적·비판적·방법론적이면서 동시에 물리적 세계를 향해 있는 신뢰의 행위다. 그리고 이러한 신뢰의 행위는 명시적으로 종교적인 신뢰다. 창조주를 신뢰하기 때문에 우리는 창조물을 신뢰할 수 있다.

그러므로 과학은 홀로 이루어지지 않는다. 우리가 아주 많은 다른 놀라운 것을 믿지 않는다면, 과학의 명제들도 믿을 수 없다. 즉, 우리가 외부 세계의 존재를 믿지 않는다면, 우리의 감각과 기억과 정보 제공자를 신뢰하지 않는다면, 과학 명제들도 믿을 수 없다. 그러나 그러한 것들을 믿는다면 우리에게는 과학의 세계보다 훨씬 더 넓은 세계가 있는 것이다. 우리가 믿어야 하는 가장 중요한 것은 다른 사람들의 존재다. 그렇지 않다면 그들이 우리에게 해주는 증언은 무가치할 것이고 세계는 수축될 것이다. 단지 과학의 지평으로 수축되는 것이 아니라, 현재 우리의 의식 세계로 수축될 것이다. 과학자들이 없다면 과학은 있을 수 없다.

3. 결론

종교와 과학 사이의 충돌에 대한 미즐리의 분석은 결국 과학이, 그것도 순수객관적이라고 자처하는 과학이 실제로는 삶의 의미를 제공하는 철학 또는 종교의 역할을 대신하려 하므로 그러한 충돌이 일어난다는 것이다. 그러나 순수객관적인 과학은 있을 수 없다. 이런 점에서 무비판적으로 과도하게 신뢰받고 있는 과학에 대한 비판이 필요하며, 동시에 삶의 의미를 제공하지 못하고 있는 철학 또는 종교에 대한 재검토가 필요하다. 이러한 작업을 수행함에서 있어 미즐리가 아주 중요하게 여기는 것은 바로 인간이 인간 자신을 제대로 이해하는 것이다. 즉, 인간이 자연과 사회와 세계 속에 사는 것은 진공 상태에서 사는 것이 아니라 어떠한 상상적·심리적 세계 속에서 사는 것이다. 즉, 나름의 종합적인 세계-그림, 신화, 드라마, 판타지 속에서 사는 것이며, 이러한 배경 속에서 모든 지적 활동의 상상이 이루어진다. 그러므로 종교와 과학의 논의를 한층 더 발전시키기 위해서는 바로 이런 점에 더욱 관심을 기울여야 한다는 것이 미즐리의 주장이다.

더 읽어보기

Mary Midgley, *Evolution as a Religion: Strange Hopes and Stranger Fears* (Methuen, 1985).

Mary Midgley, *Heart and Mind: The Varieties of Moral Experience* (Methuen, 1985).

Mary Midgley, *Science and Poetry* (Routledge, 2002).

생각해보기

① 순수한 객관성은 가능한가?

② 오늘날 종교와 과학이 충돌하는 이유에는 무엇이 있을까?

③ 과학 연구를 수행함에 있어 인간의 심리적 요소는 어떻게 작용하는가?

III. 존 헤들리 브룩 & 제프리 캔터의 『자연의 재구성』

1. 서론

존 헤들리 브룩(John Hedley Brooke, 1944-)과 제프리 캔터(Geoffrey Cantor, 1943-)는 기포드 강연에 함께 초대되어 1995-1996년 글래스고 대학교에서 "자연의 재구성"(Reconstructing Nature)이라는 제목으로 강연했다. 강연 내용은 『자연의 재구성』[23]으로 출판되었다.

브룩은 랭커스터 대학교에서 과학사를 가르쳤고 1999년부터는 옥스퍼드 대학교로 옮겨 "이안 램지 종교와 과학 센터"(Ian Ramsey Center for Science & Religion) 소장을 역임했다. 또한 과학사 학술지 *Britisch Journal for the History of Science* 편집장과 "영국 과학사 학회"(*British Society for the History of Science*) 회장을 역임했다.[24] 브룩의 주요 저서로는 *Science and Religion: Some Historical Perspectives*(1991), *Heterodoxy in Early Modern Science and Religion*(2005) 등이 있다.

캔터는 리즈 대학교에서 과학사를 가르쳤고, "국제 과학과 종교 학회"(International Society for Science and Religion) 위원과 학술지 *Studies in History and Philosophy of Science*의 편집 위원을 역임했다. 과학과 종교 분야에서도 특히 퀘이커교와 과학의 관계, 유대교와 과학의 관계에 많은 관심이 있다. 캔터의 주요 저서로는 *Michael Faraday-Sandemanian and Scientist: A Study of Science and Religion in the Nineteenth Century*(1991),

---

23   John Hedley Brooke and Geoffrey Cantor, *Reconstructing Nature: The Engagement of Science and Religion* (Oxford, UK: Oxford University Press, 1998).

24   https://www.giffordlectures.org/lecturers/john-hedley-brooke.

Jewish Tradition and the Challenge of Darwinism(2006) 등이 있다.[25]

2. 본론: 종교와 과학의 관계에서의 '역사적 접근' 및 '미학'

브룩과 캔터는 과학사, 즉 과학 역사를 전공했기 때문에 종교와 과학의 관계에 관한 논의에서 역사적 접근의 필요성을 강조한다. 역사 전공자답게 이들은 둘의 관계에 대해 어떤 분명한 입장을 제시하지는 않으려 한다. 즉, 거대-이야기(master-narrative) 또는 메타-내러티브(meta-narrative)를 피하고 오히려 많은 작은 이야기를 들려줘야 한다고 주장한다.

브룩과 캔터는 최근의 역사적 연구에서 채택된 여러 접근법을 정리하여 제시하는데, (1) 지역적 상황을 고려하는 상황적 접근(contextual approach), (2) 신학이 과학 안에서 어떤 기능을 하고 있는지, 또는 과학이 신학 안에서 어떤 기능을 하고 있는지에 주목하는 기능적 접근(functional approach), (3) 양자의 관계에 관한 주장이 표현되는 언어에 대해 연구하는 언어적 접근(linguistic approach), (4) 특정 개인들의 전기에 관심을 두는 전기적 접근(biographical approach), (5) 종교와 과학의 이론보다 실천에 관심을 두는 실천적 접근(practical approach)이 있다.

이러한 역사적 접근의 몇몇 효과는 다음과 같다. (1) 종교와 과학의 논의가 머물러 있던 판에 박힌 틀에서 벗어나게 돕는다. (2) '종교' 또는 '과학' 각각의 용어를 무차별적으로 사용하지 않게 한다. 즉, 각각에 대한 본질주의적 입장(essentialism)에 빠지지 않게 한다. 과학이나 종교 각각에 대한 정의는 광범위하게 많은데, 역사적 접근은 어떤 과학 또는 어떤 종교를 가리키는지를 볼 수 있도록 하며, 종교 또는 과학 각각의 다면적이고 진행

---

25   https://www.giffordlectures.org/lecturers/geoffrey-cantor.

과정적인 측면을 볼 수 있게 한다. (3) 역사와 거리를 둘 수 없음을, 즉 우리가 동일한 흐름 속의 한 부분임을 알게 한다.

브룩과 캔터가 종교와 과학의 관계에 대한 접근의 연구를 통해 더욱 명확하게 강조하는 점은 자연(nature)이 재구성(reconstruction)된다는 점이다. 뉴턴도 자연을 재구성한 창의적 사상가 중 하나다. 예술에서처럼 과학에서도 자연이 재구성될 때 그것은 관념화/이상화(idealization)를 통하여 파악된다. 우리는 있는 그대로의 자연을 만나는 것이 아니다. 더욱 주목할 점은 자연이 관념화/이상화를 통해 재구성되는 과정에서 종교와 과학뿐 아니라 미학(aesthetics)도 역할을 한다는 점이다. 여기서 미학은 아름다움(beauty)과 고상함(elegance)에 대한 바람과 탐구를 가리킨다. 미에 대한 갈망은 종종 과학적 작업의 중심에 있어 왔다. 미에 관한 이론이 때로는 환상으로 치부되기도 하지만, 다시 예기치 않은 미가 드러나는 이론으로 대체될 뿐이다. 미에 대한 탐구는 항상 있었고 과학적 탐구와 이론의 구성을 규정해왔다. 과학적 창의성에서 이런 심미적 요소를 드러냄으로써 과학에 대한 무지한, 혹은 비공감적인 인식들을 교정할 수 있다.

3. 결론

브룩과 캔터는 종교와 과학의 관계에 대한 논의에서 역사적 연구를 제시한다. 그들은 자연이 관념화/이상화를 통해 재구성된다는 점을 강조하며, 이 과정에서 미학이 중요한 역할을 한다는 점에 주목한다. 브룩과 캔터는 이러한 역사적 접근의 관점에서 바버의 유형론을 볼 때, 만약 종교와 과학의 관계에 대한 네 유형이 서로 배타적이라면 문제가 있다고 여긴다. 브룩과 캔터의 역사적 접근 및 미학적/심미적 관점은 종교와 과학의 관계에 대한 논의와 자연에 대한 이해를 매우 풍성하게 해줄 것이다.

더 읽어보기

John Hedley Brooke and Geoffrey Cantor, *Michael Faraday: Sandemanian and Scientist-A Study of Science and Religion in the Nineteenth Century* (St. Martin's Press, 1991).

John Hedley Brooke and Geoffrey Cantor, *Quakers, Jews, and Science: Religious Responses to Modernity and the Sciences in Britain, 1650-1900* (Oxford University Press, 2005).

John Hedley Brooke and Geoffrey Cantor, *Jewish Tradition and the Challenge of Darwinism* (University of Chicago Press, 2006).

John Hedley Brooke, *Science and Religion: Some Historical Perspectives* (Cambridge University Press, 1991).

John Hedley Brooke, *Heterodoxy in Early Modern Science and Religion* (Oxford University Press, 2005).

Geoffrey Cantor, *Michael Faraday Sandemanian and Scientist: A Study of Science and Religion in the Nineteenth Century* (Macmillan, 1991).

Eds. Geoffrey Cantor and Marc Swetlitz, *Jewish Tradition and the Challenge of Darwinism* (University of Chicago Press, 2006).

생각해보기

① 자연의 관념화/이상화란 무엇인가?

② 종교와 과학의 관계에 대한 역사적 접근의 연구가 주는 효과는 무엇인가?

③ 자연을 재구성할 때 미학은 어떤 역할을 담당할 수 있는가?

홈즈 롤스톤 3세, 데니스 알렉산더

이용주

I. 홈즈 롤스톤 3세의 『유전자, 발생, 신』

1. 서론

홈즈 롤스톤 3세(Holmes Rolston III, 1932-)는 미국 콜로라도 주립대학교의 철학 교수로서 환경윤리, 과학과 종교의 대화 등의 주제를 심화시키는 데 크게 기여했고 그러한 공로를 인정받아 2003년 버킹엄 궁전에서 종교계의 노벨상이라 불리는 템플턴 상을 수상하기도 했다. 롤스톤 3세는 1997년에 "유전자, 발생, 신"(Genes, Genesis, and God)이라는 제목으로 에든버러 대학교에서 기포드 강연을 진행했으며 이 강의 내용은 1999년 케임브리지 대학 출판사에서 책으로 출판되었다.[26] 롤스톤의 대표 저서로는

---

26   Holmes Rolston III, *Genes, Genesis, and God: Values and their Origins in Natural and Human History* (Cambridge, UK: Cambridge University Press, 1999).

Environmental Ethics(1988), *Science and Religion: A Critical Survey*(2006)
등이 있다.

2. 본론

"유전자, 발생, 신"이라는 강연의 제목은 그 자체로 롤스톤이 강연을 통해
제시하고자 하는 것이 무엇인지를 드러낸다. 지구상에 나타난 생명의 '발
생'이라는 독특한 현상, 즉 복잡성과 다양성이 증가하는 자연현상을, 한
편으로는 '유전자'에 대한 과학적 설명을 통해 설명하고 다른 한편으로는
'신'과 연관 지어 설명하려는 것이다. 생명의 발생에 대한 롤스톤의 해석에
서 가장 주목해야 하는 것은 그가 이 발생을 '가치로운'(valuable)이라는 매
우 문화적인 개념으로 이해한다는 점이다.

　　20세기 이후 생물학은 모든 생명체의 기본 구성 요소인 유전자에 암
호화되어 있는 생명의 비밀을 밝히고 이를 통해 지구상에서 발생한 생명
진화의 역사를 해명하는 것을 과제로 삼아왔다. 이때 대부분의 생물학자
가 이러한 생명의 진화를 '가치 중립적'(value-free)이라고 간주한 반면, 롤
스톤은 유전자와 결합되어 있는 발생과 진화의 과정이 그 자체로 '가치로
운' 일이라고 평가한다. 이는 일차적으로 지구의 역사가 단지 지질학적이
거나 생물학적인 현상들로만 이루어져 있는 것이 아니고, 오히려 인간이
지구상에 출현한 이래로 비교적 짧은 지리학적 시간에 걸쳐 지구 전체에
심대한 영향을 끼친 '인간학적·사회학적 사건들'로 이루어져 있다는 사실
에 의존한다. 지구의 역사는 자연과 문화라는 두 가지 특징으로 이루어져
있으며, 둘 중 어느 하나도 무시되거나 간과되어서는 안 된다는 것이 롤스
톤의 전제다. 인간의 역사는 문화의 발생·축적·전승과 결합되어 있으며,
지속적인 문화의 전개는 "자연의 역사 가운데서 그 이전에 실현되었던 모

든 것과 근본적으로 구별"된다. 문화와 더불어 전적으로 새로운 것이 야생적인 자연에 부과되었는데, 바로 인간에 의해 생성된 '가치들'(values)이 그것이다. 지구와 생명의 역사를 제대로 이해하려면 '가치의 발생'이라는 특수성을 언제나 고려해야 한다. 이러한 관점에서 보면 생명체의 자연적 진화의 과정 역시 이러한 가치를 그 안에 함축하고 있는 것으로 해석될 수 있다.

롤스톤에 의하면 생명의 진화를 '가치로운' 것으로 평가할 수 있는 과학적인 이유는 생명 자체가 지니는 '역사적' 특징 때문이다. 생명체에는 유전자적 노하우(know-how)가 축적되어 있으며, 따라서 유전자 안에서는 "정보가 발생되었고 축적되어 있으며 다음 세대로 전달"된다.[27] 개별 유기체는 자기를 보존·유지하고자 하고, 결국 생존에 적합한 유기체가 살아남는다. 유전자에는 이러한 유기체들의 생존에 끼친 영향들이 코드화된 채로 각인되는데, 이런 점에서 유전자들은 '내재적 가치의 자리'다.[28] 바로 그렇기 때문에 생물학적 진화의 역사는 가치와 무관한 것이 아니라, 그 자체로 가치들이 발생하는 과정이다. 문화는 이러한 자연의 내재적 특징과 결코 유리된 것이 아니고 오히려 그 연속성 속에 있다. 그러므로 롤스톤에 의하면 자연과 문화의 역사를 이해함에 있어 가장 핵심적인 과제는 문화적 발생과 자연적 발생을 연관시키는 데 있다. "자연의 역사와 인간 문화의 역사 모두 안에서 가치들이 창조되고 전달되었다." 이런 점에서 지구의 역사는 그 자체로 가치가 발생한 '이야기'(story)다.

자연과 문화를 연속적으로 이해하고자 한다고 해서, 이러한 시도가

---

27   Ibid., x-xi.
28   Ibid., 40.

곧 도킨스나 윌슨 등의 신다윈주의자들이 시도하는 것과 같이 문화를 자연으로 환원하려 드는 것, 즉 인간의 문화적 특징을 모두 유전자의 자기보존이라는 협소한 영역으로 환원한다는 것을 의미하지는 않는다. 롤스톤은 문화가 단지 생존에 필요하기 때문에 생성된 것이라는 설명의 일방성을 지적한다. 문화는 단지 유전자의 필요에 의해 형성되는 것이 아니다. 문화는 언어라는 상징체계를 통해 구성되고 전승되는데, 이를 위해서는 우선적으로 뇌의 용적 변화가 필요하다는 점에서 자연의 역사를 필요로 하는 것이 사실이다. 하지만 일단 문화가 생성되고 나면 "이 모든 것이 단지 생존과 재생을 보존하는 것에 불과하다"라는 식의 설명은 그 자체로 설득력을 상실한다. 이는 적어도 지구의 역사에서 비교할 수 없을 정도로 높은 인간의 "지적 능력"을 무시하고, "문화 가운데서 발견되는 발생의 보다 높은 단계"를 간과하는 것에 지나지 않는다.[29]

문화가 생성되기까지 인간의 진화 과정에서는 유전자, 즉 자연의 역할이 주도적임을 부정할 수 없지만, 일단 정신 혹은 문화가 출현하고 난 이후 인간의 진화적 삶은 단지 유전자에 의해 결정되지 않으며 문화적·사회적 상호작용 없이 이루어지지도 않는다. 롤스톤은 이를 가리켜 "유전자-정신의 공동 진화"(gene-mind coevolution)라고 명명한다.[30] 인간은 유전자에 의해 부여된 특징만 지니는 것이 아니고, 동시에 문화적인 교육을 통해 획득한 특징도 지닌다. 그러므로 인간의 행동은 절대 유전자에 의해서만 일방적으로 결정되지 않으며, 유전자와 문화라는 서로 독립적인 자료들 사이에서 일어나는 다양한 강도의 상호작용의 영향을 통해 이루어진

---

29   Ibid., 120f.
30   Ibid., 116.

다. 예를 들어, 어떤 색깔의 차를 살 것인지에 대한 결정은 절대 유전학적인 방식만으로 규명될 수 없고, 다양한 문화적 동기를 내포하고 있다.

호모 사피엔스의 출현은 진화의 역사를 새로운 국면에 접어들게 했다. 이제 문화 안에서 '이념이 발생'(genesis of ideas)하는 현상이 나타났는데, 이러한 이념들은 지속적으로 생산되고 재생산되었다. 이념들이 상속되는 시스템은 유전자가 상속되는 시스템과는 독립적으로 작용한다. 이런 점에서 문화의 출현과 그 영역 안에서의 자연선택은 완화되고 문화에 의해 대체되기도 한다. 이런 점에서 문화는 인간에 이르면서, 생물학적 결정 과정으로부터 일종의 이탈을 일으켰다고 할 수 있다. "문화는 자연선택의 압박을 완화한다."[31]

롤스톤은 문화 안에서 '두 번째 단계의 발생'이 이루어진다고 강조한다. 인간의 정신은 언어를 수단으로 전수 가능한 복잡한 문화를 건설하는 유일한 정신이다. 인간의 정신에 의해 산출된 문화의 영역은 '과학, 윤리, 종교'로서 이들은 어느 것 하나도 자연의 역사에서는 발견되지 않으며 오직 문화 가운데서만 존재하는 창발적 현상이다. 자연과 달리 인간은 이성적으로 판단하고 '가치를 매길 수 있으며', 자연의 역사와 문화의 역사 속에 어떤 가치가 담겨 있는지를 사유할 수 있다. 이런 점에서 과학, 윤리, 종교는 그 자체로 '주요한 가치의 담지자'다. 따라서 이러한 가치를 지향하는 인간이 살아가는 이 세계는 곧 '가치가 담긴 세계'(value laden world)다.

그렇다면 자연과 문화 안에서 단계적으로 발생하는 가치들의 근원은 무엇인가? 정보와 가치가 내재되어 있는 유전자의 발생, 진화, 그리고 가치들의 전달과 확장 및 심화에 대한 해명은, 이를 가능하게 하는 존재로

---

31   Ibid., 141.

서의 신에 대한 질문과 적절히 연결되지 않고는 이루어질 수 없다. 그리고 이에 대한 대답으로 롤스톤은 지금까지 언급되었던 일련의 발생 과정, 즉 정보와 가치의 과정을 간략히 재진술하면서 지구를 하나의 '가치-산출적 체계'로 이해할 것을 제안한다. 지구는 가치-산출적이고 가치로우며 또한 지구에서는 이 가치들의 분여, 풍부화, 전수, 공유 등이 일어난다. "적극적인 생산성이 있는 곳에는 언제나 가치가 존재한다."[32] 자연의 풍요로움은 종교의 발생을 초래했고 그런 점에서 "이 세계는 신성하다." "가치의 발생은 곧 은혜의 발생"을 의미한다. 롤스톤은 이처럼 자연환경과 문화적 환경 모두의 근저에 가치와 거룩함이 존재한다면, 이는 곧 신이 이 모든 "가능성의 기조"로서 그것들의 토대로 작용하면서 "지구의 역사가 상향하도록 매혹"하는 방식으로 작용하고 있었던 것으로 해석할 수 있다고 본다. 창조자로서의 신은 지구에서 발생하는 "자기-창조성을 고무"하며, 신은 이런 식으로 "자연사의 근저에 현존"한다.[33]

3. 결론

롤스톤은 과학, 윤리, 종교 등 인간의 지적 활동의 산물을 철저하게 자연화하는 교조주의적 사회생물학에 반대하여, 생물학적 진화의 역사와 인간 문화의 역사가 그 안에 풍부한 가치를 담고 있음을 보여주고자 한다. 도킨스나 윌슨 같은 신다윈주의자들이 진화의 과정을 '눈먼'(blind) 것으로 간주하면서 인간의 문화적 활동조차도 '이기적'(selfish) 유전자의 기계적인 작용으로 환원한 것에 반해, 롤스톤은 지구에서 발생한 진화의 과정, 즉 다

---

32   Ibid., 361.
33   Ibid., 368f.

양성과 복잡성이 증가하는 자연의 역사적 과정 안에 풍부한 창조성이 가득하다는 생각을 제시한다. 과학, 윤리, 종교와 같은 인간의 문화는 이러한 자연의 창조성에 기초해 발생하면서 동시에 자연의 제약을 넘어 창발적으로 발전하는데, 자연과 문화의 이러한 작용들은 그 모든 창조성의 근원인 신과의 관계 가운데서 발생한다는 것이다.

더 읽어보기

Holmes Rolston III, *Science and Religion: A Critical Survey* (Templeton Press, 2006).

Holmes Rolston III, *Three Big Bangs: Matter-Energy, Life, Mind* (Columbia University Press, 2010).

생각해보기

① 진화 과정에 대한 신다윈주의의 표준적 이해는 무엇인지 공부해보자.

② 진화 과정 안에서 가치를 발견하려는 롤스톤의 제안은 진화에 대한 신다윈주의의 해석을 어떻게 수용하고 발전시키는가?

③ 자연 가운데서 내재적 가치를 발견하려는 롤스톤의 제안은 기독교의 전통적 창조 신앙과 어떤 방식으로 조화될 수 있는가?

II. 데니스 알렉산더의 『유전자, 결정론, 신』

1. 서론

데니스 알렉산더(Denis Alexander, 1945-)는 분자생물학자로서 분자면역학 연구 프로그램 의장과 케임브리지의 "림프구 신호와 발달 연구실"(Laboratory of Lymphocyte Signalling and Development) 총괄 책임 등을 역임했다. 1970년대 이후부터 종교와 과학의 관계에 관한 글을 발표하기 시작했고, 케임브리지 대학교 세인트 에드먼드 칼리지 "패러데이 과학과 종교 연구소"(Faraday Institute for Science and Religion)[34]의 은퇴 소장이기도 하다. 그는 2012년 세인트앤드루스 대학교에서 "유전자, 결정론, 신"(Genes, Determinism and God)이라는 제목으로 기포드 강연을 실시했고, 2017년에는 이 내용을 증보하여 책으로 출판했다.[35] 알렉산더의 다른 저서로는 *Rebuilding the Matrix: Science and Faith in the 21st Century*(2001), *Creation or Evolution: Do We Have to Choose?*(2008), *The Language of Genetics: An Introduction*(2011) 등이 있다.

2. 본론

데니스 알렉산더는 유전학이 발전한 이래로 일부 과학자와 대중의 말초적 관심을 자극하는 미디어에 의해 유전자 결정론이 지나치게 광범위하게 유

---

34 케임브리지에 기반을 둔 이 연구소는 종교와 과학의 관계 증진을 목적으로 하는 연구기관으로서 2006년 템플턴 재단의 지원으로 수립되었다. https://www.faraday.cam.ac.uk.
35 Denis Alexander, *Genes, Determinism and God* (New York: Cambridge University Press, 2017).

포되고 있는 현실을 비판하면서 강연을 시작한다. 그는 "인간의 가장 근원적인 영역에서 유전자가 작동하고 있으므로 인간의 모든 행위는 유전자의 작용에 의해 이미 결정되어 있으며 인간에게 자유란 존재하지 않는다"는 식의 이원론적이고 양자택일적인 태도에 우려를 표한다. 20세기에 이미 경험한 바와 같이, 인간의 삶과 행위에 대한 유전자의 작용을 지나치게 강조할 때는 우생학이나 인종 말살 정책, 열등한 인간에 대한 우월한 인간의 지배와 같은 비인도적 시도가 발생하게 될 가능성이 매우 크기 때문이다. 알렉산더는 이런 사고가 대중적인 오해에서 비롯된 것으로서, "유전자와 자유의지 중 인간의 정체성을 결정하는 것은 무엇인가?"라는 식의 이원론적 언어를 지양할 것을 권면한다. 그에 따르면 유전학의 발전은 오히려 이러한 양자택일의 문제를 넘어서고 있다. 알렉산더는 그 다양한 사례를 구체적으로 제시함으로써 인간에 대한 유전자 결정론적 이해를 넘어 인간의 인격적 결단과 신의 형상으로서의 인간의 문제를 서로 연결하고자 한다.

알렉산더는 현대 유전학 연구의 두 가지 경향을 소개하는데, 그 첫 번째가 대중에게 널리 알려진 '근원적-환원주의'(arch-reductionism)의 경향이다. 이 관점은 생명체를 일종의 유전자 레고 키트처럼 간주하고 연구하는 방식이다. 이 연구 방식은 생명체의 존재와 행동을 '유전자 프로그램'에 의해 작동하는 것으로 설명하는데, 이는 유전학 연구의 '핵심 도그마'(central dogma)라고 해도 과언이 아니다. 두 번째 경향인 '시스템 접근 방식'(system approach)은 오늘날 점점 더 힘을 얻어가는 연구 방식이다. 이것은 살아 있는 세포나 개별 유기체를 다양한 요소가 온전히 통합되어 있는 '복잡한 시스템'(complex system)으로 이해하는 접근 방식으로서 '시스템 생물학 접근 방식'이라고도 불리며, 위에서 기술한 '환원주의적 접근 방식'과 대비된다. 물론 알렉산더가 첫 번째 연구 방식인 환원주의적 접근이 전적으로 오류라고 주장하는 것은 아니지만, 향후 강연에서 다루는 모든 유전학 관련 설명은 시스템 접근 방식에 기초하여 이루어진다.

유전학의 소위 핵심 도그마는 프랜시스 크릭에 의해 소개된 것으로서, 크릭에 따르면 생명체 안에서 정보의 흐름은 "유전자로부터 단백질로 진행되고 그 역으로는 발생하지 않는다." 그런데 이에 반해 알렉산더는 "하나의 유전자에서 기원하는 유전 정보가 반드시 동일한 단백질 정보로 전환되는 것이 아니"라는 사실을 지적한다. 그것은 환경의 영향을 받기 때문에 세대에 걸쳐 상이한 변화가 나타날 수 있다. "게놈은 전체로서의 시스템에 주요한 기능을 하는 다양한 개별 구성 요소를 아우르는 복잡한 시스템 가운데 하나의 구성 요소에 불과하다. 이 시스템은 환경으로부터 오는 자극에 매우 민감하게" 반응한다. 즉, 진화의 과정은 단순히 유전자에 의해 결정되는 것이 아니고 유전자와 유전자를 포함하는 복잡한 시스템으로서의 개별 유기체, 그리고 환경이 쌍방향으로 민감하게 상호작용함으로써 이루어진다는 것이다. 다시 말해 개별 생명체의 특성과 행태 및 이어지는 진화의 과정은, 유전자 레고 블록의 조합이 결정하는 게 아니라 이 다양한 요소 간의 상호작용을 통해 이루어진다는 것이다.[36]

상기한 생명체의 작동과 진화의 간단한 사례로서 인간 배아의 성숙을 들 수 있다. 인간 배아는 부모로부터 단지 DNA만 물려받는 것이 아니며, DNA가 배아가 인간이 되어가는 것을 일방적으로 결정하는 것도 아니다. DNA는 그 자체로는 아무것도 할 수 없다. DNA의 복잡한 체계, RNA, 단백질, 영양소 등이 함께 세포 증식과 분열을 도와야 한다. 배아의 발생 초기부터 환경(엄마의 자궁 및 엄마를 둘러싼 환경)은 동시에 작용한다. DNA와

---

36   Ibid., 63f.

이 이중 환경은 수정 초기부터 전적으로 통합되어(integrated) 있다. 초기 배아의 발달을 시작하게 하는 것은 DNA가 아니라 배아 안에 있는 단백질이다. 엄마의 난자로부터 이어받은 이 단백질은 DNA 안에 있는 어떤 유전자가 켜지고 꺼져야 하는지를 결정한다. "단백질들은 DNA라는 오케스트라 안에서 유전자들이 생명의 통합된 심포니를 연주하게 하는 연주자들이다."[37]

배아는 생명체의 초기 세포 단계에서 이루어지는 유전자와 세포, 환경 사이의 관계에 대한 시스템 접근 방식의 사례다. 알렉산더는 여기서 한 걸음 나아가서 인간의 행동 역시도 단지 유전자의 작용에 따라 결정되는 것이 아님을 보여주는 사례를 제시한다. 그중 가장 단순한 것으로 지능을 들 수 있다. 알렉산더에 의하면 지능 혹은 IQ의 유전 가능성에 관한 연구는 오랫동안 계속되어 왔는데, 보통 IQ의 유전 가능성은 대략 50%가량으로 간주해왔으나 최근의 연구에 따르면 IQ의 유전 가능성은 35% 정도에 불과한 것으로 밝혀지고 있다. 게다가 그 역시도 단지 DNA의 작용에 의해서가 아니라 다양한 환경적 요인에 의해 이루어진다는 것이다.[38] 이 외에도 알렉산더는 도덕적 행동, 정치적 신념, 종교적 태도 등을 결정하는 유전자는 존재하지 않는다는 다양한 사례를 제시하면서 인간의 행위가 단지 유전자의 일방적인 작용에 의한 것이 아님을 보여준다.

진화과학과 뇌과학의 발달 이후 철학 분야에서 가장 활발하게 논의되어온 것은 결정론과 자유의지론의 문제다. 관련 주제에 대한 알렉산더의 주장은 이 강연에서 가장 흥미로운 대목 중 하나다. 인간 행동의 근저

---

37   Ibid., 87f.
38   Ibid., 195.

에 유전자 혹은 뉴런이 작동한다는 것이 밝혀진 이상, 자유의지란 더 이상 존재하지 않는다는 결정론자들의 주장에 알렉산더는 이렇게 반박한다. 인간 뇌의 작용은 두 가지 층위에서 이루어지는데 하나는 '시스템 1'로서 '자동적이고 무의식적인 작용'을 가리키고, 또 하나는 '시스템 2'로서 '숙고하는, 느리지만 의식적인 작용'을 가리킨다. 자유의지를 "우리로 책임적으로 행동하게 하는, 행위의 과정들 사이에서 의도적으로 선택하는 능력"이라고 정의한다면, 자유의지는 뇌의 작용 중 시스템 2와 배치되지 않고 오히려 그에 잘 부합한다. 자유의지는 자신의 믿음, 욕망, 정서를 고려하면서도 이들 가운데서 자신이 따라야 할 행위의 과정을 선택하는 인격체에 의해 실행에 옮겨지기 때문이다.[39] 동일한 맥락에서 알렉산더는 인간의 행위를 이해하기 위해 '그것-언어'와 '나-언어'를 엄밀히 구별해야 한다고 말한다. '그것-언어'는 '뇌를 신경과학적으로 묘사할 때 사용되는 언어'다. 이 언어를 '나'와 '나-너-관계'를 해명하기 위해 사용하는 것은 '범주 오류'에 불과하다.[40] 다시 말해, 뇌의 물리적 작용은 한 인격적 인간의 행위를 구성하기 위한 하나의 '하위-질서'다. 이 하위 질서가 없다면 하나의 인격적 존재로서의 '나'의 행위와 사회적 관계라는 '상위-질서'는 출현할 수 없다. 반면 상위 질서는 하위 질서의 메커니즘만으로 충분히 해명되지 않는다. 예를 들어 "매리가 쇼핑을 가고 싶어 한다"고 할 때 쇼핑을 가고 싶어 하고 또 실제로 쇼핑을 가는 것은 매리라는 인격이지 매리의 뇌가 아니다. 이런 점에서 보자면 "뇌의 평균적인 인과율적 작용은 자유의지에 대한 위협이 아니다. 오히려 그 반대다. 우리의 자유의지는 거기에 의존한다." 정

---

39   Ibid., 254f.
40   Ibid., 256f.

신이라는 '상위 레벨 인과 관계의 창발'은 복잡하면서도 집중적으로 상호 연관되어 있는 뉴런망과 수십억 개에 달하는 시냅스들의 풍부한 연결 가능성에 기초해 있다. 이런 점에서 정신과 뇌는 서로 대립적인 실체가 아니라 '단일한 실체, 혹은 체계'의 상이한 '두-측면'(dual-aspect)이다. 여기서는 'top-down' 인과율과 'bottom-up' 인과율이 동시적으로, 쌍방향으로 일어난다. 그러므로 인간의 행위가 뉴런이나 뇌의 작용에 의해 결정되어 있다는 것은 범주 오류에 불과하다. "결정을 내리는 것은 뇌가 아니라 인격이다."[41]

3. 결론

이처럼 알렉산더는 물질적 영역에서 작동하는 인간의 여러 하위 기능을 부정하지 않으면서, 오히려 이에 기초하여 인간 행위의 자율성을 제시하고자 한다. 그는 이런 발견들에 기초하여, 유전학의 발견과 '하나님의 형상'이라는 신학적 인간 이해가 상충하지 않고 조화를 이룰 수 있다고 말한다. 오랫동안 오해되어온 것과는 달리, 성서의 인간 이해는 영혼 중심적, 이성 중심적 인간 이해에 대해 전혀 알지 못한다. 성서의 인간 이해는 오히려 인간의 '물질성'을 부정하지 않으며 이를 적극적으로 긍정한다. 인간 안에서 작용하는 유전자는 인간을 하나님의 형상이라 부르는 성서의 진술과 전혀 배치되지 않는다. 이러한 하위 체계와 상위 체계의 상호작용을 통해 인격적인 수준에서 자유롭게 결정하는 인간의 특징은, '자유로운 상호작용 가운데서 하나님의 형상으로 성장하도록 만들어진 인간'이라는 기독교적 인간 이해와 매우 잘 조화된다고 할 수 있다.

---

41   Ibid., 259f.

더 읽어보기

Denis Alexander, *Rebuilding the Matrix: Science and Faith in the 21st Century* (Lion, 2001).

Denis Alexander, *Creation or Evolution: Do We Have to Choose?* (Monarch, 2008).

생각해보기

① 인간에 대한 진화론적 설명은 그 자체로 성서의 창조 이해와 배치되는가?

② 성서에 기초해서 볼 때 '하나님의 형상'으로서의 인간의 특징은 무엇이라고 생각하는가? 그렇게 생각하게 된 이유는 무엇인가? 알렉산더의 해석과 비교해보자.

③ 'top-down' 인과율과 'bottom-up' 인과율이 동시적으로 작용하는 윤리적·사회적·정치적 사례들에 관해 고민해보자.

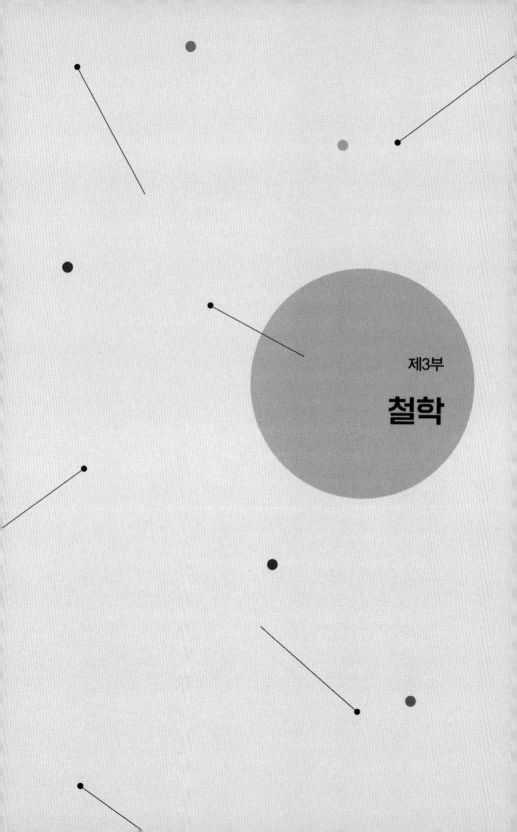

제3부

철학

도널드 G. 찰턴, 앨빈 플랜팅가

안윤기

I. 도널드 G. 찰턴의 『프랑스에서 나타난 자연의 새 이미지: 1750-1800년 유럽 문화사 연구』

1. 서론

도널드 G. 찰턴(Donald G. Charlton, 1925-1995)은 영국의 대표적인 프랑스 문화 전문가다. 1925년 영국 볼턴에서 출생한 그는 옥스퍼드 대학교 세인트 에드먼드 홀에서 철학을 공부했고, 제2차 세계대전 중 프랑스어·독일어 통역병으로 군무에 종사했으며, 전쟁이 끝난 후에는 케임브리지 대학교 임마누엘 칼리지에 등록해 여러 현대 언어를 전공했다. 1948년에 대학교를 졸업한 후 홀 대학교에서 강사 생활을 하면서 런던 대학교에서 헌트(H. J. Hunt) 교수를 사사해 1955년 박사 학위를 취득했다. 1961-1962년에는 캐나다 토론토 대학교에 머물며 연구하다가 다시 영국으로 돌아왔고, 1964년에 워릭 대학교 불문학과 교수로 취임하여 1989년 은퇴할 때까지

21년간 가르쳤다. 그는 1995년 12월 휴가 중에 테네리페에서 타계했다.

찰턴의 주요 저작은 *Positivist Thought in France during the Second Empire,1852-1872*(1959), *Secular Religions in France, 1815-1870*(1963), *France: A Companion Guide to French Studies*(1972), *The French Romantics*(1984) 등이고 그 외에 찰턴의 은퇴를 기념해서 나온 논문집 *French Literature, Thought and Culture in the Nineteenth Century: A Material World*(1993)가 있다.

2. 본론: 자연 지각 변화와 인간 이해

『프랑스에서 나타난 자연의 새 이미지: 1750-1800년 유럽 문화사 연구』 (*New Images of the Natural in France: A Study in European Cultural History 1750-1800*, 1984)는 도널드 G. 찰턴이 1982-1983년 세인트앤드루스 대학교에서 "자연의 새 이미지, 1750-1800"(New Images of the Natural, 1750-1800)이라는 제목으로 행한 기포드 강연 내용을 책으로 출판한 것이다. 프랑스 문화사를 전공한 찰턴이, 주로 과학과 신학, 철학 문제에 관심을 둔 기포드 강연에 초대받은 것은 매우 이례적인 일이었다. 하지만 그의 강연은 근대의 인간 지식 발전상을 생생하게 보여준 귀중한 자료가 되었다. 또한 찰턴의 강연을 통해 '자연'(the natural)이라는 주제가 지닌 의미와 깊이가 비로소 충분히 평가받게 되었다.

찰턴은 '자연'(nature, natural)이라는 단어에 담긴 여러 의미에 관심을 기울인다. '자연'이라는 단어 하나가 때로는 '인간 내면의 본성'을, 때로는 '인간 외부의 자연 세계'를 지칭한다. 그런데 18세기 후반에 이르러 사람들이 이 두 가지 자연을 지각하는 방식에 큰 변화가 나타났으며, 그들 스스로 그 변화를 느끼고 있었다. 찰턴은 자연 언어(natural word)가 특히 미술에서 받아들여지고 표현되는 방식에서 예술적 전이(artistic shift)가 일어났음을 발견했다. 그는 이렇게 바뀐 지각, 그러니까 자연에 대한 이미지 변화를 차근차근 검토했다. 그 시기에는 자연의 숭고함이 새롭게 평가되었다. 자연 세계와 목가적 풍경의 아름다움, 거칠고 위협적인 자연, 심지어 거친 산과 폭풍 같은 야생적 자연까지도, 그저 자연적인 것에 머물지 않고 사람의 눈에 포착되어 변형되었다. 생명과 자연 생산력을 통한 새로운 계시, 자연인(natural man)의 순진무구성에 대한 새로운 주장이 등장했다. 찰턴은 예컨대 고귀한 야만인(noble savage), 가난하고 누추해도 만족스럽게 일하는 소작농, 집은 초라해도 화목하고 행복한 가정에 대한 그림을 언급한다. 그리고 인간과 자연 사이의 대결과 갈등의 이미지 대신 '조화'에 관한 새로운 이미지도 등장했다. 찰턴은 문학과 예술 작품에서 볼 수 있듯이, '자연'에 대한 사람들의 집단적 문화 의미가 이 시기에 변했다고 주장한다. 그것은 자연관의 거대한 변화였다.

　찰턴은 이 변화가 근대의 위대한 지적 성취에서 기인한 것이라고 분석했다. 이제 더 이상은 전통적인 기독교적 개념으로 자연을 바라보지 않게 되었다. 기독교적 관점에서 바라본 이 세상은 한편으로는 하나님의 영광이 찬란하게 펼쳐진 곳이면서도, 다른 한편으로는 인간의 범죄와 더불어 철저히 타락하고 부패한 곳이었다. 특별히 후자와 같은 부정적인 자연관이 16-17세기 종교개혁자와 청교도들 사이에서 두드러지게 강조된 바 있다. 그러나 18세기 들어서 무엇보다도 계몽주의에 심취한 사상가와 예술가들은 대체로 기독교적 개념과 상반된 자연 구상에 몰두했고, 보다 긍정적이고 적극적인 자연에 대한 감수성으로 돌아가려 했다. 자연에 대한 새로운 이미지가 등장한 것이다. 디드로의 문학 작품과 홀바흐의 예술 작품이 이러한 변화의 모색을 보여주는 대표적 증거물이다.

그러나 찰턴은 자연 지각의 변화가 마치 "무신론자가 될 것이냐, 기독교인이 될 것이냐"의 양자택일처럼 그렇게 단순하게 일어나지는 않았다고 본다. 그가 보기에는 이성을 강조하는 편과 감성을 강조하는 편의 양자택일을 생각하는 것도 실제로 일어난 역사적 상황과 맞지 않는 그릇된 선입견이다. 도리어 당시 사람들이 볼 때 자연은 인간 자신과 세상에 대한 기독교적 사유와 한 덩어리가 되어 있어서, 자연에 다가가려면 먼저 자연인(natural man), 즉 일정한 본성을 가진 인간에 대한 이해에 먼저 다가가야 했다. 인간을 알아야 자연도 알 수 있다고 생각했던 것이다.

3. 결론

찰턴에 따르면 1750-1800년 프랑스 문화사의 사례를 통해 살펴볼 때, 18세기에 세상과 인간의 삶에 대한 포괄적 재평가가 일어나면서 그것이 당대의 예술과 문화의 모습을 형성해냈다. 그리고 바로 거기서 유럽 낭만주의가 기원했다. 찰턴은 여러 프랑스 사례를 들면서, 이런 변화가 영국보다 프랑스에서 더 늦게 나타났다고 이야기한다. 예컨대 목가적 전원의 아름다움에 대한 영국인의 관심은 이미 1720년대부터 찾아볼 수 있었지만 프랑스에서는 1760년대에 들어서야 비로소 생겨났다. 그러다가 18세기 후반 들어 주도권을 잡은 생각은, 자연인은 자연 세계와 조화를 이루며 살 때만 비로소 행복을 누릴 수 있고, 인간의 도덕성도 거기서만 성취될 수 있다는 것이었다. 외부의 영향, 특히 감성의 유혹을 신앙이나 이성의 힘으로 억제해야 비로소 도덕적 선과 행복에 도달할 수 있다는 견해, 즉 자연을 부정적으로 보고 그저 극복의 대상으로 생각하는 견해는 절대로 우위를 점하지 않았다는 것이다.

더 읽어보기

Donald G. Charlton, *Positivist Thought in France during the Second Empire, 1852-1870* (Greenwood Press, 1959).

Donald G. Charlton, *Secular Religions in France 1815-1870* (Oxford University Press, 1963).

Donald G. Charlton, *France: A Companion Guide to French Studies* (Methuen, 1983).

Donald G. Charlton, *The French Romantics* (Cambridge University Press, 1984).

Brian Rigby, *French Literature, Thought and Culture in the Nineteenth Century: A Material World* (Palgrave Macmillan, 1993).

생각해보기

① '자연'(nature)이란 무엇인가?

② 18세기 후반 프랑스 문학과 예술사에 나타난 자연관의 변화는 무엇인가?

③ 현대 사회의 주류 자연관은 무엇이며, 그것과 기독교 자연관의 차이점은 무엇일까?

II. 앨빈 플랜팅가의 『진정한 갈등은 어디서 일어나는가?: 과학, 종교, 자연주의』

1. 서론

앨빈 플랜팅가(Alvin Plantinga, 1932-)는 미국 철학 학회 회장과 미국 기독교 철학 학회 회장을 맡은 바 있는 저명한 분석철학자다. 미국 미시간주에서 태어난 그는 기독교적 배경에서 성장했다. 네덜란드 출신 이민자였던 아버지가 대학교에서 신학을 가르쳤는가 하면, 동생인 코넬리우스 플랜팅가도 캘빈 대학교에서 설교학을 가르치고 동 대학교 총장을 역임했다. 이런 가문의 영향 때문인지 앨빈 플랜팅가는 개혁신학 전통에 철저하려 했으며 인격적인 신에 대한 신앙과 교회의 정통 교리에 충실하려 했다. 캘빈 대학교(B.A.), 미시건 대학교(M.A.), 예일 대학교(Ph.D.)에서 철학을 공부한 후 웨인 주립대학교와 캘빈 대학교 교수로 가르치다가 은퇴할 때까지 노트르담 대학교 교수로 재직했다. 형이상학과 인식론 분야에서 뛰어난 철학자들을 양성한 바 있는 그는, 현재 노트르담 대학교의 명예교수이자 캘빈 대학교 석좌교수로서 학문 활동을 계속하고 있다.

1987년과 2005년, 두 번에 걸쳐 기포드 강연을 한 플랜팅가는 20세기 후반 미국에서 일어났던 기독교철학 부흥 운동을 이끈 학자다. 니콜라스 월터스토프, 윌리엄 앨스턴, 리처드 마우 등과 "미국 기독교철학자회"(Society of Christian Philosophers)를 세우고, 학술지 *Faith and Philosophy* 를 창간했다. 리처드 스윈번이 "하나님이 크게 쓰시는 철학자"라 칭송하고 「타임」이 "미국에서 가장 선두에 있는 정통 개신교 철학자"라 부른 그는 2017년 템플턴 상을 받는 영예를 누리기도 했다. 주요 저작으로는 *God and Other Minds*(1967), *The Nature of Necessity*(1974), *Warrant: The Current Debate*(1993), *Warrant and Proper Function*(1993), *Warranted Christian Belief*(2000), *Essays in the Metaphysics of Modality*(ed. Matthew Davidson, 2003), *Knowledge of God*(with Michael Tooley, 2008), *Science and Religion*(with Daniel Dennett, 2010) 등이 있다.

2. 본론: 과학과 종교, 과학과 자연주의

『진정한 갈등은 어디서 일어나는가?: 과학, 종교, 자연주의』(*Where the Conflict Really Lies: Science, Religion, and Naturalism,* 2011)는 플랜팅가가 2005년 세인트앤드루스 대학교에서 개최된 기포드 강연에서 "과학과 종교: 갈등 인가 조화인가?"(Science and Religion: Conflict or Concord?)라는 제목으로 행한 일련의 강연 내용을 책으로 출판한 것이다. 그는 이 책의 머리말에 자신이 주장하고자 하는 핵심 내용을 이렇게 정리했다. "이 책을 통한 나의 주장은 전체적으로 볼 때 다음과 같다. 과학과 유일신 종교는 피상적으로는 갈등 관계지만 심층적으로는 조화 관계다. 그러나 과학과 자연주의는 피상적으로는 조화하는 것처럼 보여도 심층적으로는 갈등 관계다."

그렇다면 플랜팅가는 유일신 종교(monotheistic religion), 과학, 자연주의를 각각 어떻게 규정할까? 그가 생각한 '유일신 종교'는 기독교, 유대교, 이슬람교 같은 것으로서, 신의 존재를 인정하고 그가 세상을 창조한 것과 전지, 전능, 지선함을 믿는 신앙이다. 유일신 종교는 또한 신이 인격적 존재자로서 자연 세계와 상호 교류할 수도 있다고 본다. 반면에 '자연주의'(naturalism)는 그런 인격적 존재자를 전혀 인정하지 않는다. 그럼에도 자연주의는 인간과 세상을 바라보는 특정한 방식으로서, 인격적 신의 존재 여부, 사후 세계의 존재 여부, 우주 안에서 인간의 위상과 같은 중요한 문제에 나름대로 답변하려 하는 '유사 종교'다.

이 책은 4부로 이루어져 있다. 1부와 2부는 "과학과 종교가 갈등한다"는 주장을 다루는데, 1부는 그 "소위 갈등"(the alleged conflict)이 실제로는 갈등이 아님을 이야기하고, 2부는 실제로 갈등하는 부분이 없지는 않아도 그것이 그리 심각하지 않은 "피상적 갈등"(superficial conflict)일 뿐이라고 주장한다. 3부는 과학과 종교 간에 "심층적 조화"(deep concord)가 있음을 주장하고, 4부는 과학과 자연주의의 관계를 다루면서 둘의 관계가 "피상적 조화, 심층적 갈등"(superficial concord, but deep conflict)이라고 주장한다. 이제 각 부의 내용을 살펴보자.

1) 제1부 소위 갈등

여기서는 과학과 종교가 갈등 관계라는 주장을 다룬다. 특히 리처드 도킨스 같은 학자는 진화론을 내세우며 과학과 종교의 세계관이 양립 불가능하다고 주장한다. 진화론에 따르면 세상을 창조한 신, 또는 진화 과정을 인도한 신 같은 것은 존재할 필요도 없다는 것이다. 이처럼 도킨스는 진화론이 종교의 논박자(defeater)가 된다고 본 반면에, 플랜팅가는 과학과 종교, 특히 기독교 사이의 갈등 관계는 그저 외관상의 갈등일 뿐이고 실제로는 심각한 갈등이 아니라고 본다. 과학과 종교의 실제 갈등은 진화론에 추가된 철학적 주해, 즉 진화 과정은 그 누구에 의해서도 인도되거나 조율되지 않는다는 생각에서 비롯했다. 그러나 그런 선입견은 과학이 아니다. 또한 기적이나 신유 같은 신의 특별 개입도 과학과 상충하지 않는다. 그런 사건이 에너지 보존 법칙과 상충한다고 말하는 이도 있는데, 그런 법칙은 인과적으로 닫힌 체계에서만 타당한 것이다. 반면에 신의 특별 개입이 일어나는 체계는 인과적으로 닫힌 것일 수 없다. 양자역학은 신의 특별 개입 가능성을 보여주는 자료를 많이 제공한다.

2) 제2부 피상적 갈등

물론 과학과 기독교 신앙이 실제로 갈등하는 영역이 없지는 않다. 플랜팅가는 두 분야를 거론하는데, 하나는 진화심리학이고 다른 하나는 성서 역사 비평이다. 여기서는 정말로 갈등이 존재하기는 하지만 그저 피상적 수준일 뿐이다. 과학이 유일신 신앙을 논박할 정도로 무게가 있지는 못하다. 먼저 진화심리학은 인간 삶의 다양한 특징과 관습이 진화 과정의 결과물임을 보이려 한다. 예컨대 도덕이 생겨난 것은 사람들이 서로 협력하는 것이 생존에 도움이 되기 때문이었다는 식이다. 진화심리학은 종교의 기원에 대해서도 유사하게 설명하여 결국 종교의 타당성을 의심하게 만든다. 성서 역사 비평도 비슷한 위협이 될 수 있는데, 성서를 신적 계시가 아닌 인간의 역사적·사회적 정황의 영향을 받은 문화적 산물로 보기 때문이다.

플랜팅가는 이러한 학문의 성과를 문제 삼지는 않는다. 둘 다 지성적 탐구의 결과물로서 가치가 있다고 생각한다. 그렇지만 이런 학문이 기독교 신앙을 논박하지는 못한다. 진화심리학과 성서 역사 비평에서 주장된 성과를 수용해 지식의 기반을 더욱 다질 수는 있겠지만, 기독교 진리에 대한 믿음을 버릴 필요는 없다. 신앙의 일부 내용은 과학이 밝혀낸 성과의 영향으로 개연성을 많이 잃을 수도 있지만, 또 다른 여지도 있으므로 개연성을 완전히 상실하지는 않는다. 따라서 과학이 기독교 신앙을 결정적으로 논박할 수는 없다.

3) 제3부 조화

이제 플랜팅가는 과학과 기독교 사이에 심층적 조화가 있음을 밝힌다. 이런 주장을 뒷받침하기 위해 플랜팅가가 소개한 세 가지 근거는 다음과 같다.

(1) 우주는 아주 정밀하게 조율되어 있다(the fine-tuning argument). 우주의 한 부분이 조금만 틀어져 있었더라도, 예컨대 중력이나 우주 확장 비율이 조금만 달랐어도, 생명체 같은 것은 생겨나지 않았을 것이다. 우주가 지금과 같은 모습으로 만들어지고 유지되기 위해 꼭 필요한 정밀 비율이 엄연히 존재하는데, 이 사실을 고려하면 이 모든 우주의 진행 과정이 모종의 지성적 존재자에 의해 인도되었다고 보는 것이 합리적이다.

(2) 두 번째 근거는 우주의 복잡성(complexity)이다. 특히 유기체(organism)의 복잡한 구조는 그것의 어느 한 부분만 결여되어도 나머지 모든 부분의 기능이 저하돼 결국 체계 전체가 망가지도록 되어 있다. 따라서 도저히 아무런 인도함 없이 하나씩 단계적으로 진화되었다고 볼 수 없다. 모종의 지성적 존재자가 아주 지혜롭게 진화 과정을 이끌었다고 보는 것이 더 합리적이다.

(3) 세 번째 근거가 가장 강력한데, 여기서는 '하나님의 형상'이라는 기독교의 핵심 교리를 다룬다. 이에 따르면 인간은 신을 닮았는데 신에게는 지성이 있어서 지식 활동을 하고, 따라서 신의 형상대로 만들어진 인간도 지식 활동을 할 수 있다. 이런 교리를 기초에 두면 우리는 "세상에 대한 우리의 지식이 옳다"고 주장할 근거를 얻는다. 우리의 지식이 실재에 제대로 대응한다고 믿을 이유가 생기는 것이다. 과학은 결국 세상에 대한 지식을 얻는 방식인데, 하나님의 형상 교리는 이런 활동을 장려한다. 그러므로 기독교 신앙은 과학에 대해 적대적이지 않으며, 오히려 과학 탐구가 의미 있고 근거 있는 활동이 되도록 지지해준다. 신과 같이 인간도 자신과 세계에 대한 지식을 가질 수 있다. 우리의 인지 능력과 세계 사이에 일치가 일어나도록 신이 우리와 세상을 창조하셨기 때문이다. 진리 대응설은 종교

에서 보장되는 것이다.

4) 제4부 깊은 갈등

흔히 과학과 자연주의 사이에 조화가 있다고들 생각하는데, 이것은 마치 정치인이 국기를 몸에 두른 것과 같은 피상적 조화일 뿐이다. 조금 더 깊이 들여다보면 과학과 자연주의가 충돌함이 드러난다. 한 가지 사례를 살펴보자. 인간을 물질 덩어리로 보는 유물론은 분명 자연주의를 이루는 부분집합이다. 그런데 이 유물론과 진화론을 함께 생각해볼 때, 그저 물질이 진화한 결과물인 나의 인지 능력이 과연 신뢰할만할까? 그럴 확률은 매우 낮다. 내가 참/거짓을 구별하고 참을 더 선호해야 할 이유가 없다. 그렇다면 "우리 인식 능력이 신뢰할만하다"라는 명제는 결국 현대 진화론에 의해 논박된다.

한 걸음 더 나아가 현대 진화론은 인간의 능력에 의해 생산된 그 어떤 믿음에 대해서도 그 신뢰성을 논박할 수 있다. 그래서 궁극적으로는 진화'론'이라는 입장은 물론 자연주의 자체에 대해서도 신뢰성을 떨어뜨려, 결국 이 이론을 그 누구도 개연성 있다고 생각하여 받아들일 수 없는 지경으로 만들어버린다. 따라서 자연주의와 진화론은 심각한 갈등 관계에 있다. 합리적 사고를 하는 사람이라면 결코 두 입장 모두를 동시에 받아들일 수 없다. 따라서 만일 과학과 종교 사이에 갈등이 있다면 그것은 과학과 자연주의라는 유사 종교 사이에서 빚어진 갈등일 뿐이다.

3. 결론

플랜팅가가 이 책을 쓸 때 주로 의식한 상대는 리처드 도킨스, 대니얼 데닛, 크리스토퍼 히친스, 샘 해리스 등으로 대표되는 신(新)무신론자들이었다. 그들은 종교적 신앙이 비합리적이고 근거가 없다고 주장하는데, 정작 그들이 즐겨 사용한 화법은 제대로 된 합리적 논변이 아니라 단순한 조롱과 비난 따위였다. 그들이 왜 그런 식으로 나오는지 이유는 분명하지 않지만, 플랜팅가는 그들의 무신론이 한낱 '청춘의 반항' 성격이 짙고, 또 견해를 제대로 뒷받침할 근거가 없어서 그런 막무가내 비난을 일삼는 것이 아닌가 생각한다. 그리고 철저한 합리성에 입각하여 종교와 과학의 본질과 둘의 양립 가능성을 검토하였다. 바로 그 결과물이 "과학과 유일신 종교는 피상적으로는 갈등 관계지만 심층적으로는 조화 관계다. 그러나 과학과 자연주의는 피상적으로는 조화하는 것처럼 보여도 심층적으로는 갈등 관계다"라는 이 책의 테제였다.

플랜팅가는 결코 과학을 무시하지 않는다. 오히려 과학의 성과를 놀랍고도 인상적이라고 평가하며, "근대 과학은 지난 500년 동안 일어났던 일 중 가장 빛나는 지성의 업적"이라고 칭송한다. 플랜팅가가 볼 때 과학은 '성과 축적과 협업'이라는 특징을 띤다. 그런데 과학을 신봉하는 이들이 있다는 것이 문제다. 그들은 과학을 오류 가능성이 없는 신탁처럼 대하고, 언제나 과학을 최고 법정의 재판관으로 세우려 한다. 이러한 과학 신봉은 옳지 못한데, 그 이유는 첫째로 과학이 종교, 정치, 도덕 같은 주제에 대해 아무런 발언권도 없기 때문이요, 둘째로 과학에는 언제나 서로 경쟁하는 입장이 있어서(일반 상대성이론 vs 양자역학) 어느 한쪽에 절대적 진리성을 부여할 수 없기 때문이다. 과학 신봉과 자연주의에 빠지지 않는다면 과학은 결코 종교에 해롭지 않고, 둘은 오히려 서로 돕고 장려하는 조화 관계에 있다는 것이 플랜팅가의 결론이다.

더 읽어보기

Daniel C. Dennett and Alvin Plantinga, *Science and Religion: Are They Compatible?* (Oxford University Press, 2010).

Ed. Deane-Peter Baker, *Alvin Plantinga* (Cambridge University Press, 2007).

Ed. James Beilby, *Naturalism Defeated?: Essays on Plantinga's Evolutionary Argument against Naturalism* (Cornell University Press, 2002).

Ed. Thomas M. Crisp, *Knowledge and Reality: Essays in Honor of Alvin Plantinga* (Springer, 2006).

Ed. James F. Sennett, *The Analytic Theist: An Alvin Plantinga Reader* (Wm. B. Eerdmans-Lightning Source, 1988).

생각해보기

① '과학'의 특징은 무엇인가?

② '자연주의'(naturalism)는 일종의 유사 종교로 볼 수 있을까?

③ 기독교로 대표되는 유신론 종교가 매우 친(親)과학적이라는 저자의 주장을 어떻게 생각하는가?

III. 앨빈 플랜팅가의 "보증 3부작"

1. 서론

앞서 언급한 2005년 강연 이전에 앨빈 플랜팅가가 행했던 첫 번째 기포드 강연은 1987년 애버딘 대학교에서 진행되었다. 이 강연의 내용은 세 권의 책으로 출판되었는데, 바로 "보증 3부작"(Warrant Trilogy)으로 불리는 『보증: 오늘날의 논쟁』(*Warrant: The Current Debate*, 1993), 『보증과 올바른 기능』(*Warrant and Proper Function*, 1993), 『보증된 기독교 믿음』(*Warranted Christian Belief*, 2000)이다. 이 중 매우 정교하고 상세한 논의를 담고 있는 『보증된 기독교 믿음』의 핵심 내용을 대중적으로 소개하는 차원에서 출판된 책이 『지식과 믿음』(*Knowledge and Christian Belief*, 2015)으로, 2019년에 박규태에 의해 번역되어 IVP에서 출판되었다.

플랜팅가는 1987년 기포드 강연과 "보증 3부작"을 통해 종교 일반, 구체적으로는 기독교에서 강조하는 '믿음'이 '지식'으로서의 지위를 가진다는 주장을 한다. 이마누엘 칸트가 『순수이성비판』(1781)에서 지식의 범위를 자연과학으로 국한하는 한계를 설정한 이후, 많은 사람이 믿음이나 종교는 지식이 아닌 별도의 영역에 속한다는 선입견을 품게 되었는데, 플랜팅가는 그렇지 않다고 주장하며 이에 맞선다. 그는 20세기 후반 영미 철학계에서 뜨겁게 일어났던 인식론 논쟁에 뛰어들어 지식의 본질을 철저히 구명한 후, 그것이 기독교 믿음과도 매우 잘 조화될 수 있다고 주장했다.

'개혁주의 인식론'(Reformed epistemology)이라고도 불리는 플랜팅가의 인식론을 정확히 파악하기 위해서는 무엇보다도 "보증 3부작", 특히 이 시리즈를 완결하는 『보증된 기독교 믿음』을 읽어야 할 것이다. 물론 이 책의 핵심 내용을 이해하기 위해서는 그 내용을 간추린 『지식과 믿음』을 봐도 충분하다. 그러나 플랜팅가의 기포드 강연을 소개하는 이 글에서는 "보증 3부작" 모두의 내용을 간단히 요약하려 한다.

2. 본론: 보증 이론과 기독교 신앙

지식의 문제는 철학의 시초부터 지대한 관심거리여서 일찌감치 '인식론'이라는 한 분과를 이루었다. 특히 플라톤이 『테아이테토스(대화편)』에서 제시한 "정당화된 참된 믿음"(justified true belief)이라는 표현은 이후 수천 년 동안 대다수 철학자에게 지식의 필요충분조건으로 인정받았다. 이에 따르면 "어떤 주체 S가 P라는 내용을 안다"는 것은 다음 세 가지 필요조건이 모두 충족된다는 것을 의미한다.

> (1) S는 P를 믿는다(믿음 조건).
> (2) P는 참이다(진리 조건).
> (3) P를 믿는 것이 S에게는 정당하다(정당화 조건).

이 중에서 (3)이 인식론의 역사에서 가장 많은 관심을 받았던 주제고, 기독교 믿음의 성격을 검토하려는 맥락과도 가장 관련성이 깊은 주제다. 예컨대 "오늘 날씨가 맑다는 것을 나는 안다"와 "하나님이 세상을 창조하셨다는 것을 나는 믿는다"라는 두 문장을 비교할 때, 많은 사람이 전자에 대해서만 지식으로서의 위상을 인정하고 후자는 한갓 믿음으로 치부하며, 그 결정적 차이는 정당화 가능성에 있다고 생각했다. 전자는 내가 밖을 내다봄으로써 얻는 감각 자료를 통해 간단히 그 정당성이 입증되는 데 반해, 후자는 그런 확인 작업이 만만치 않거나 불가능하기 때문이라는 것이다. 플랜팅가 역시 '지식'과 '한갓 참된 믿음'(mere true belief)을 구별하며, 그 차이를 내는 요소를 '보증'(warrant)이라고 불렀다. 학계에서는 '정당화'(justification)라는 용어가 더 널리 쓰였지만 플랜팅가는 그 단어가 지니는 의무론적 함축 때문에 오해의 소지가 있다고 보고, 될 수 있으면 덜 사용하려 했다.

그런데 보증 또는 정당화가 도대체 무엇인지, 어떤 조건을 만족시켜야 '한갓 참된 믿음' 수준을 넘어서서 '보증된 참된 믿음', 즉 지식이 성립할 수 있는지에 관해 학계에서는 아직 뚜렷한 합의가 이루어지지 않았다. 플랜팅가는 『보증: 오늘날의 논쟁』에서 20세기 인식론에서 제시된 몇 가지 주요 이론을 검토하고 그 모두가 흡족하지 못하다고 평가한다. 그리고 『보증과 올바른 기능』에서 자신의 보증 이론을 적극적으로 개진한다. 이렇게 지식 일반에 관한 그의 입장을 정리한 후, 기독교 믿음도 지식이라고 부를 수 있는지 여부를 검토한 것이 『보증된 기독교 믿음』이다. 이제 각 책의 내용을 살펴보자.

1) 제1권 『보증: 오늘날의 논쟁』

플랜팅가는 『보증: 오늘날의 논쟁』에서 현대 철학의 보증 이론을 논구한다. 제1장에서는 현대 인식론이 내재론적 경향에 의해 주도되고 있음을 지적한다. 내재론(internalism)이란 한 믿음의 정당성 여부를 순전히 인식 주체 내부에서 발생하는 사건의 함수로 결정하는 이론을 말하며, 이 결정이 가능하려면 인식 주체는 자기가 믿는 내용이 보증된 것인지 여부를 직접 의식할 수 있어야 한다. 이런 입장을 보인 대표적 인물이 제2장에서 다루는 로더릭 치즘이다. 그는 『인식론』(Theory of Knowledge, 1966)에서 명제 P가 인식 주체 S에 대해 확실성, 수용 가능성, 의심 불가능성 등을 보여주는 것이 지식이라고 주장했다. 그리고 주체는 이런 지식 조건 만족을 내적으로 의식해 확인할 의무를 완수해야 하므로, 보증은 '적절한 인식 의무 충족'을 의미한다. 이것은 이미 데카르트와 로크 이후 수백 년간 지식의 기본 모델로 간주되어온 고전적 이론이지만, '의무' 개념처럼 우리 안에 있지 않고 따라서 아직 보증되지 않은 상위 믿음을 지식 보증의 조건으로 끌어들이는 문제를 안고 있다.

한편 치좀은 「인식 정당성의 장소」(The Place of Epistemic Justification)와 「자기소개」(Self-Profile) 같은 1986년 논문에서 앞서와는 다른 견해를 피력했는데, 플랜팅가는 이 입장을 '탈-고전적(post-classical) 치좀'이라 부르며 제3장에서 다룬다. 이 견해에 따르면 보증은 '일리 있게'(reasonably) 믿는 문제인데, 그것은 인식 주체 S가 '특정 시점에 가진 모든 순수 심리적 속성의 결합체'다. 여기서는 혹여 인식 의무를 완수하지 못한다고 해서 비난받을 이유가 없고, 그저 일리 있게 믿으면, 즉 주체가 가진 믿음과 그 증거의 기반이 올바로 관련되어 있기만 하면, 그 믿음은 그 자체로 지식이라는 내적 가치를 지닌다고 본다. 그러나 인식 능력이 간혹 잘못 작동해도 우리가 그것을 무턱대고 믿는 경우도 있는데 그런 상황에서 생겨난 믿음도 보증된다고 할 수 있을까? 치좀의 이론은 이 물음에 답변하지 못한다.

고전적 치좀이든 탈-고전적 치좀이든, 치좀의 정당성 이론은 내재론이면서 또한 토대론적 특성을 띤다. 토대론(foundationalism)은 인식 정당성 구조를 피라미드와 같은 형태로 설명하려는 시도로서, 데카르트가 자명한 제1명제를 확보한 후에 여타 지식의 가능성을 모색한 것처럼, 먼저 자명한 기초 믿음을 확보한 후에 거기서 다른 믿음의 보증을 확보하려 한다. 반면에 플랜팅가가 제4장부터 다루는 정합론(coherentism)은 인식 보증 구조를 뗏목이나 거미줄에 비유해 설명하는 입장이다. 피라미드의 상부와 하부 사이에는 일방향적 지지 관계가 있으나, 뗏목을 이루는 여러 통나무는 서로 의존하고 있어 어느 하나가 다른 것보다 더 근본적이라고 말할 수 없다. 따라서 정합론에 따르면 인식 주체 S가 가진 믿음 B^1는 다른 믿음 B^2, B^3 등과 체계적으로 잘 결합될 때 그 보증을 확보해 지식이 된다.

플랜팅가는 제4장에서 이러한 정합론 일반의 성격을 규정하고, 제5장에서는 로렌스 반주어 정합론, 제6장과 제7장에서는 현대 베이즈주의 확률 정합론(Bayesian probabilistic coherentism)을 고찰한 후, 거기서도 보증에 대한 적절한 규명이 이루어지지 않는다고 비판한다. 반주어에 따르면 한 체계에 정합적으로 편입된 믿음 B는 보증 조건을 충족했다고 볼 수 있어야 할 터인데, 플랜팅가가 지적했듯이 정합성은 보증의 다양한 정도 (degrees)가 존재함을 설명하지 못하고, 또 꼼꼼히 따져보면 보증의 필요조건도 충분조건도 되지 못한다. 예를 들어, 탁월한 논리적 사고와 상상력을 겸비한 작가가 공상 소설을 썼다고 해보자. 그 안에 담긴 모든 내용은 현실과 완전히 동떨어져 있겠지만 나름대로는 탁월한 내적 정합성을 지닐 것이다. 그런데 반주어처럼 정합성을 인식 보증과 동일시한다면 그 소설의 모든 내용을 지식으로 받아들여야 하는 문제가 발생한다. 베이즈주의 확률론은 원래 보증 문제보다 합리성(rationality)과 관련된 것이지만, 플랜팅가는 이것도 정합론을 논의하는 맥락에서 다룬다. 이 이론에 따르면 한 믿음 체계는 오직 정합적일 때만, 즉 확률 계산에 부합할 때만 합리적이라고 할 수 있다. 그러나 보증에 필요한 믿음과 경험 관계의 문제에 있어서 베이즈주의는 불완전하고 도움이 되지 못한다. 베이즈주의 조건 중 그 무엇도 보증의 필요조건이 되지 못하고, 모든 베이즈주의 조건을 충족한다 해도 보증의 충분조건이 되지 못하기 때문이다. 플랜팅가는 그럼에도 베이즈주의를 보증을 설명하는 하나의 '부분 이론'으로 받아들일 수 있다고 말한다.

플랜팅가는 이처럼 제4장에서 제7장까지 다룬 여러 정합론 모델 역시 내재론적 면모를 벗어나지는 못했고, 그런 만큼 내재론의 치명적 약점을 극복하지 못했다고 평가한다. 그러나 제8장에서 다룬 존 폴락의 입장은 내재론과 외재론의 중간이라고 할 수 있다. 폴락에 따르면 만일 우리가 인식 규범을 준수한 결과로 어떤 명제 P를 믿게 되었다면, 그때 우리의 믿음은 보증된다. 보증을 얻기 위해 심리 외적인 인식 규범을 끌어들인 것이 외재론적 특징이지만, 인식 주체가 규범을 준수하고 있는지 확인하기 위해 다시금 내적 반성에 호소한 것은 내재론적 특징이다. 그러므로 여기서도 보증 문제가 완전히 해결되지는 않는다. 만일 인식 규범이 옳지 않다면 어떻게 되겠는가? 폴락에 따른다면 그래도 보증된 지식을 가진다고 해야 할 것인데, 이는 용인하기 어려운 일이다.

마지막으로 제9장에서는 분명히 외재론적 특징을 보이는 윌리엄 올스턴, 프레드 드레츠키, 앨빈 골드먼의 신빙론(reliabilism)을 다룬다. 여기서는 인간의 인식 체계를 '믿음을 형성하는 과정'으로 본다. 만일 주체 S가 t의 시점에 P라는 명제를 믿는 것이 믿음을 형성하는 신빙성 있는 인지 과정의 결과라면, t에 S가 P를 믿는 것은 보증된다. 골드먼은 여기서 '잘 형성됨'을 '신빙성 있는 인지 과정에 의해 산출됨'으로 분석하며, 신빙성을 '거짓 믿음보다 참된 믿음을 더 많이 산출하는 경향'으로 이해한다. 플랜팅가는 이 견해가 사태의 진실에 가장 근접한 것이라고 보았다. 그리고 이런 외재론적 특징이 이미 18세기 철학자인 토머스 리드, 중세의 토마스 아퀴나스, 나아가 고대 철학의 거장인 아리스토텔레스의 인식론에서도 나타난다고 주장한다. 물론 신빙론이 보증을 완벽히 설명하는 정답이라는 것은 아니다. 골드먼은 신빙성 있는 믿음을 산출하는 인식 체계에 의해 생겨난 믿음은 그 자체로 보증된 것이라고 주장하지만, 그도 보증의 정도에 차이가 있다는 사실과 인식 체계가 잘못 작동하는 문제에 대해서는 적절한 대응책을 제시하지 못한다. 그래서 플랜팅가는 외재론적 특성을 보이는 신빙주의 모델과 상당 부분 유사하면서도 그것이 처리하지 못하는 문제에 대해 방지책을 갖춘 새로운 보증 모델을 제안한다.

2) 제2권 『보증과 올바른 기능』

『보증과 올바른 기능』은 플랜팅가 자신의 보증 이론을 담고 있다. 제목이 말해주듯이 '올바른 기능'이 지식의 보증이라는 것이다. 다시 말해 주체의 인식 체계가 올바로 작동해서 어떤 믿음을 갖게 되었다면, 그 믿음은 참됨이 보증된 믿음, 즉 지식으로 볼 수 있다. 그러나 어떤 능력이 올바르게 기능했는지를 알려면 그 능력이 애초에 어떻게 작동하도록 설계되었는지를 함께 이야기해야 한다. 그러므로 '올바른 기능'(proper function)은 '설계 계획'(design plan)과 맞물려서만 이야기될 수 있다. 예를 들어 눈은 보는 기능을 수행하도록 설계된 감각기관이기에 우리가 눈을 정상적으로 사용해서 나무를 본다면, 그때 그렇게 시각적으로 발견된 나무에 대한 나의 믿음은 참됨이 보장된 지식이라 하겠다. 그런데 만일 칠흑같이 어두운 밤이라면 어떨까? 그런 환경이라면 나의 시각 기능이 올바르게 작동한다 해도 외부 사물에 대하여 제대로 보증된 지식을 얻지 못할 것이다. 따라서 플랜팅가의 보증 이론은 다음 네 가지 조건으로 정리될 수 있다.

(1) S는 P를 올바르게 기능하는 인식 능력, 즉 설계 계획에 따라 기능하는 능력의 결과로 믿는다.
(2) S의 인식 능력은 적절한 환경에서 올바르게 기능한다.

(3) 인식 능력은 진리를 목표한다.

(4) 인식 능력을 설계한 계획은 좋은 계획이다.

이상의 네 가지 조건이 충족되는 경우, 오직 그 경우에만 명제 P는 인식 주체 S에 대해 보증된다.

『보증과 올바른 기능』의 제1장과 제2장에서 자신의 테제를 제시하고 설명한 플랜팅가는 이어지는 제3장-제9장에 걸쳐 기억, 내성, 타인 정신에 대한 지식, 증언, 지각, 선험적 믿음, 확률과 같은 주요 인식 장치를 검토하며, 그것들이 제대로 기능하면 보증의 원천이 될 수 있다고 주장한다. 제10장에서는 정합론과 토대론, 증거주의의 구조를 검토하고, 제11장에서는 현대 인식론에서 점점 세력을 얻고 있는 자연주의 문제를 논의한다. 여기서 플랜팅가는 "자연주의적 방식으로는 올바른 기능 개념을 제대로 설명할 수 없고", "자연주의 인식론은 초자연주의 형이상학의 맥락에 자리 잡을 때 가장 만개한다"는 매우 인상적인 주장을 한다. 이는 흔히 '자연화된 인식론'(naturalized epistemology)을 내세우는 사람들이 종교 같은 초자연적 영역을 지식의 범위 밖으로 내몰려고 시도하는 것과 정반대의 입장이다. 끝으로 제12장에서는 형이상학적 자연주의가 인간에 대한 현대 진화론적 설명과 결합하는 것은 비합리적이며, 그것은 그 자체로 자기 논박의 오류를 범하는 것임을 논증한다.

3) 제3권 『보증된 기독교 믿음』

플랜팅가는 앞선 두 권의 책을 통해 정립한 자신의 보증 이론을 기독교 신앙에 적용하는데, 그것을 상세히 다룬 책이 『보증된 기독교 믿음』이다. 여기서는 프로이트와 마르크스, 니체 등의 주장을 비판하는 정교한 논증도 많이 제시된다. 그러나 결국 이 책을 통해 플랜팅가가 말하려는 바는, 기독교에서 하나님에 대해 가르치는 내용을 믿는 것은 엄연히 보증이 주어진 지식이라는 사실이다. 보증이 주어졌다는 것은 우리의 인식 능력이 올바르게 기능했음을 뜻하는데, 플랜팅가는 종교와 관련해서도 우리에게 그렇게 기능할 능력이 있다고 말한다. 토마스 아퀴나스는 "두루뭉술하고 정돈되어 있지 않아도, 하나님의 존재를 아는 지식이 자연에 의해 우리 안에 심겨 있다"고 했고, 장 칼뱅은 "인간의 지성 안에…신성에 대한 의식이 있다"고 말한 바 있다. 인간에게는 칼뱅이 '신 의식'(sensus divinitatis), 즉 하나님에 대한 감각이라고 부른 능력이 있다. 그리고 이 능력이 설계된 대로 올바르게 기능하여 우리가 하나님을 믿게 된다면, 그 믿음은 보증된 지식이 된다. 내가 창밖의 나무를 보면서 나무의 존재를 그냥 인식하듯이, 또 간단히 머리를 써서 '2+3=5'라는 답을 찾아내거나, 기억을 더듬어서 어제 저녁에 미역국 먹은 사실을 생각해내는 것이 굳이 머리 싸매고 진위를 고민할 필요도 없는 '기초 믿음'(basic belief)이듯이, 신 의식을 촉발하는 특정 상황에서는 하나님에 대한 믿음이 곧장 생기며, 이를 알기 위해 굳이 난해한 증명을 할 필요가 없다. 신 의식에 따라 산출한 믿음은 지각, 기억, 선험적 이성의 작용 못지않게 지식으로서의 위상을 갖는다는 것이다. 플랜팅가는 이런 입장을 '아퀴나스/칼뱅 모델'(A/C 모델)이라고 부른다.

그러나 여타 인식 능력과 마찬가지로 이와 관련해서도 오작동의 우려는 남아 있다. 시력이 약해지고 기억력이 감퇴할 수 있듯이, 신 의식도 죄악에 의해 약화되거나 방해받을 수 있다. 또 A/C 모델은 그저 유신론적 믿음이 보증된다는 것만 보여줄 뿐, 특별히 기독교 믿음의 보증을 보여주지는 못한다. 따라서 플랜팅가는 세상 사람 중에 여전히 신을 믿지 못하는 사람들이 존재할 수 있는 근거를 설명하고 기독교 고유의 믿음이 보증된다는 이야기를 하기 위해, 앞서 말한 A/C 모델을 개선하여 '확장된 아퀴나스/칼뱅 모델'을 제시한다. 그 내용은 다음 세 가지로 정리할 수 있다.

(1) 하나님은 인간을 하나님의 형상으로 지었다. 그래서 인간도 하나님과 마찬가지로 지성과 의지를 가진 인격적 존재이며, 특히 신 의식을 갖고 있다.

(2) 인간의 타락으로 죄가 세상에 들어왔고 그 영향이 감정적 차원과 인지적 차원에서 나타났다. 먼저 감정적 차원에서는 인간이 하나님보다 자신을 더 사랑하게 되었고, 인지적 차원에서는 신 의식이 손상되어 하나님을 자연스럽게 아는 것이 어려워졌다.

(3) 죄와 그 파괴적인 결과로부터 인간을 풀어줄 해결책을 하나님이 준비하셨는데, 예수 그리스도의 죽음과 부활이 바로 그것이다. 그 결과로 인간은 구원받고 다시 하나님의 형상을 회복하게 되었다. 신 의식을 통해 보증된 하나님을 믿는 지식이 다시 가능해졌다.

3. 결론

"보증 3부작"을 종결짓는 『보증된 기독교 믿음』에서 잘 드러나듯이, 플랜팅가는 기독교 믿음이 정말로 가능하며 그 믿음이 지식으로서의 위상과 권리를 지님을 역설했다. 이는 18세기 계몽주의 시대 이후 종교를 과학과 구별하며, 믿음을 한갓 주관적인 것으로 치부하고 거기에 그 어떤 객관적 지식으로서의 지위도 부여하지 않으려 했던 풍조에 강하게 맞서려는 시도였다. 특히 최근 들어서는 소위 '무신론의 네 기사'라 불리는 이들이 등장하여 온갖 독설과 조롱으로 종교와 믿음을 공격하려 한다. 가령 도킨스는 "종교의 비합리성은 뇌 속에 박힌 어떤 특별한 비합리성 메커니즘의 산물"이라고 주장했으며, 데닛은 "신은 허구를 만들어내는 기묘한 장치"라고 비난했다. 그러나 종교가 도대체 어떤 점에서 그토록 비합리적이고 지성인으로서 도저히 받아들일 수 없는 엉터리라는 것인지, 설득력 있는 논증은 제시하지 못했다. 플랜팅가는 이런 비난에 정면으로 맞서서 기독교 믿음이 비합리적이라는 그들의 주장이 정확히 무슨 의미인지를 파악하려 했다. 그리고 결론적으로는 (1) 종교적 믿음이 비합리적이라는 그들의 비판이 전혀 설득력이 없다는 것, (2) 기독교 믿음 전체가 철저히 합리적이고 보증된 것으로서, 지식의 위상에 걸맞다는 것을 밝혀냈다. 이로 보건대 플랜팅가의 "보증 3부작"은 철학적 인식론 작업으로 분류될 수 있을 뿐 아니라, 그 성격상 철두철미한 기독교 변증학 작품으로 볼 수 있다.

더욱이 외부의 공격에 맞서 기독교를 변증하는 작업을 바로 그 공격의 본진이라 할 수 있는 현대 철학의 핵심부에서 수행한 점도 인상적이다. 지식의 핵심 조건이라 할 수 있는 '보증' 개념을 철저히 구명하면 할수록, 내재론자들이 헛되이 희망한 것과 달리 우리의 힘과 의식으로 확실성에 도달하는 것이 불가능함을 발견하게 된다. 플랜팅가는 그에 대한 대안으로 외재론을 강조하는데, 그것이 자신이 생각한 개혁주의 인식론과 더 잘 어울리기 때문이었다. 그리고 신 의식을 통한 하나님 믿음을 긍정할 때, 거기서 매우 풍성하고도 건전한 인식론과 세계관이 산출될 수 있음을 보여주었다. 이 점에서 플랜팅가는 세상의 공격으로부터 기독교를 탁월하게 변증하는 방어적 측면뿐 아니라, 성서와 기독교 믿음에 토대를 둔 기독교 철학의 가능성을 열어주는 적극적 측면에서도 매우 의미 있는 작업을 수행한 것이다.

더 읽어보기

Alvin Plantinga, *Knowledge and Christian Belief* (Eerdmans, 2015).

Dewey J. Hoitenga, *Faith and Reason from Plato to Plantinga: An Introduction to Reformed Epistemology* (SUNY Press, 1991).

Ed. Jonathan L. Kvanvig, *Warrant in Contemporary Epistemology* (Rowman & Littlefield Publishers, 1996).

Keith A. Mascord, *Alvin Plantinga and Christian Apologetics* (Wipf and Stock, 2007).

Ed. Dieter Schönecker, *Plantinga's 'Warranted Christian Belief'* (De Gruyter, 2015).

생각해보기

① 기독교 믿음은 불합리하고 지성적이지 못하다는 도킨스와 데닛의 비난에 대해 어떻게 생각하는가?

② '지식'이란 무엇이며 우리는 어떤 종류의 지식을 신뢰하는가?

③ 인간에게 원래부터 하나님을 믿을만한 능력이 부여되어 있다는 저자의 주장을 어떻게 생각하는가?

리처드 스윈번, 러셀 스태나드

이관표

I. 리처드 스윈번의 『영혼의 진화』

1. 서론

리처드 스윈번(Richard Swinburne, 1934-)은 인간의 정신(영혼)과 육체(몸)의 관계에 대한 논의를 영미 분석철학 전통 안에서 수행해온 영국의 심리철학자다. 특별히 그가 철학 분야를 넘어 기독교학계에서 알려진 이유는 옥스퍼드 대학교의 기독교철학과 교수라는 점과 더불어 그의 기본적 연구 주제가 기독교 변증론이면서 동시에 철학을 이용한 신학, 즉 철학적 신학이기 때문이다. 여기서 소개할 기포드 강연 "영혼의 진화"(The Evolution of the Soul) 역시 기독교를 변증하고 철학을 통하여 신학적 주제를 개진할 방법론을 담고 있다. 스윈번은 이를 통해 신의 존재를 현대적으로 입증하기 위한 방향들을 제시한다. 강연 내용을 담은 책 외에 그의 대표 저작으로는 *Is There a God?*(1996), *Simplicity as Evidence of Truth*,

The Aquinas Lecture(1997), *Epistemic Justification*(2001), *The Resurrection of God Incarnate*(2003), *Mind, Brain, and Free Will*(2013), *Are We Bodies or Souls?*(2019)가 있다.

2. 본론: 영혼과 육체 그리고 부활

스윈번의 『영혼의 진화』[1]는 "애버딘 대학교에서 1983년과 1984년 여름 학기 두 시즌에 걸쳐 개최되었던 기포드 강연에 기초하고 있다."[2] 스윈번의 강연은 일차적으로 인간의 영혼-육체 사이의 이분법을 극복하고 영혼이 육체와 상호작용하는 방법론을 제시함과 동시에, 죽음 이후에도 영혼이 지속될 수 있음을 주장한다, 즉, 영혼 불멸과 내세를 지지하는 기독교적 관점을 옹호한다. 스윈번의 기포드 강연은 제1부 "정신적 삶", 제2부 "영혼", 제3부 "인간 영혼"의 세 부분과 더불어 "도덕적 책임성" 및 "신학적 결과들"까지 총 다섯 항목으로 진행된 것으로 보이나, 책은 이후 편집을 통해 앞의 1-3부를 중심으로 구성하여 출판했다.[3]

스윈번은 책의 제1부에서 "순수한 정신 사건(고통 안에 있는 나와 같은 예)이 물리적 사건(C-자율신경계섬유가 뇌 안에서 불타고 있는 예)과는 구분된다"는 점을 주장한다.[4] 일반적으로 자연주의적 환원주의에 따르면 모든 정신적 활동은 사실상 육체적 사건에 대한 반응 혹은 표현에 불과하다. 예를

---

1 Richard Swinburne, *The Evolution of the Soul* (Oxford, UK: Clarendon Press. 1997).
2 Ibid., i. "나는 이 책에 두 번째 시리즈의 몇몇 강연 자료는 포함하지 않았다. 그것들은 인간의 행위에 대한 도덕적 책임성과 그에 대한 신학적 결과와 같은 것을 다루고 있다."
3 책의 목차는 다음과 같다. "1장 서론-제1부 정신적 삶(2장 감각, 3장 감각과 뇌-사건, 4장 생각, 5장 목적, 6장 욕망, 7장 믿음)-제2부 영혼(8장 육체와 영혼, 9장 개인적 동일성의 증거, 10장 영혼의 기원과 생명)-제3부 인간 영혼(11장 언어, 이성, 그리고 선택, 12장 도덕적 각성, 13장 자유의지, 14장 영혼의 구조, 15장 영혼의 미래)." Ibid., vii-viii.
4 Ibid., ix.

들어 환원주의는 사랑이 단순히 뇌의 자율신경계에 일어난 오류라고 말하거나, 심각한 정신적 고통이 뇌 신경섬유가 자극을 받는 것이라고 단정한다. 그러나 스윈번은 정신적 활동에 대한 이러한 육체적 설명이 인과관계상 아무런 연결고리를 가질 수 없다고 말한다. 다양한 예를 통해 볼 수 있듯이, 정신과 육체 사이의 인과관계는 아직 분명하지 않다. "육체와 그것의 부분들에서 벌어지는 일에 대한 지식, 그것과 연관된 정신 사건에 대한 지식은, 인간이 이러한 인격들에게 발생한 지식을 제공하는 데 충분하지 못하다."[5]

제2부는 인간을 위시한 고등동물들이 두 가지로 구별되는 부분, 즉 영혼과 육체로 구성되어 있다는 주장을 편다. 기존 심신론의 환원주의적 주장과는 달리 둘 사이의 작동 범위가 명백히 다르다는 것이다. 정신 사건들은 영혼 안에서, 물리적 사건들은 육체 안에서 벌어진다. 그러나 영혼과 육체는 이러한 작동 범위의 차이에도 불구하고 상호작용한다는 점에서 통일적이고도 신비한 것이다.[6]

현대 영미 심리철학의 대표 주제는 심신 관계의 난제다. 심신 관계의 난제란 정신과 육체, 혹은 영혼과 육체의 관계를 분명하게 규명하지 못해왔음을 말하는데, 이는 결국 철학의 출발 때부터 둘의 간격을 '심신 이원론'으로 규정하게 만들었다. 예를 들어, 데카르트 이후로 생각하는 자아에 대한 확실성을 통해 규정되기 시작한 몸과 정신 각각의 실체성은, 결국 이둘 사이 상호 관계의 근거를 밝히지 못함으로써 상호 독립적인 것으로 간주되었다. 그러나 이 독립성이란 단지 지칭하는 단어에 불과했다. 전통적

5   Ibid., 147.
6   Ibid., ix.

인 사상은 정신과 육체의 관계를 늘 한쪽으로의 환원으로 변경했기 때문이다.[7]

스윈번은 『영혼의 진화』를 통해 이러한 정신-육체 관계에 대한 난제에 있어 새로운 길을 가고자 한다. 그는 "정신이 곧 영혼이자 인격 동일성의 근거"라는 기독교적 전제를 가지고 와서, 정신과 육체가 독립적이면서 동시에 연결되어 있다고 주장한다. 영혼은 뇌의 기능에 의존해 활동하지만, 영혼의 유무는 뇌에 절대적으로 의존하지 않는다. 영혼은 인격을 담고 있는 데 비해, 뇌가 그 인격의 전부를 담당할 수는 없기 때문이다. 그리고 이처럼 영혼이 뇌로부터의 독립할 수 있을 가능성은 기독교 철학의 핵심적 문제로서의 영혼불멸과 연관된다.

이때 스윈번이 주장하는 영혼이란 개별 영혼이며, 진화 안에서 실재를 시작한 어떤 것이다.[8] 이 영혼은 플라톤이 주장한 것과 달리, 기독교의

---

7   예를 들어, 플라톤은 환원주의적 관점에서 육체는 가상이고 정신만이 영원하고 실재하는 것이라 주장했으며, 반대로 유물론은 정신이란 육체가 고도화된 것, 즉 발전된 물질이라 주장했다. 그리고 유물론이 점령한 현대로 접어든 이후, 정신의 존재는 비물질적인 것이라는 이유로, 그리고 직접적 감각이 불가능하다는 이유로 그 실재를 부인당하고 있다.
     이에 비해, 최신의 정신-육체 관계에 대한 이론인 심신 수반론은 앞서 언급했던 환원주의에 반기를 들고 있다. 이 이론은 물리적 세계 안에서 연장을 차지하고 있는 육체를 기반으로 하여, 최소한 정신 혹은 마음이 거기에 의존하고 있음을 주장함으로써 정신-육체의 관계를 해명하고자 한다. "심물 속성 동일성을 받아들이고 싶지 않거나 받아들일 수 없는 경우에 탐구해볼 만한 유일한 대안이 수반적 해결책이다"(김재권, 『수반의 심리철학』 [서울: 철학과 현실사, 1995], 312). 이것은 "심적인 것을 물리적인 것으로 환원하지 않고서도 그 개념을 사용해서 후자에 대한 전자의 의존 관계를 서술할 수 있는 길"(김재권, 『수반의 형이상학: 김재권 교수 회갑기념 논문집』 [서울: 철학과 현실사, 1994], 30)이다.
     그러나 육체가 정신을 수반한다는 이러한 이론 역시 정신을 통해 나타나는 육체의 활동, 예를 들어 정신이 의지한 것을 육체가 실현하는 기초적 현상을 제대로 설명하지 못한다.
8   "나는 영혼이 개별적 인간(개념이나 탄생에 있어) 안에 실존하기 시작했을 때, 그리고 그것이 진화 안에 실재하기 시작했을 때를 묻는다." Swinburne, *The Evolution of the Soul*, 174.

창조 개념에 따라 신에 의해 창조된 것이다. 그러나 한 인간이 영혼을 갖기 시작한다는 것은 뇌의 기능에 포함된 의식을 통해 증명될 수 있는 것이 아니다. 그것은 알 수 없는 영역이며, 우리 영혼의 기능이 발동할 때야 비로소 그 존재를 감지할 수 있을 뿐이다. 영혼은 의식이나 경험을 통해 존재를 증명받기보다, 의식이나 경험의 동일성을 담지하는 한에서 자신의 존재를 증명한다. 그리고 여기서 인격이란 개별성, 즉 '이것임'(thisness)을 지닌다. '이것임'으로서의 개별성은 속성이 아니며 그렇기에 다른 것을 기준으로 하여 구별하거나 분석할 수 없다.[9] 개별성이란 단지 영혼이 지니고 있는 욕구와 믿음들의 집합으로만 드러난다.

영혼은 인간 이외의 고등동물에게도 있지만 그 차이는 구조의 복잡성에 있고, 이 복잡성은 결국 진화의 단계 안에서 결정된다. 여기서 말하는 진화란 육체의 진화와 달리 영혼 안에서 따로 벌어지는 과정이며, 인간 영혼은 진화를 통해 욕구와 믿음들이 가장 복잡하면서도 체계화를 이룬 상태에 도달해 있음을 의미한다.

마지막으로 제3부 "인간 영혼"에서 스윈번은 '영혼의 능력'에 대해 언급한다. 여기서 언급된 능력이란 언어, 이성, 선택(choice), 도덕적 통찰(awareness), 자유의지 등이며, 이는 결국 '믿음-욕구-체계'(belief-desire-set)인 영혼의 구조[10]와 더불어 죽음 이후의 영혼불멸과 연계된다.[11] 물론 여기

---

9 무엇을 개별적인 것으로 만드는 것은 그것의 속성의 문제(matter)가 아니다. 이는 '이것임'(haecceitas) 관념을 제시한 둔스 스코투스가 '개별자를 개별적으로 만드는 것의 분석불가능성'을 언급했을 때 주장했던 사항이다. Ibid., 337.

10 Ibid., 262.

11 "만약 하나님이 죽음 이후에 새로운 육체를 주거나 혹은 육체 없는 영혼의 삶을 주신다면, 인간은 결코 폭력적인 자연법칙에 노출되지 않을 것이다. 내가 옳다면, 죽음 이후에 영혼에게 발생할 그 어떤 것을 명령할만한 자연적 법칙이란 존재하지 않기 때문이다." Ibid., 309.

서 영혼불멸이 명백한 사실로 지칭되지는 않는다. 오히려 스윈번은 '경신의 원리'(principle of credulity)[12]를 활용하여 가장 합리적인 설명을 시도함으로써 영혼불멸의 가능성이 더 높다는 의견을 제시할 뿐이다. 스윈번은 이런 시도를 하면서 영혼이 그것을 구성하는 구조인 '믿음-욕구-체계'를 지니는데, 이것이 죽음 이후에도 지속될 수 있는지를 묻는다.

스윈번은 앞서 언급한 것처럼 영혼이 육체에, 그것도 뇌에 기능적으로 의존되어 있음을 밝혔다. 그렇다면 죽음 이후에 영혼의 구조는 잠재적 가능성으로만 존재할 수 있다. 그러나 이 잠재적 가능성은 언제든 몸과 결합될 때 실현됨으로써 과거의 구조, 즉 '믿음-욕구-체계'를 불러올 수 있다. 그런데 이 잠재적 가능성이 사후에도 실재하고 있음과 동시에, 이것에 새로운 육체를 연결하여 이전의 인격적 동일성을 불러올 수 있으려면 근거가 필요한데, 그 근거란 '경신의 법칙'에 의하여 신이라 말할 수 있다. 스윈번은 이렇게 말한다.

영혼은 전기 전구와 같고 두뇌는 소켓과 같다. 전구를 소켓에 연결하고 전원을 켠다면 불은 밝혀질 것이다. 소켓이 상하거나 전원이 꺼진다면 불은 밝혀지지 않을 것이다. 이처럼 영혼은 기능을 하는데, 그것은 두뇌가 기능할 때다.…인간은 전기 전구를 옮겨서 전적으로 다른 소켓에 끼울 수 있다. 그러나 어떻게 영혼을 한 육체에 넣는지, 그리고 어떻게 그것을 다른 것에 연

---

12   '쉬운 믿음의 원리'라고도 번역할 수 있으며, 무엇인가를 설명하는 데 있어 가장 쉽고 간편한 것을 그것이 다른 반례에 의해 깨지기 전까지 받아들이는 원리다. "우리가 착각하고 있다는 증거가 없는 한, 그리고 그런 증거를 발견할 때까지, 우리는 사물이나 사건을 보이는 대로 믿어야 한다는 원칙이다." Richard Swinburne, *The Existence of God* (Oxford, UK: Oxford University Press, 1991), 254.

결하는지는 도저히 알 수 없다. 하지만 이 작업에는 그 어떤 모순도 없으며, 전능한 신은 이것을 수행할 수 있을 것이다.…자연의 이면에 도사리고 있는 궁극적인 능력을 발견하지 못하는 한 인간은 절대로 영혼을 다시 기능하게 할 수 없다.[13]

중앙 서버를 통해 각각의 컴퓨터 내에 프로그램이 저장되고 또한 다른 컴퓨터로 이첩될 수 있는 것과 같이, 영혼은 가능성으로서 신 안에 내재되어 있다가 다른 육체로 이첩되어 다시 이전의 동일성을 획득할 수 있다.

스윈번은 인격적 동일성을 통하여 우리의 일상적 삶으로부터 영혼의 존재를 논증했다. 그는 이러한 논의를 통하여 영혼이 기독교 교리를 따라 가능적 잠재태로서 죽음 이후에도 신에게 담겨져 불멸하며, 결국 마지막 부활의 때 새 몸을 입을 수 있다고 주장한다.

3. 결론

스윈번은 현대 심리철학자로서 기존의 심신 이원론, 환원주의, 수반 이론 등의 약점을 극복하고 정신-육체 관계를 영혼을 통해 새롭게 규정한다. 그에 따르면 영혼이란 의식의 경험 안에서 발견될 수 있는 것이 아니라 오히려 의식의 경험을 담보하는 인격의 동일성이고 개별자면서 '믿음-욕구-체계'라는 구조를 지닌다. 이 구조는 다른 고등동물과 다르게 진화의 과정 안에서 더 높은 복잡성에 이르러 인간만의 고유한 영혼에 도달하게 된다.

스윈번의 『영혼의 진화』가 자연신학에 기여한 점은, 그것이 현대의 심리철학, 뇌과학 및 인간 현상에 대한 다양한 과학적 증거들을 통해 영혼의

---

13   Swinburne, *The Evolution of the Soul*, 310-11.

존재를 추론해내고 있고, 나아가서 이를 통해 기독교 신학의 핵심 교리인 내세, 신, 부활에 대한 가능성을 제안했다는 데 있다. 스윈번은 일방적 신앙의 독단에서 벗어나서, 그리고 인간의 일상적 경험 외의 모든 것을 유물론적으로 환원해버리는 과학의 횡포에 대항하여, 인간과 생명이 존엄함을 주장하면서 결국 모든 것의 근거인 하나님의 존재를 확실히 하고자 한다.

과학으로 종교를 거부하고 있는 현대에 여전히 하나님의 존재를 지속적으로 언급하는 것은 단순히 전통 신앙을 되가져오려는 욕심 때문이 아니다. 우리가 하나님을 인정하지 못하고, 우리 세계에서 창조자 하나님의 자리가 사라지는 순간, 모든 생명은 무가치한 개체가 되어 끊임없는 경쟁과 갈등에 노출되고 만다. 하나님이 우리 세계 안에 관여되어 있다는 것은, 그 형태가 창조론이든 진화론이든 간에 여전히 중요하다. 우리의 모든 삶이 우리가 아닌 것으로부터 주어지고 있다는 은혜의 경험을 통해서만, 우리 자신의 한계를 깨닫는 사유의 전환을 경험할 수 있기 때문이다.

모든 것, 모든 생명은 오직 하나님이 근거가 되었을 때만 그 존재와 행위의 필요를 발견할 수 있다. "인간이 자연 그 자체의 이면에 있는 궁극적 힘을 발견할 수 없다면, 그는 결코 영혼이 다시 기능할 수 있도록 만들 필요를 찾지 못할 것이다."[14]

---

14   Ibid., 311.

더 읽어보기

Richard Swinburne, *The Existence of God*, rev. ed. (Oxford University Press, 1991).

Richard Swinburne, *The Resurrection of God Incarnate* (Clarendon Press, 2003).

Richard Swinburne, *Is There a God?* (Oxford University Press, 2010; 『신은 존재하는가: 세계와 우리, 존재의 기원과 과정과 목적을 논증하다』, 강영안·신주영 옮김, 2020).

Richard Swinburne, *Mind, Brain, and Free Will* (Oxford University Press, 2013).

Richard Swinburne, *Are We Bodies or Souls?* (Oxford University Press, 2019).

생각해보기

① 플라톤의 영혼론과 기독교 영혼론의 차이는 무엇인가? 영혼이 창조되었다는 기독교 영혼론은 어떤 의미를 지니는가?

② 영혼과 육체의 관계, 혹은 정신과 육체의 관계는 어떠한 형태를 띠는가?

③ 스윈번이 주장하는 영혼의 담지자로서의 신과 성경적 하나님 사이의 유사점과 차이점은 무엇인가?

④ 스윈번이 말하는 영혼불멸 및 부활의 가능성과 성격적 내세관 및 부활 사이의 유사점과 차이점은 무엇인가?

II. 러셀 스태나드의 『신의 실험』

1. 서론

러셀 스태나드(Russell Stannard; 1931-)는 런던 출신의 양자물리학자(고에너지 핵물리학 연구)로서 영국 밀턴케인즈의 오픈 대학교에서 가르치다가 현재는 그곳의 은퇴 교수로 연구를 계속하고 있다. 특별히 어린 학생들을 위한 쉬운 자연과학 서적을 많이 집필한 그는 1986년에는 템플턴 UK 프로젝트 상을, 1998년에는 물리학·과학의 대중화에 힘쓴 공로로 대영제국 훈장(OBE)을 받기도 했다. 이후 책으로도 출판된 그의 기포드 강연은 "신의 실험"(The God Experiment)이라는 제목으로 진행되었다. 여기서 스태나드는 고전적 신 존재 증명의 한계를 비판하고, 신과학 안에서 나타난 신의 존재 및 기독교 교리의 정당성을 추적한다.[15] 대표 저작으로는 *Doing Away with God?*(1993), *Science and Wonders*(1998), *Science and the Renewal of Belief*(2011), *The Divine Imprint*(2017) 등이 있다.

2. 본론: 자연에 각인된 신의 모습

러셀 스태나드는 물리학자로서 자연과학을 소개하는 많은 입문서를 썼다. 그러나 그의 작업은 단순히 자연과학에만 머물지 않고, 영국 성공회 신자였던 그의 종교성 혹은 신앙에 따라 과학과 종교의 상호 이해 문제를 기술한다. 그의 기포드 강연도 바로 이러한 과학과 종교 사이의, 특히 과학

---

15   Russell Stannard, *The Divine Imprint: Finding God in the Human Mind* (London: SPCK. 2017).

과 기독교 신학 사이의 관계 설정을 다룬다. 스코틀랜드의 애버딘 대학교에서 1997년과 1998년 사이에 진행된 두 시리즈의 기포드 강연을 기초로 그의 저서 『신의 실험』[16]이 집필되었다.[17] 이 강연의 기본적 목표는 자연과학자로서 신의 창조를 통해 자연 안에 각인되어 있을 신의 모습을 발견하는 것이었다.

『신의 실험』은 총 14장으로 구성되어 있다. 1장은 "기도자의 실험"이라는 제목으로 전체 강연의 방향을 설정한다. 과학자로서 신학이 논하는 신에 관해 함께 연구해들어가는 그는, 신에 대한 연구가 자연과학의 명확성을 충족시킬 수 없음을 전제한다. 신이란 그 정의상, 그리고 실제상 우리가 통제할 수 있는 대상이 아니기 때문이다.[18] 그러나 이러한 한계에도 불구하고 우리 경험의 전체 범위들을 실험할 때 이 연구는 가능할 수 있다. 한계를 지닌 작은 범위가 아닌 총체적 경험들 안에서, 신에 대한 유의미한 내용 파악이 가능할 수 있다는 것이다.

2장 "기적은 발생하는가?"는 기적의 현대적 의미를 다룬다. 스태나드에게 있어 기적이란 전적으로 가능하다고 볼 수 있는 것도, 전적으로 불가능하다고 볼 수 있는 것도 아니다. 지나친 성서주의를 내려놓고 성서에 나온 기적에 대한 논의들을 살펴보면, 기적이란 단순히 자연법칙을 벗어난 놀라운 사건만을 의미하지 않는다. 기적이란 초자연적 존재가 기적의 경험자를 보호하고 있음을 나타낸다. 진리가 개개인의 고유한 삶에 적용되

---

16 Russell Stannard, *The God Experiment: Can Science Prove the Existence of God?* (Santa Monica, CA: Hidden Spring, 2000).
17 Stannard, *The God Experiment*, 236.
18 "우리는 신과 관련하여 우리가 선택하는 조건 아래서 실험을 반복할 것을 기대할 수 없다." Ibid., 11.

어 의미를 지니듯이, 기적 역시 일차적으로 개인적인 신앙과 연관된 것이다.[19]

3장은 "죽음 이후의 삶"을 다룬다. 스태나드는 내세에 관한 다양한 논의 중에서도 부활, 그것도 예수의 부활에 초점을 맞추면서 그 실재성에 물음을 던진다. 다양한 논의 안에서 결국 부활은 개인의 신앙의 문제인 것으로 드러나며, 최소한 스태나드 개인에게는 강력하게 받아들여질 수밖에 없음을 고백한다. 물론 그렇다고 부활이 자연과학적 사실로서 인정되어야 한다고 주장하는 것은 아니다. 성경의 증인 외에는 그것을 증명할 방법이 없고, 사실상 그 증인 역시도 이미 지나간 과거의 현상을 증언했다는 점에서 명백함이 부족하기 때문이다.[20]

4장 "법칙과 함께 머물기"에서는 법칙으로 고정되어 있는 세계 안에서 초자연적 존재, 자유의지, 그리고 정신(Mind)이 존재할 수 있는지를 묻는다. 우리는 일차적으로 세계를 법칙에 의해 닫혀진 것으로 경험하지만 그 안에서는 여전히 우리가 이해할 수 없는 초자연적 사건들이 가능할 수 있다. 그리고 이러한 사건을 통해 우리는 신이 우리와, 세계와 상호작용한다고 말할 수 있다.[21]

5장 "마음을 만나다"에서 스태나드는 프로이트와 융의 종교 분석을 통하여, 종교가 무의미하다고 비판하려 했던 그들의 시도가 오히려 반대의 결과로 나타났다고 주장한다.[22] 6장 "하나님과 일치하기"는 신을 이해하기 위한 방식의 한계에 관해 논한다. 비판적 실재론에 따르면, 신에 대해

---

19   Ibid., 26.
20   Ibid., 35.
21   Ibid., 48.
22   Ibid., 66.

이해하려는 우리의 노력에는 언제나 오류가 있을 수밖에 없으며, 따라서 과학과 신학은 늘 새로운 증거와 통찰이 나타났을 때 그 이론을 변경시킬 준비가 되어 있어야 한다.[23]

7장은 악과 고통의 문제, 즉 신정론의 문제를 다루는데, 스태나드는 욥의 이야기를 통해 이 문제를 넘어서고자 한다. 욥이 전능한 하나님을 대면하여 악과 고통을 따져 물을 때, 하나님은 대답 대신 연이어 질문을 던지신다. 욥기 38장에 나오는 하나님의 질문들은 하나님의 광대하심에 비해 너무나도 작은 인간 욥의 모습을 처참히 드러낸다. 스태나드에 따르면 신정론은 무지하고 유한한 인간의 자기중심적 사고에서 기인한 오류다. "신은 사랑의 신이다.⋯신의 또 다른 속성은 그가 정의의 신이라는 점에 있다. 명백히 아닌 것을 깨닫는 인간의 다양한 삶의 경험들을 고려해야만 한다."[24] 우리는 아이와 같고 신은 우리의 부모와 같다. 미숙한 아이가 부모의 뜻을 이해하지 못하듯이 우리도 당장 신의 의도를 알지 못하며, 그래서 울부짖는 가운데 신정론의 문제를 제기한다. 그러나 신은 우리의 뜻을 넘어서며 우리에게 신뢰할 것을 요구한다. 스태나드는 신정론의 문제를 '우리의 무지'와 '신뢰의 요구'라는 개념을 통해 극복한다.[25]

8-10장에서는 우주 내 우리의 자리, 우주의 기원, 그리고 인간의 기원을 논한다. 스태나드에 따르면 자연은 진화를 통해 발전하고 있으며 진화란 모든 생명체를 창조하는 신의 방법이다. 나아가 빅뱅과 창조론은 서로 대립될 이유가 없다. 빅뱅은 우주의 기원을 묻지만 창조론은 우주와 세계의 의미를 묻는다. 둘은 서로 다른 범위의 물음이다. 빅뱅은 격변론적 사

---

23   Ibid., 77.
24   Stannard, *The Divine Imprint*, 156.
25   Stannard, *The God Experiment*, 101.

건으로서 (1) 허블의 은하계 후퇴(recession), (2) 우주 복사, (3) 원시적 핵의 융합, (4) 우주의 시간적 발전을 통해 증명되는 기원에 대한 설명이다.[26] 이와 반대로 창조는 신의 선택을 통해 나타난 것이며 선하고 좋은 것이다. 창조의 의미는 오히려 우리의 기원에 관한 과학적 접근을 보충한다.[27]

스태나드는 나아가 인간의 기원과 관련해서 종교와 과학이 충돌할 필요가 없다고 주장한다. 종교적 신앙인들은 실수와 결함이 있더라도 자연선택에 의한 진화가 현재까지 우리가 할 수 있는 인간의 기원에 관한 최고의 과학적 기술임을 인정할 수 있다는 것이다. 그에 따르면 진화란 신이 우리를 실재하게 만드는 방법이다.

11, 12장은 진화로부터 시작된 몇 가지 착상을 밝힌다. 스태나드는 성경적 '죄'의 규정을 진화적 발전 안에서 인간이 자기 행동에 책임을 지게 된 것으로 해석하는가 하면[28] '하나님 형상'을 도덕적 본성 등으로 해석한다. 이 외에도 인간 정신의 기원, 인간 종의 미래적 진화 등을 논하면서 결국 진화론을 통한 인간과 종교에 대한 새로운 해석을 시도한다. 그에 따르면 진화란 신의 창조 방법이 됨으로써 우연성을 세계 안으로 가지고 들어온다. 그리고 이것을 통하여 세계는 자유를 획득한다.

12-14장은 현대 과학을 통한 신에 대한 통찰을 깊이 있게 다룬다. 12장은 "오버 디자인의 경우?"(A Case of Over-design?)라는 제목을 통해, 신의 목적과 의도가 세계 안에 들어와 있음을 밝힌다. 13장은 신과 인간 모두가 이해할 수 없는 신비이며, 오히려 이러한 신비가 그 자체로 신의 초월성을 드러내고 있음을 밝힌다. 14장에서는 신의 궁극적 본성이 실재적으로는

---

26   Ibid., 117.
27   Ibid., 136.
28   Ibid., 156.

알려질 수 없다고 고백한다. 신비주의에서 말하는 것처럼, 우리는 신의 본질에 대해 알 수 없다. 우리가 경험하는 것은 본질이 아니라 그의 힘과 행위다.[29]

3. 결론

스태나드는 과학자로서 최선을 다하여 과학을 신학의 신비와 연결하고자 했다. 그리고 이러한 연관성을 통해 신학과 과학이 상호 모순되지 않으며 오히려 실제적인 경험 안에서 만날 수 있다고 주장한다. 물론 여기에는 중요한 조건이 전제되어 있다. 바로 종교는 교리의 독단적 주장을 벗어나야 하며, 과학은 그 이론에 대한 맹신을 내려놓을 수 있어야 한다는 조건이다.

신학과 과학은 모두 결함이 있을 수밖에 없는 인간의 연구 행위다. 이러한 한계는 그들이 도출하는 이론이 늘 변경될 수 있고 수정될 수 있음을 의미한다. 신학자와 과학자는 새로운 증거가 나올 때마다 자신의 이론과 입장을 바꿀 수 있다는 태도를 가져야 한다. 그리고 이러한 태도가 있어야만 엄밀한 의미에서의 신학과 과학의 대화가 가능하다.

한계를 인정하면서 연구한다는 의미에서 이제 신학과 과학은 모두 신 자신에 대해 연구하는 것이 아니라 '신의 실험'을 수행하는 것이 된다. 신의 궁극적 본질이나 신의 실존에 대한 완벽한 증거를 제시한다는 것은 현실적으로 기대할 수 없는 일이며 합당하지 못한 일이다. 그러나 신에 대한 질문은 그럼에도 불구하고 언제나 증거를 찾아 인간 경험의 전체를 향해 나아가야 한다. 이것이 바로 스태나드가 "신에 대한 탐구"가 아닌 "신의 실험"이라는 제목으로 신학과 과학의 대화를 시도한 이유다.

---

29   Ibid., 233.

스태나드의 대화 시도는 과학과 성서 및 교리 사이에 다양한 논의가 가능하게 하며, 그런 의미에서 자연신학과 방향이 같다. 자연신학은 자연에 대한 연구를 통하여, 자연 속에 신과 신의 마음을 더 잘 이해할 열쇠가 있는지 알아보는 방식으로 나아가야 한다. 그러나 그것은 완벽할 수 없기 때문에 늘 실험이어야 한다. 우리 삶 전체를 빼놓지 않고 샅샅이 살피면서 혹시라도 신이 드러날 수 있는 장소를 발견하려는 실험, 스태나드의 기포드 강연은 바로 이러한 자연신학의 목표에 충실히 따르고 있다.

더 읽어보기

러셀 스태나드, 임보라 옮김.『과학, 신 앞에 서다: 진화에서 외계인까지』

　　(성바오로, 2014).

Russell Stannard, *Doing Away with God?* (Harpercollins, 1993).

Russell Stannard, *Science and Wonders* (Farber & Farber, 1998).

Russell Stannard, *Science and the Renewal of Belief* (Templeton Press, 2011).

Russell Stannard, *The Divine Imprint: Finding God in the Human Mind*

　　(SPCK, 2017).

생각해보기

① 자연과학과 신학의 관계는 이안 바버의 갈등, 독립, 대화, 통합 모델 중 어떤 형태가 되어야 하는가?

② 그리스도인으로서, 빅뱅은 우주의 기원을 묻고 창조는 우주의 의미를 묻는다는 스태나드의 말을 어떻게 이해할 수 있을까?

③ 신의 궁극적 본성을 알 수 없다는 스태나드의 고백에는 어떤 의미가 있는가?

④ 신에 대한 직접적 탐구가 아닌 '신의 실험'만이 가능하다는 스태나드의 주장에는 어떤 의미가 있는가?

데이비드 리빙스턴, 매리 워녹, 존 햅구드

이상은

I. 데이비드 리빙스턴의 『다윈의 수용』

1. 서론

데이비드 리빙스턴(David Noel Livingstone, 1953-)은 북아일랜드 태생으로 벨파스트의 퀸스 대학교에서 활동해온 지리학자다. 그는 밴브리지 아카데미와 퀸스 대학교에서 공부한 후, 퀸스 대학교의 교수로 재직하는 한편, 캘빈 대학교, 브리티시 컬럼비아 대학교 등에서 방문 교수로도 활동했다.

그의 전공 분야는 지리학과 역사학이며, 과학사와 종교 및 과학에 대한 지리역사학적 관심에 따라 다수의 저서를 출판해왔다. 다윈주의 수용사에 대한 연구와, 서구 고대사로부터 오늘날 지구 온난화 문제까지 포괄하는 환경 결정론의 사회사 연구를 수행한 바 있다. 1994년 영국 고등 과학 협회(British Association for the Advancement of Science)에서 개최하는 찰스 라일 강연을 비롯, 템플턴 강연(1999), 웨스턴 강연(2000) 등 다수의 강연 연사로 섰으며, 2014년에는 "다윈의 수용"(Dealing with Darwin: Place, Politics and Rhetoric in Religious Engagements)이라는 제목으로 기포드 강연을 했다. 1995년 영국 아카데미 연구 위원으로 선출되었으며, 템플턴 강연 상 (1999), 왕립 지리학회 훈장(2011)을 비롯하여 다수의 상을 수상한 바 있다. 2019년 이래 영국 아카데미 글로벌 교수직 패널(British Academy Global Professorships Panel)로 활동하고 있다.

리빙스턴의 대표 저서로는 *Dawin's Forgotten Defenders: The Encounter Between Evangelical Theology and Evolutionary Thought*(1984), *Science, Space and Hermeneutics*(2002), *Adam's Ancestors: Race, Religion and the Politics of Human Origins*(2008), *Dealing with Darwin: Place, Politics and Rhetoric in Religious Engagements with Evolution*(2014) 등이 있다.

2. 본론: 장로교 전통의 다윈주의 수용 양상

리빙스턴의 기포드 강연 내용을 담은 책인 『다윈의 수용』[30]은 장로교 전통을 따르는 다양한 교파의 상이한 입지에 따라 다윈주의가 수용되었던 양상에 대해 탐구한 내용을 담고 있다. 리빙스턴은 장로교 전통이 지배하던 지역에서 다윈의 주장이 일방적으로 배척되었을 것이라는 예상과 달리, 각 교파의 기존 이해에 따라 다양한 수용 양상이 나타난다고 말한다.

그는 지리학자로서 캐나다의 토론토, 미국 남부 지역의 컬럼비아 신

---

30   David N. Livingstone, *Dealing with Darwin: Place, Politics, and Rhetoric in Religious Engagements with Evolution* (Baltimore, MD: Johns Hopkins University Press, 2014). 이 주제에 대해서는 필자의 최근 연구 논문에서 다룬 바 있으며, 논문 내용 중 일부를 수정·요약한 형태로 본문에 담아내고 있다. "복음이 과학과 만날 때: 영미 복음주의적 관점에서 진화는 단지 배제의 대상이었는가?", 「신학사상」(2020): 55-114.

학교, 아일랜드의 벨파스트, 미국의 프린스턴 신학교가 다윈주의 수용에 있어 지역에 따라 다른 관점을 보였다는 점에 주목한다. 토론토는 비교적 진보적인 곳이었던 반면, 남부 지역에 위치한 컬럼비아 신학교는 보수적 관점을 대변했다. 프린스턴은 다윈주의 수용에 대하여 활발한 논의가 이루어지는 장소였다. 리빙스턴은 같은 장로교 전통에 속한 대학들의 지역적 수용 양상 차이를, 이들이 서 있던 철학적 기반 차이에서 비롯된 것으로 파악한다. 베이컨 철학에 기반을 둔 토론토, 스코틀랜드 상식 실재론에 기반을 둔 프린스턴은 '복음주의적' 관점에 선 가운데 활발한 논의를 전개할 수 있었다. 성서 영감론의 입장에 서 있던 벤저민 워필드와 같은 신학자 역시 진화론에 대해 열린 자세로 임했으며, 이는 진화론에 철저히 부정적인 입장을 취했던 컬럼비아 신학교가 보여준 태도와 달랐다.

리빙스턴은 특히 프린스턴의 수용사에 많은 부분을 할애하고 있으며, 여기에 속한 신학자들의 작업을 집중적으로 다루고 있다.[31] 리빙스턴은 이러한 수용 양상을 통해 칼뱅 정통주의가 진화론적 사고방식을 두려워하지 않았음을 보여주고자 한다. 한편 당시 프린스턴을 대표했던 맥코시(J. McCosh)와 하지(C. Hodge)는 미시적 차원에서는 대립을 보이기도 했지만, 거시적 관점에서는 다윈주의의 수용을 두려워하지 않았다. 이들은 특히 '목적과 설계'라는 관점을 중심으로 진화론의 매커니즘을 이해할 수 있는 틀을 제공했다. 그들은 진화론에 세례를 베풀지도 그것을 경멸하지도 않았으며, 다윈을 비난하지도, 그렇다고 축복하지도 않았다. 진화는 검증될 수 있어야 한다는 확신을 반복하면서도, 그것을 어려움 없이 칼뱅주의화

---

31   리빙스턴의 다음 문헌을 참고하라. D. N. Livingstone, *Darwin's Forgotten Defenders*, (Grand Rapids: Wm. B. Eerdmans, 1987), 112-22.

시킬 수 있었다.

　영국의 다윈 수용사를 볼 때, 스코틀랜드의 에든버러는 생산적 대화가 이루어진 곳이다. 진화론과 교의학적 신학 사이에 풍요로운 대화가 촉진되는 가운데, 과학적 기획을 위하여 자유교회의 지성들 사이에 지속적 대화가 이루어진 장소로 파악된다. 물론 윌리엄 로버트슨 스미스에 대한 비판적 작업과 같은 사건도 있었다. 아일랜드의 벨파스트 역시 다윈적 진화에 대하여 긍정적 해석 가능성이 논의되었던 지역이다.

3. 결론

이처럼 다양한 다윈 수용 양상에의 접근에서 리빙스턴이 주목한 것은, 진화론에 대한 장로교의 수용이 객관적·합리적 초점에서 이루어진 것이라기보다 그들이 서 있던 철학적 기반 위에서 이루어진 것이었다는 점이다. 리빙스턴은 특히 미국의 교회사가 마스든(G. Marsden)의 입장을 참고하면서, 상식 실재론 학파가 다윈주의에 대한 미국의 합리적 수용을 뒷받침하는 중심 역할을 감당했다는 사실에 주목한다.[32]

　다양한 장로교 전통에서 이루어진 다윈주의의 수용 양상은 우리가 생각하는 것보다 훨씬 복잡하고 역동적이었다. 역사적·지리적 관점 차이에 따른 수용 양상 차이는 단순히 복음주의 혹은 성서 문자주의라고 하는 하나의 관점으로 설명될 수 없다. 영미 복음주의 권역의 문화에 고착된 한국 신학자들은 오늘날에도 때로 당혹스러운 질문에 직면하곤 한다. 워필드는 어떻게 오랜 지구론과 진화론적 관점을 수용할 수 있었으며, 찰스 하지의 아들 아치발트 하지는 왜 진화론을 받아들였는가와 같은 질문들이다. 이

32　Livingstone, *Dealing with Darwin*, 60-61, 173.

런 질문은 오늘날 우리에게도 선입견에 사로잡히지 않은 접근이 필요함을 보여준다.

리빙스턴은 다윈주의가 장로교 전통에서 초기 수용되던 당시에 나타난 여러 양상이 지금도 여전히 일어나고 있다고 말한다. 다윈의 이름은 19세기 영미권에서나 지금 시점에서나 여전히 각각 다른 공동체 안에서 다른 방식으로 해석되고 있다. 리빙스턴은 "장소, 정치학, 그리고 수사학"이라는 이름하에 다윈에 대한 오늘날의 수용 차를 살펴보았으며, 이러한 수용의 차이가 여러 갈등과 충돌을 일으키면서 지속되고 있다고 본다.

더 읽어보기

David N. Livingstone, *Darwin's Forgotten Defenders: The Encounter Between Evangelical Theology and Evolutionary Thought* (Scottish Academic Press, 1984).

David N. Livingstone, *The Preadamite Theory and the Marriage of Science and Religion* (American Philosophical Society, 1992).

David N. Livingstone, *Putting Science in its Place: Geographies of Scientific Knowledge* (University of Chicago Press, 2003; 『장소가 만들어낸 과학』, 이재열 외 옮김, 2020).

David N. Livingstone, *Adam's Ancestors: Race, Religion and the Politics of Human Origins* (Johns Hopkins University Press, 2008).

① 기독교 신학이 그동안 선입견을 가지고 다윈의 사상을 다뤄온 것은 아닌가?

② 설계와 목적이라는 개념이 전제된다면 진화는 받아들일 수 있는 개념인가?

③ 영미 교회 전통에 기반을 둔 복음주의는 진화론과 공존할 수 있는가?

II. 매리 워녹의 『상상과 시간』

1. 서론

매리 워녹(Mary Warnock, 1924-2019)은 영국 윈체스터 대학교 독일어 교수였던 부친과 은행가 집안 출신의 모친 사이에서 일곱 자녀 중 막내로 태어났다.[33] 1942년 옥스퍼드 대학교에서 고전학을 공부했으며, 전쟁으로 학업을 잠시 중단했다가 1948년 졸업했다. 학업 중단기에 셔번 여학교에서 가르치기도 했으며, 1949-1966년에는 옥스퍼드 세인트 휴 칼리지에서 철학과 튜터로 활동했다. 모들린 칼리지에서 펠로십을 수행할 때 다수의 철학자와 함께 작업했으며, 이후 옥스퍼드 대학교에서 출판한 윤리학 시리

---

33 워녹의 생애에 대해서는 그의 부고를 다룬 가디언지 기사를 참고하라. https://www.guardian/com/books/2019/mar/21/philosopher-mary-warnock-dies-aged-94-special-needs-fertility(March 21, 2019).

즈 집필을 맡아 『지적인 사람들을 위한 윤리 가이드』(An Intelligent Person's Guide to Ethics, 2000)를 출판하기도 했다. 1976년 『상상』(*Imagination*)이라는 제목의 저서를 냈고, 1992년과 2000년에 기포드 강연을 했다. 1994년에는 기포드 강연에 기반하여 『상상과 시간』[34]이라는 제목의 책을 출판했다. 대표적인 저서로는 *The Philosophy of Sartre*(1963), *Existentialist Ethics*(1967), *Existentialism*(1970), *Imagination*(1976), *An Intelligent Person's Guide to Ethics*(1998) 등이 있다.

2. 본론

『상상과 시간』에서 워녹은 플라톤 이래 철학자들의 지속적인 과제였던 상상과 합리성, 가상과 진실 사이의 관계를 다룬다. 그가 말하는 '상상'(imagination)은 공상 혹은 몽상과는 다른 개념이다. 그것은 인간의 인지적 능력의 소산 작용 중 하나다. 워녹에 따르면 상상은 자유로운 것이며 자연에 매여 있지 않다. 워녹은 상상에 우리를 진리로 이끌 힘이 있는지의 문제를 고민한다. 그는 18세기 관념론의 역사에서 상상에 대한 개념보다 세계를 더 분명하게 조명해 준 것은 없음을 간파한다. 그의 말대로 누군가의 삶이 생물학적 삶, 즉 '비오스'의 형태가 아닌 '조에'(신약성서에서 영생을 의미할 때는 이 단어를 사용한다)로서 의미를 가지려면 의식을 가진 가운데 이루어질 수 밖에 없다.[35] 상상은 인간의 의식 작용으로서, 조에의 해석이 가능하게 하는 조건으로 작용한다. 워녹은 우리가 존재하는 것과 존재하지 않는 것에 대해 상상함으로써 사물에 의미를 부여한다고 말한다.[36] 이러한

---

34   Mary Warnock, *Imagination and Time* (Cambridge, MA: Blackwell, 1994).
35   Ibid., 2.
36   Ibid., 168-72.

의식은 역사를 가진 주체로서 스스로에 대한 개념을 가지고 있는 가운데 주어진다. 이러한 상상을 수행하는 자는 특히 시간 안에서 자신의 형상을 구체화한다. 지나간 것을 기억하면서, 그리고 사물이 미래에 어떻게 존재해야 할 것인가를 그려내면서 말이다.

워녹이 상상을 통해 다룬 시간 개념의 형상화는 칸트부터 브렌타노, 후설, 그리고 근대의 베르그송에 이르는 철학자들의 탐구 대상이었다. 워녹은 이를 압축하여 인간의 의식 속에 구현된 시간의 형상화를 다뤄나간다.[37] 인간의 의식은 상상의 산물이다. 우리는 상상을 통해 과거의 것을 기억하고, 이를 기반으로 미래 및 타자와 관계 맺는다. 이러한 워녹의 상상의 탐구는 데카르트가 수행했던, 생각하고 상상하는 '나'와 내가 이해하기를 추구하는 '세상' 사이의 관계에 대한 탐구로부터 시작된다. 워녹은 데카르트가 마음과 몸을 두 가지 완전히 구분된 실체로, 마음은 정신적 단위체(mental entity), 즉 물리적 대상이 아닌 관념의 충만으로, 몸은 물리적 대상으로 파악한 것에 주목한다.[38] 이들은 그것이 거하는 세계에 반응하는 의미의 조직들로 이루어져 있다. 그렇다면 "물리적·심리적 반응들은 어떻게 스스로를 새로운 종류의 사물, 즉 하나의 단위체로 번역해내는가? 내가 어떤 특별한 순간에 하나의 관념을 갖는다면, 그것이 나 자신의 의식 밖에 있는 특정 사물과 연관된다는 것을 나는 어떻게 알게 되는가? 외적 세계의 관념이 단순히 내 상상의 구성도 꿈도 아닌 실제임을 나는 어떻게 알 수 있는가?"[39] 워녹은 데카르트가 이 문제의 해답을, 의식 안에 내적 관념들이 있고 이 내적 관념들 사이에 신이라는 관념이 존재한다는 사실로부터

---

37   Ibid., 3.
38   Ibid., 3.
39   Ibid., 3.

찾아나간다고 정리한다. 다만 데카르트의 경우에는 내적 관념을 지나치게 중시하면서 외적 세계의 중요성은 부차적으로 처리해버리는 한계가 있었는데, 그 이후 시대의 과학과 이해는 이러한 기반 위에 세워져나갔다.

이제 워녹은 데카르트의 이와 같은 방법론에 대한 영국 경험론의 비판에 눈을 돌린다. 워녹에 따르면, 영국 경험론은 마음과 육신이 다른 세계라는 데카르트의 가정을 받아들이지 않았다.[40] 그런데 마음과 육신이 두 개의 서로 다른 실체가 아니라면, 지식은 감각 이외에 다른 것으로부터 올 수 있다는 가정을 세워야 한다. 둘을 연결 해주는 다리가 필요하기 때문이다. 여기서 워녹은 영국의 철학자 흄이 두 세계 사이를 이어주는 다리가 바로 상상이라고 언급했던 사실에 주목한다. 그리고 흄의 입장에 따라 상상의 기능이 의식과 바깥, 나와 세계를 연결해줄 길을 제시하고 있는지 추적해나간다. 워녹에 따르면 흄은 특히 단순한 경험론적 차원을 넘어 세계에 대한 일반적 이해를 설명하는 개념으로서 상상의 차원에 주목한 인물이다.[41] 모든 인간에게는 감각적 경험을 넘어선 관념이 있고, 이것은 상상에 의해 마음에 형성된 것이라고 보았기 때문이다. 그렇게 되면 상상은 지금 당장 우리에게 현존하지 않는 것에 관해 생각할 수 있는 길을 열어주게 된다. 워녹은 흄에게서 우리의 실제적 경험 안에 있는 틈을 채움으로써 세계가 연속적이고 독립적인 대상들이 살아가고 있는 곳으로 믿게 만드는 상상의 기능을 발견한다. 더 나아가 워녹은 대륙의 합리론과 영국의 경험론을 종합하고자 했던 칸트에게서, 진리의 확실성을 추구하는 가운데 상상의 개념을 구체화했던 그의 길을 발견해나간다. 그는 특히 칸트가 외적

---

40   Ibid., 4.
41   Ibid., 5.

세계를 알 수 있는 가능성을 모색할 때 경험적인 것과 선험적인 상상을 구분하면서 시작한다는 점에 주목한다.[42] 그에 따르면, 경험적 상상은 삶에서 경험한 개별적이고 특별한 이미지로 우리의 마음을 채울 수 있는 것인 반면, 선험적 상상은 우리 모두에게 동일한 것이라고 볼 수 있다.[43] 이는 범주(카테고리)의 개념하에 대상을 인식하는 법칙을 설명하는 칸트의 구조를 염두에 둔 생각이다.

워녹은 칸트가 이를 순수 이성에 의한 것으로 인지하는 가운데, 모든 이성적 피조물에게 공통적이면서, 그들의 합리성(rationality)을 구성하는 부분으로 설명나가는 점을 주목한다. 특히 실제적 경험에서 독립해 있는 참된 선험에 대한 칸트의 설명에 주의를 기울인다. 워녹은 또한 칸트가 설명한 '도식'(Schematism)에 주목하면서 이것이 바로 상상의 기능이 되는 것이라고 설명한다. 외적 세계에 대한 나의 지각이 칸트가 주장한 것처럼 특별한 공간과 시간적 초점으로부터 '나'에게로, 현상계에 위치해 있는 자로서의 나에게로 오는 것이라면, 세계의 외재성은 확실해진다.[44]

워녹에 따르면 이러한 외재성의 설명에 있어서 칸트는 흄을 보완하고 있다.[45] 칸트의 시각에서 본다면 자연 세계는 여전히 눈에 보이는 외관으로 나타나는 세계일 수 있지만, 우리는 그것을 알아내고자 요청할 수 있다. 그리고 우리는 이것을 모든 합리적 존재에게 공통적으로 주어져 있는 법칙에 따라 이해할 수 있게 된다. 이처럼 워녹은 칸트에게서 인식하는 주체가 공통적으로 가지고 있는 선험적 상상의 길을 발견해나간다. 워녹에 따

---

42   Ibid., 12.
43   Ibid., 13.
44   Ibid., 14.
45   Ibid., 14.

르면 칸트는 인식하는 '나'에게 집중함으로써 외적 세계에 관해 알 수 있고, 따라서 과학과 일반적 진리가 가능하다고 볼 길을 열어 준 인물이다. 합리적인 존재로서 우리 모두에게 사고의 틀은 같으며, 이러한 전제하에 내적 인식과 외적 객관성 사이에 다리가 놓일 수 있기 때문이다.[46]

　　이처럼 워녹은 철학자들의 상상에 대한 담론을 바탕으로 과학적 진리 탐구의 가능성, 시간과 역사를 비롯한 개념에 대한 이해 가능성을 탐구해 나간다. 그리고 나아가서 상상적 해석, 상징과 이야기, 인격의 통일성 문제를 다루며, 궁극적으로 시간과 미래에 대한 해석으로 담론을 확장해나가고 있다.

3. 결론

상상이라는 이름으로 설명되는 인식 작용의 통합적 기능, 그리고 외적 세계의 인식에 대한 담론을 통하여 워녹이 찾아가는 대답은, 의식과 사고 작용을 하는 인간에게 어떻게 객관적·합리적 세계 인식이 가능한가 하는 질문으로부터 주어진다. 『메논』에서 플라톤은 특별한 교육 없이도 기하학에 대한 이해를 습득하는 노예 소년 이야기를 통해, 인간에게는 선천적인 진리의 인식 기반이 주어져 있다고 이야기했다. 진리의 인식 기반에 대한 플라톤의 이러한 질문이 근대에 와서 데카르트, 흄, 칸트, 후설을 비롯한 근대의 많은 학자에 의해 반복적으로 다루어져왔다. 과학적 인식 기반에 대한 질문이 활발하게 제기되고 있는 지금, 워녹은 이에 대한 해답을 인간의 인식론적 기반을 고민하는 가운데 찾아나간다.

　　워녹은 특히 인간의 시간 경험에 주목하면서, 이 질문에 대해 핵심 역

46　　Ibid., 14.

할을 수행하는 것이 상상이라는 점을 부각시킨다. 우리는 상상을 통해 과거와 지속적으로 연결되어 있음을 알게 되고, 우리의 미래도 연속성을 가진다는 사실을 알게 된다. 이러한 연속성의 지식을 제공하는 것이 상상의 기능이다. 상상이 없다면 우리는 현재에 고착해 머무르게 된다. 상상과 함께 우리의 과거가 현재에 대한 해석을 결정하고, 우리가 미래를 어떻게 인지하는지를 결정한다. 우리의 기억과 가치 체계는 상상과 분리해서 이해할 수 없다. 이들을 시간과 공간 안에 존재하는 우리의 물질적 실존으로부터 분리할 수도 없다. 우리는 상상과 더불어 언어와 다른 표상들을 통하여 기억이 실어 나르는 시간의 연속성을 가질 수 있게 된다. 워녹은 상상이 인간의 의미와 가치 판단, 선악과 미추 판단의 근거가 된다고 설명함으로써 그것이 인간의 도덕과 교육, 과거와 현재와 미래를 이어주는, 그리고 상징을 통해 스토리를 이어주는 기능을 수행한다고 결론을 맺는다.

더 읽어보기

Mary Warnock, *Existentialism* (Oxford University Press, 1970).

Mary Warnock, *Imagination and Time* (Blackwell Publishers, 1994).

Mary Warnock, *Nature and Mortality: Recollections of a Philosopher in Public Life* (Continuum, 2003).

Mary Warnock and Elisabeth MacDonald, *Easeful Death: Is There a Case for Assisted Dying?* (Oxford University Press, 2008).

III. 존 햅구드의 『자연의 개념』

1. 서론

존 햅구드(John Habgood, 1927-2019) 혹은 귀족 작위명에 따라 햅구드 남작으로 불리기도 한 이 성공회 사제는 더햄의 주교 및 요크의 대주교로 재직한 바 있다. 이튼 학교와 케임브리지의 킹스 칼리지와 리폰 칼리지에서 학업을 이수한 그는 1956년 케임브리지의 웨스트코트 하우스 신학교 부학장으로 재직했으며, 1967년 에지바스턴의 퀸스 칼리지 학장으로 재직했다.

  햅구드는 과학과 종교 포럼 의장으로 활동했으며, 이 분야에서 많은 저술을 남겼다. 그는 세계교회협의회 내에서도 다양한 직책을 맡아 수행한 바 있으며, 1979년 미국 MIT에서 "믿음, 과학과 미래"의 제하에 개최된 WCC 콘퍼런스의 메인 설교를 맡기도 했다. 또한 1940년대 신경생리학 연구로 자연과학 연구에 발을 들였으며, 생명윤리 분야에 많은 족적을 남겼다. 대표 저작으로는 *A Working Faith*(1980), *Church and Nation in a Secular Age*(1983), *Confessions of a Conservative Liberal*(1988), *Making Sense*(1993), *Being a Person*(1998) 등이 있다.

2. 본론

2000-2001년 같은 제목으로 진행된 기포드 강연을 기초로 한 저서 『자연의 개념』[47]에서 햅구드는 자연이라는 개념이 어떻게 변화되어왔는지를 개괄적으로 살펴본다. 우선 1장에서 그는 '자연'이라는 말의 다양한 의미를 탐구하고 그 기원을 추적한다. 그는 사물의 본질적 특성에 대한 언급으로서의 자연, 사물이 있는 그대로 존재하게 만드는 힘으로서의 자연, 존재하는 모든 것의 기술로서의 자연이라는 세 가지 주제에 따라 '자연'을 분류한다.[48] 이로써 각 주제하에서 사물이 존재하는 방식과 사회적으로 구성된 방식에 대하여 제기되어야 할 질문들이 성립하게 된다. 햅구드는 특히 자연의 고대 그리스어 어원을 탐구하면서 고찰을 시작한다.[49] 자연의 개념을 담은 그리스어 단어로는 '퓌시스'가, 라틴어 단어로는 '나투라'가 있다. 퓌시스는 '사물의 본성에 대한 연구'를 의미하는 것으로 쓰였던 데 반해 나투라는 '태어난 것'을 지칭하는 말로 사용되었다. 그는 이러한 용례 중 그리스어의 용례가 아리스토텔레스를 거쳐 후기 기독교 컨텍스트에서 받아들여져 자연신학을 낳는 결과를 가져왔다고 본다. 자연 세계 안에서 유추될 수 있는, 설계에 기반한 신 존재 탐구의 가능성이 열릴 수 있었기 때문

---

47   John Habgood, *The Concept of Nature* (London: Darton Longman & Todd, 2002).
48   Ibid., 2.
49   Ibid., 3.

이다.

2장에서는 자연과학에서 사용되는 단어들의 용례에 초점을 두며, 실재(reality)에 대한 순전한 자연적 접근 아래에 놓인 가정에 대해 질문을 제기한다. 햅구드는 자연의 연구가 전체적으로 넓은 분과와 다양한 수준의 이해를 요구한다고 결론 짓는다. 그는 자연에 대한 연구가 수학과 같은 하나의 길에서만 수행될 수 있는 것이 아니라, 인문·사회적 관점의 다양한 요소들을 통해 이루어져야 한다고 말한다. 또한 오늘날 사용되는 과학자라는 말도 19세기 중반부터 사용되기 시작했음을 염두에 둬야 한다고 주장한다. 그는 과학을 통해 실체에 접근하는 방식은 방정식처럼 명료한 방식보다 유기체적 접근이 더 적절하다고 주장한다.

이어지는 3장은 환경 문제를 다룬다. 인간이 그들의 환경을 조성하는 것에 비추어볼 때 '자연적 세계'는 보존될 수 있는가? 그리고 '자연의 균형'은 존중될 수 있는가? 또한 한창 이야기되고 있는 환경주의에 대한 지적 기반을 확립하는 것은 무엇인가? 이와 같은 질문을 다룬 후, 4장에서는 보편적 적용(우주적 적용)이 되는 자연적 도덕 법칙이 있는지를 중심으로 논쟁적 주제를 다룬다. 그는 보편적 법칙이 존재하는지에 상관없이 사람들이 받아들일 수 있는 보편적 가치는 존재할 수 있다고 주장한다.

5장에서는 인간 존재가 어떻게 지속적으로 자연을 발전시키려는 시도를 했는지를 기술한다. 풍경의 묘사와 같은 예술을 통한 것이었는지, 교육 프로그램에서와 같이 공리적 목적에서였는지를 살펴보며, 늘어난 힘이 어떠한 영향을 발휘하는지 고찰한다. 그리고 오늘날 유전학을 통해서 이루어지는 새로운 윤리적 요청을 다룬다. 6장에서는 이런 다양한 주제를 총괄적으로 다루면서 신에 대한 믿음과 연관된 논의를 진행한다. 마지막으로 전체 내용을 기독교적 관점에서 자연과 은총에 대한 논의로 종결하면서, 자연은 하나님의 은총이 구별되고 받아들여지는 도구로서 성육신적 의미를 가질 수 있다는 제언을 남긴다.

3. 결론

햅구드는 신학자이자 교회 지도자로서 자연 개념이 신학적으로 지니는 의미에 대해 포괄적 접근을 수행한다. 그는 자연에 대한 존중, 자연의 추종, 자연의 개발을 차례로 다루다가, 맨 마지막에서는 신과 자연, 신앙과 자연에 어떤 의미가 있고 둘의 관계가 어떤지를 분석한다. 그는 특히 마지막 부분의 '자연의 신'을 통해서, 자연은 영광과 미에 대한 의식을 보여주는 곳이면서 타락의 장으로 묘사되는 양향성을 동시에 지닌다는 언급을 남긴다.

한편 햅구드는 자연을 관찰하는 데 있어 다윈의 진화론이 지닌 장점에 관해 이야기한다. 그는 우리가 다윈주의를 통해 자연을 '최종 산물'이 아닌 '과정'으로 볼 수 있는 시각을 얻었다는 점을 중시해야 한다고 주장한다. 하나님의 창조가 진화의 과정을 통해 이루어졌다면, 시작이 중요한 것이 아니라 창조의 특성을 드러내는 목적이 중요한 관점으로 부각된다. 그리고 자연에서 발견되는 무질서와 고난은 세상을 만드는 과정을 위해 치르는 대가로 이해할 수 있다. 창조의 외면적 불완전성, 다양성과 풍부한 창조력 등을 다양한 각도에서 설명할 길이 열리며, 광범위한 상관 관계적 전체 체계로서 자연 세계의 의미를 이해할 수 있게 된다. 그러면서 햅구드는, 다윈주의와의 대화 속에서 과정으로서의 자연을 직시하는 동시에 하나님의 약속에 대한 시각을 견지해나갈 때, 우리는 자연을 향한 새로운 기독교적 해석과 패턴을 얻을 수 있다고 암시한다.

햅구드는 또한 섭리에 대한 시각과 소망을 견지하는 가운데, 교회가

무기력 속에 머물러 있어서는 안 된다고 역설한다. 교회는 자신들이 구축해 놓은 사상적 체계 속에 머물러 지성적 안락함에 심취해 있으면 안 된다. 오히려 편안히 안주하려 하지 않는 예언자적 도전을 통해서만 그들에게 맡겨진 지성적 책무를 감당할 수 있다. 햅구드의 저술에는 이처럼 시대를 향해 외치는 한 교회 지도자의 음성이 울려 퍼지고 있다.

더 읽어보기

John Habgood, *Truths in Tension: New Perspectives on Religion and Science* (Holt, Rinehart and Winston, 1964).

John Habgood, *A Working Faith: Essays and Addresses on Science, Medicine and Ethics* (Darton, 1980).

John Habgood, *Being a Person* (Hodder & Stoughton, 1999).

생각해보기

① 근대 이후의 세계는 '과학적' 진리라는 말에 대해, 실재에 대한 이해의 우선순위를 무비판적으로 부여해왔던 것은 아닐까?

② '자연'이라는 말에 다양한 관점이 존재한다는 사실은 과학과 기독교 신앙의 대화에 어떤 도움을 줄 수 있는가?

③ 기독교의 자연 개념 정립과 이해에 영향을 미친 세계관은 무엇이었을까?

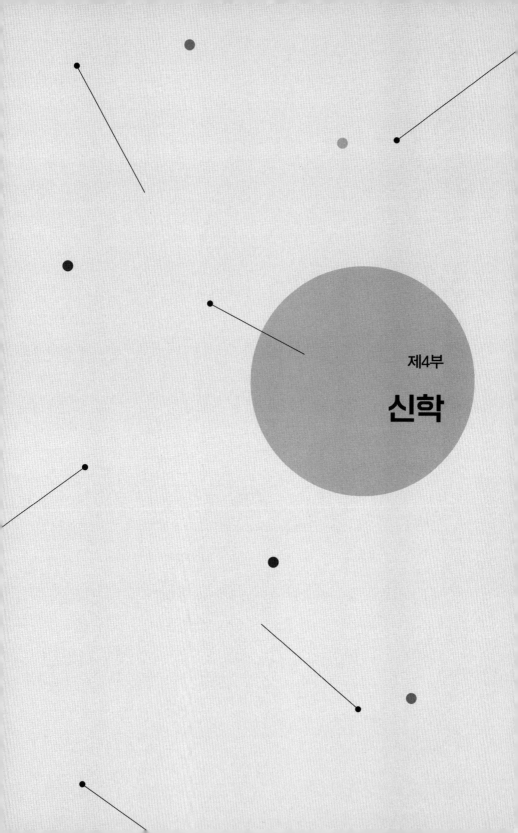

제4부

신학

존 맥쿼리, 벤첼 반 호이스틴, 키스 워드

윤철호

I. 존 맥쿼리의 『신성의 탐구: 변증법적 신론』

1. 서론

존 맥쿼리(John Macquarrie, 1919-2007)는 스코틀랜드의 신학자이며 철학자이자 성공회 사제였다. 그는 1919년 렌프루의 독실한 장로교 집안에서 태어나 패이즐리 그래머 스쿨을 졸업한 후 글래스고 대학교에서 철학(M.A.)과 신학(B.D.)을 공부했다. 또한 동 대학교에서 루돌프 불트만과 마르틴 하이데거의 관계에 관한 논문으로 박사 학위를 받았다(Ph.D.). 이 논문은 1955년 *An Existentialist Theology: a comparison of Heidegger and Bultmann* 으로 출판되었다. 1948-1953년에는 세인트니니안 교회의 스코틀랜드 교회 교구 목사로 사역했으며, 1953-1962년에 글래스고 대학교에서 가르쳤다. 그 후 1962년에는 뉴욕의 유니언 신학교 조직신학 교수가 되었다.

본래 장로교 신자였던 맥쿼리는 미국에서 성공회 신자가 되었으며,

1965년 서품을 받고 성공회교회 사제가 되었다. 그 후 영국으로 돌아가 1970-1984년 동안 옥스퍼드 대학교의 레이디 마거릿 신학 교수와 크라이스트 처치 칼리지 의전 사제(canon residentiary)로 봉직했으며, 옥스퍼드에서 은퇴한 후 명예 교수와 명예 의전 사제가 되었다. 1983-1984년에 "신성의 탐구"(In Search of Deity)라는 제목으로 기포드 강연을 하였고 1984년에 영국 학술원 회원으로 선출되었다. 그는 1996년부터 미국의 대학원 신학 재단(Graduate Theological Foundation) 철학적 신학부 마르틴 하이데거 교수로 있었다. 세계의 여러 대학교에서 명예 박사 학위를 받은 그는 2007년 타계했다.

맥쿼리의 대표적인 저술로는 *Principles of Christian Theology*(1966), *God-Talk: An Examination of the Language and Logic of Theology*(1967), *The Humility of God*(1978), *In Search of Humanity: A Theological and Philosophical Approach*(1983), *Jesus Christ in Modern Thought*(1990) 등이 있다.

2. 본론

『신성의 탐구: 변증법적 신론』은 맥쿼리가 1983-1984년 세인트앤드루스 대학교에서 했던 일련의 강연 내용을 책으로 출판한 것이다. 기포드 강연을 창시한 기포드 경의 의도는 성서에 나타나는 이른바 '특별계시'에 의존하지 않고 자연 질서와 이성의 능력에 기초한 자연신학의 가능성을 모색하는 것이었는데, 맥쿼리는 기포드 강연에서 기포드의 그런 의도를 충실히 반영하는 자연신학적 연구와 논증을 통하여 '변증법적 신론'(dialectical

---

1   John Macquarrie. *In Search of Deity: An Essay in Dialectical Theism* (London: SCM, 1984).

theism)이라는 하나님 개념을 제시했다.

그렇다면 변증법적 신론이란 무엇인가? 한편으로는 세계에 대한 하나님의 초월성을 지나치게 강조하는 고전적 신론과 대조되고, 다른 한편으로는 하나님의 세계 내재성을 일방적으로 강조하는 범신론과 대조되는 신론이다. 변증법적 신론은 '만유재신론'(panentheism)이라고도 불리는데, 맥쿼리는 만유재신론이라는 명칭이 범신론으로 오해되기 쉽다고 생각하여 변증법적 신론을 선호한다. 맥쿼리의 변증법적 신론은 세계에 대한 하나님의 초월성과 내재성, 고통 불가능성과 고통 가능성, 영원성과 시간성 등의 양극적 요소들을 각기 변증법적으로 종합하고자 한다.

강연 내용을 담은 『신성의 탐구』는 총 3부로 구성되어 있다. 우선 제1부에서 맥쿼리는 고전적 신론을 비판한다. 고전적 신론은 하나님이 자유로운 결정에 따라 무로부터 세계를 창조하는 존재라고 보며, 따라서 하나님을 그의 목적에 따라 어느 때라도 자연법칙을 정지시킬 수 있는 절대군주로 이해한다. 고전적 신론의 하나님은 세계에 영향을 주지만 세계로부터 영향을 받지는 않으며, 따라서 변화 불가능하고 고통 불가능하다. 맥쿼리는 현대의 무신론이 적어도 부분적으로는 이와 같은 군주적 신론에 대한 저항에서 나타났기 때문에 고전적 신론에 대한 대안적 신론이 요구된다고 본다. 그러나 무신론과 마찬가지로 범신론도 고전적 유신론의 대안이 될 수 없다고 본다.

제2부는 전통적인 신론에 대한 대안적 신론을 대표하는 여덟 명의 철학자를 시대별로 선별하여 그들의 사상을 소개한다. 고전 시대(3세기)의 플로티노스, 교부 시대의 디오니시우스, 중세 시대의 요하네스 스코투스 에리우게나, 르네상스 시대의 니콜라스 쿠자누스, 계몽주의 시대의 라이프니츠, 19세기의 헤겔, 그리고 20세기의 화이트헤드와 하이데거가 그들이

다. 맥쿼리에 의하면 이들은 모두 자연신학적 관점에서 변증법적 또는 만유재신론적 신론을 보여주는 철학자다. 맥쿼리는 이들이 공통적으로 보여주는 자연신학이 지금도 가능하며 또한 필요하다고 믿는다. 그러나 이들이 하나님과 세계의 관계에 대해 충분히 일관성 있고 만족스러운 이해를 보여주지는 않는다고 평가한다.

이처럼 여덟 철학자의 사상을 역사적으로 고찰한 맥쿼리는 제3부에서 그의 변증법적 신론을 제시한다. 그는 이 변증법적 신론에서 하나님의 존재 및 활동과 관련된 모든 변증법적 대립이 화해된다고 주장한다. 맥쿼리의 변증법적 신론은 여섯 가지 대립 요소의 변증법적 관계로 구성되는데, 그 첫째는 존재와 무다. 하나님은 존재인 동시에 무다. 둘째로 하나님은 일자(一者)와 다자(多者)의 변증법적 대립으로 구성된다. 셋째는 이해 가능성과 이해 불가능성이다. 넷째는 초월성과 내재성이다. 다섯째는 고통 불가능성과 고통 가능성이다. 여섯째는 영원과 시간이다. 마지막으로 맥쿼리는 변증법적 신론이 영성, 윤리, 조직신학, 그리고 세계 종교 간의 대화에 미칠 영향을 기술한다.

3. 결론

맥쿼리는 변증법적 신론으로서의 자연신학이 기독교 신앙을 위한 철학적 틀과 지성적 변증 근거를 제공한다고 믿는다. 그는 특히 일자와 다자의 변증법에서 삼위일체론의 유비를 발견한다. 일자로서의 '원초적'(primordial) 양태, 일자로부터 다자로 나아가는 '표현적'(expressive) 양태, 그리고 다자로부터 다시 일자로 돌아가는 '통일적'(unitive) 양태는 삼위일체론의 세

---

2   Ibid., 172-84.

위격인 아버지, 아들, 성령에 상응한다. 따라서 맥쿼리는 변증법적 신론이, 기독교가 예수 그리스도 안에서 나타난 하나님의 계시에 기초하여 수립한 삼위일체적·성육신적 신 개념으로 우리를 인도한다고 주장한다. 그는 한편으로 고전적인 군주적 신론을 거부하면서 다른 한편으로 역시 고전적인 신학적 틀인 삼위일체론과 성육신적 신 개념에 자신의 변증법적 신 개념을 맞추고자 한다. 물론 단지 자신의 변증법적 신 개념을 고전적 삼위일체론 및 성육신적 신개념에 맞추고자 할 뿐 아니라, 동시에 고전적 삼위일체론 및 성육신적 신 개념을 자신의 변증법적 신 개념에 맞추어 설명하고자 한다.

자연신학적 신 개념 수립을 위한 맥쿼리의 이 같은 시도는 기포드 경이 의도했던 바와 같이 기독교 신학을 풍성하게 하는 의미 있는 시도로 평가될 수 있다. 그러나 그가 자연신학적 접근 방식에 기초해서 제시한 변증법적 신론이, 성서가 증언하는 특별계시의 빛 안에서 하나님의 정체성 및 본질에 대한 이해를 수립하는 것을 본유적 과제로 삼는 신학자들로부터 언제나 호의적 반응과 긍정적인 평가를 받는 것은 아니다. 그렇지만 기독교 신앙이 사사화(私事化)되고 주변화되는 오늘날의 세속화, 다문화, 다종교, 과학의 시대에는, 기독교 진리를 공적 포럼에서 상호적 대화를 통하여 가능한 한 이해할 수 있는 방식으로 논증하는 것이야말로 신학의 공적 과제라 할 수 있다. 이를 위한 자연신학의 중요성은 그 어느 때보다도 더욱 크다.

더 읽어보기

John Macquarrie, *Studies in Christian Existentialism* (SCM, 1965).

John Macquarrie, *God-Talk: An Examination of the Language and Logic of Theology* (Harper & Row, 1967).

John Macquarrie, *The Humility of God* (Westminster Press, 1978).

John Macquarrie, *In Search of Humanity: A Theological and Philosophical Approach* (Crossroad, 1983).

Georgina Morley, *John Macquarrie's Natural Theology: The Grace of Being* (Routledge, 2017).

생각해보기

① 변증법적 신론이란 무엇인가?

② 고전적 유신론과 변증법적 신론의 차이점은 무엇인가?

③ 성서적 삼위일체론과 자연신학적 삼위일체론의 공통점과 차이점은 무엇인가?

II. 벤첼 반 호이스틴의 『과학과 신학에서의 인간의 독특성』

1. 서론

벤첼 반 호이스틴(J. Wentzel van Huyssteen, 1942-)은 1942년 남아프리카공화국에서 태어났으며 남아프리카의 네덜란드 개혁교회에서 목사 안수를 받았다. 그는 남아프리카공화국의 스텔렌보스 대학교에서 철학(M.A.)을 공부했으며, 암스테르담의 자유 대학교에서 철학적 신학을 전공하여 박사 학위를 받았다. 그의 전공 분야는 신학, 과학, 종교학, 그리고 과학적 인식론이다. 2004년 기포드 강연에서는 "과학과 신학에서의 인간의 독특성"(Alone in the World? Human Uniqueness in Science and Theology)이라는 제목으로 강연했다. 1992년부터 2014년까지 프린스턴 신학교 교수로 봉직한 그는 여러 국제 학술지의 편집인으로 활동하고 있다. 호이스틴의 대표 저작으로는 *Essays in Postfoundationalist Theology*(1997), *Rethinking Theology and Science: Six Models for the Current Dialogue*(with Niels Henrik Gregersen, 1998), *Duet or Duel? Theology and Science in a Postmodern World*(1998), *The Shaping of Rationality: Toward Interdisciplinarity in Theology and Science*(1999) 등이 있다.

2. 본론

『과학과 신학에서의 인간의 독특성』[3]은 호이스틴이 2004년에 에든버러 대

---

3   J. Wentzel van Huyssteen, *Alone in the World?: Human Uniqueness in Science and Theology* (Grand Rapids, MI: Eerdmans, 2006).

학교에서 했던 기포드 강연을 2006년에 책으로 출판한 것이다. 이 책에서 호이스틴은 신학과 과학의 대화를 위한 방법론적 제안을 넘어, 인간이라는 구체적인 주제를 중심으로 학제 간 연구를 수행한다. 그의 문제 의식은 호미니드(hominid)[4]로서의 인간의 기원에 대한 과학적 설명과 아담의 창조에 관한 성서 이야기를 어떻게 연결할 수 있는가다. 호이스틴은 한 학문 분야에서의 통찰력이 다른 학문 분야에서의 이해와 공명 가능하며, 또한 학제 간 대화를 통해 인간에 대한 이해가 심화될 수 있다고 믿는다.

호이스틴의 학제 간 대화는 포스트토대주의(post-foundationalism)적 접근 방식에 기초하여 이루어진다. 즉, 그는 서로 다른 형태의 합리적 탐구들의 상황적·실용적 본성이 어떻게 신학과 자연과학 사이의 인식론적 중첩을 드러낼 수 있는지에 관심을 기울인다. 한편으로는 모든 사람이 공유하는 공통된 합리성을 전제하는 보편적 합리성 개념을 거부하고, 다른 한편으로는 인간의 합리성을 단지 지역적 상황으로 환원하는 것도 반대한다. 대신 "모든 인간의 합리성의 보편적 의도를 존중하는 횡단적 합리성(transversal rationality)"[5]이야말로 서로 다른 다양한 탐구 영역들 사이의 인지적 동등성을 가능하게 한다고 주장한다. 『과학과 신학에서의 인간의 독특성』에서 호이스틴은 이와 같은 접근 방식에 기초하여, '인간의 독특성(uniqueness)'이라는 주제를 중심으로 신학과 다른 학문들의 '횡단적 연결'을 수립하고자 시도한다.

우선 이 책의 1장에서는 학제 간 연구를 위한 전략을 수립한다. 호이스틴은 지나치게 추상적이고 일반화된 학문 모델을 비판하고 모든 학문

---

4   사람 과(科)의 동물, 즉 현대 인간과 고릴라, 침팬지 등의 유인원을 포함하는 영장류.

5   Ibid., 69. J. Wentzel van Huyssteen, *The Shaping of Rationality: Toward Interdisciplinarity in Theology and Science* (Grand Rapids, MI: Eerdmans, 1999), 172, 176을 참고하라

안에 본유적으로 심대한 상황적 전제가 있음을 강조한다. 그는 인식론적 모델로서 포스트토대주의를 채택한다. 그리고 학제 간 대화를 위한 인식론적 기초로서 포스트토대주의적 합리성 개념을 다음 다섯 가지로 기술한다.[6] (1) 일반적·추상적 의미에서의 신학과 과학을 말하는 것은 문제가 있다. 인간의 합리적 반성은 철저히 사회역사적 상황성을 반영한다. 따라서 학제 간 대화는 특수한 신학(자)과 특수한 과학(자) 사이의 대화가 되어야 한다. (2) 종교적 신앙과 과학적 사고의 합리성 개념이 서로 대립적이라는 사고는 거부되어야 한다. 둘은 '인간의 합리성 자원'을 공유한다. 따라서 포스트토대주의적 합리성 개념은 상황적일 뿐 아니라 횡단적이기도 하다. (3) 그러므로 신학은 다른 학문과 동등한 합리적·지적 진실성과 정당성을 가지고 논증할 수 있다. (4) 인간 합리성의 다차원적·횡단적 본성으로 인해 우리는 개인적 확신을 가지고 학제 간 대화에 임할 수 있으며, 동시에 우리의 상황, 전통, 분야의 한계와 경계 너머로 나아갈 수 있다. (5) 학제 간 대화에서 신학은 다른 학문과 더불어, 상황적·사회적으로 형성되었지만 그 안에 갇혀 있지 않은 간학제적·공적 합리성의 기준을 공유한다. 학제 간 대화는 어느 한 분야의 목소리가 절대적 우선권을 주장할 수 없다는 의미에서 비계층적이고 민주적이다.

다음으로 2장에서 호이스틴은 진화를 자연의 역사 속에서 진행되는 인지 획득의 과정으로 이해하는 '진화적 인식론'(evolutionary epistemology)을 주장한다. 진화적 인식론은 우리가 오직 우리가 사는 세상을 인식할 수 있도록 진화한 뇌를 가지고 있기 때문에 인식할 수 있다고 본다. 호이스틴은 진화적 인식론의 관점에 의해 사상과 과학 이론과 종교의 발전이 설명

---

6   Van Huyssteen, *Alone in the World?*, 40-41.

될 수 있으며, 이를 통하여 종교가 하나의 전일적 믿음 획득의 과정이라는 것이 드러난다고 주장한다. 인간에게는 5백만 년이 넘는 진화의 역사가 있다. 이 역사 속에는 지금은 멸종된 매우 다양한 형태의 (인간과 유사한) 유인원이 존재했다. 오늘날 학자들은 네안데르탈인과 호모 사피엔스를 구별함으로써 인간의 기원을 설명한다. 10만 년에서 4만 년 전 사이의 어느 시점에 합리적 사고, 문화적 발전, 자의식, 그리고 가치와 목적에 대한 의식이 창발적으로 출현했다.[7] 스페인 북부의 알타미라 동굴에서 발견된 3만 년 전 후기 구석기 시대의 동굴 예술은 당시의 인간에게 종교적 감각이 있었음을 암시한다. 이 종교적 능력은 진화 과정의 결과라고 추론할 수 있다.

호이스틴은 진화 과정을 신앙의 불합리성에 대한 증거로 간주하는 일반적 이해와는 반대로, 신앙의 합리성을 논증하기 위해 진화 과정을 사용한다. "놀라운 상호적 진화 과정을 통해 그처럼 복잡한 모습으로 발전되고 출현한 이 경이로운 뇌가, 어떻게 오직 종교를 향한 성향과 관련해서만 우리를 그처럼 심각하게 속일 수 있겠는가?"[8] 호이스틴에 따르면 진화적 인식론은 모든 인간 사회가 모종의 종교적 믿음을 품도록 발전되어왔음을 보여주는데, 이는 종교적 상상력이 자연스러운 것임을 입증하고 나아가서 종교적 믿음의 합리성과 타당성에 대한 폭넓은 논증을 제공한다.

3장은 성서에 나타나는 '하나님의 형상' 개념이 기독교 역사를 통해 매우 다양하게 변천해왔음을 보여준다. 기독교 역사 속에서 교회 전통은 대체로 하나님의 형상을 영혼과 같은 인간 인격의 특별한 구성 요소와 동일시하는 실체론적 사고를 보여주는 반면, 구약성서학 학자들은 대체로 하

---

7   Ibid., 48.
8   Ibid., 59.

나님의 형상을 창조세계를 다스리는 지배 능력으로 이해하는 기능적 관점을 제시한다. 최근의 신학적 해석은 인간과 하나님 사이의 관계성에 초점을 맞춘다. 20세기 후반 이후에는 하나님의 형상에 대한 종말론적 또는 선취적 이해가 큰 호응을 받고 있는데, 이러한 이해는 특히 판넨베르크에 의해 대표된다. 이 이해에 따르면 하나님의 형상이란 우리가 타락으로 인해 잃어버린 것이라기보다 우리가 지향해나가야 하는 종말론적 완전성을 가리킨다. 호이스틴은 유동성과 확장성을 특징으로 하는 인간 지성에 대한 최근의 이해를, 외심성(exocentricity)을 특징으로 하는 판넨베르크의 인간 이해와 연결한다. 즉, 인간 안에는 미래의 운명을 향해 나아가고 타자 지향적이며 자신의 한계를 넘어 나아가는 개방적인 성향이 있다는 것이다.

호이스틴은 '하나님의 형상'에 관한 전통적 이해들이 대체로 우리의 몸과 분리된 추상적인 것이라고 비판한다. 하나님의 형상은 인간과 다른 동물의 질적 차이를 가리키는 개념으로 이해되어왔으나, 우리는 인간과 다른 동물의 차이점과 더불어 유사점도 인정해야 한다. 호이스틴에 따르면 "궁극적인 종교적 의미를 향한 우리의 인간적 성향 또는 능력은 우리 종(species)의 상징적·상상적 행위 안에 깊이 아로새겨져 있다.…이 견해는 체화된 인간 인격이 역사 속에서 생물학적으로 자의식, 종교 의식, 도덕적 책임의 중심으로 출현했음을 전제한다."[9] 이와 같은 호이스틴의 견해는 인간이 이기적 유전자에 의해 지배된다고 주장하는 리처드 도킨스의 생물학적 환원주의와 매우 대조적이다. 호이스틴은 인간이 본유적 자기 초월과 도덕 의식의 힘을 갖게 된 것이 이성과 자의식의 발전의 결과라고 본다.

4장에서 호이스틴은 구석기 시대의 동굴 벽화를 중심으로 인간됨이

---

9   Ibid., 161.

무엇을 의미하는지를 고찰한다. 그는 상징적·추상적 사고 능력을 보여주는 이미지들이 충분히 발달된 언어 능력을 입증하는 것으로 해석한다. 은유와 유비를 만들어내는 인간 정신의 인지적 유동성은 예술과 과학뿐 아니라 종교 의식(e.g. 샤머니즘)의 출현을 위한 기본 요소다. 이어지는 5장에서는 진화적 인식론, 고인류학, 신경과학, 진화심리학 이론에 관해 논의하면서, 높은 수준의 의식, 복잡한 언어, 상상력, 추상적이고 상징적인 사고와 같은 인간의 특성은 인간의 자연적 성향 안에 내재되어 있는 인류 문화의 보편적 속성으로서, 언제나 종교적 성향과 상상력을 포함한다고 주장한다.

마지막으로 6장에서는 앞의 논의를 종합하며 결론을 맺는다. 호이스틴은 학문적 고립이 절대주의나 환원주의를 초래할 위험이 있기 때문에, 학제 간 대화를 통해 신학과 과학 사이의 횡단적 연결을 수립할 필요가 있음을 다시금 강조한다. 동시에 자신의 신학적 확신이나 학문적 패러다임을 무비판적으로 다른 분야에 이전시키려는 태도는 횡단적 연결을 추구하는 바람직한 학제 간 대화의 태도가 결코 아님을 지적한다.

3. 결론

호이스틴은 횡단적 합리성 개념과 진화적 인식론을 중심으로, 인간의 독특성에 관한 신학과 과학의 대화를 통한 학제 간 이해의 길을 제시하고자 한다. 즉, 인간의 독특성은 동물적 과거에 뿌리를 두며, 인간의 지성은 다른 동물의 그것보다 더욱 유동적·외심적·상호 연관적이면서도 동물들의 감정적·감각적 생명과의 연속성 안에 있다. 호이스틴은 이 같은 학제 간 대화를 통해 하나님과의 독특한 관계성 안에 있는 인간의 종교적 믿음의 합리성을 확증하고자 한다. 그는 한편으로는 신학이 추상성을 극복하고 생물학적 육체성에 뿌리를 둔 인간에 관한 과학적 사실에 주의를 기울일 것을 요구하며, 다른 한편으로는 과학이 종교적 감성의 출현을 진지하게 고려할 것을 촉구한다.

그러나 세계 안에서 인간이 지닌 독특성의 의미에 대한 학제 간 대화가 모든 학문의 한계와 경계를 철폐하는 것은 아니다. 신학적 관점에서 볼 때, 다른 모든 피조물과 구별되는 인간의 독특성은 인간이 하나님의 형상으로 지음 받고 하나님과의 인격적 관계 안으로 부름 받았다는 사실에 있다. 반면 고인류학의 관점에서 볼 때 호모 사피엔스는 인간 과(hominid)에 속한 최종 단계의 동물이라는 의미에서 독특성을 띤다. 학제 간 대화는 생물학이나 신경과학이 인간의 종교적 경험에 대하여 완전한 설명을 제시할 것을 기대하기 어렵다는 사실을 인정하지 않을 수 없다.

그럼에도 오늘날 과학의 진화론은, 하나님 형상으로서의 인간의 독특성에 대한 신학적 이해를 위해서도 필수불가결한 전제가 되었다. 인간이 진화 과정의 산물이라는 과학적 사실과 인간이 하나님의 형상으로 지음 받은 피조물이라는 신학적 사실은, 설사 과학의 진화론이 하나님 형상으로서의 인간의 독특성에 대한 신학적 이해를 위한 증거를 제시할 수 없다고 하더라도 결코 상호 배타적이거나 양립 불가능한 것이 아니다. 신학과 과학의 학제 간 대화가 신학과 과학 사이의 모든 경계를 다 허물 수 있으리라는 기대는 성급하나, 동시에 그러한 대화는 사전에 한계점을 예측할 수 없는 개방된 영역이다.

더 읽어보기

J. Wentzel van Huyssteen, *The Shaping of Rationality: Toward Interdisciplinarity in Theology and Science* (Wm. B. Eerdmans, 1999).

Eds. J. Wentzel van Huyssteen and Niels Henrik Gregersen, *Rethinking Theology and Science: Six Models for the Current Dialogue* (Eerdmans, 1998).

Eds. J. Wentzel van Huyssteen and Erik P. Wiebe, *In Search of Self: Interdisciplinary Perspectives on Personhood* (Eerdmans, 2011).

Eds. Daniel Pedersen and Christopher Lilley, *Human Origins and the Image of God: Essays in Honor of J. Wentzel van Huyssteen* (Eerdmans, 2017).

Ed. F. LeRon Shults, *The Evolution of Rationality: Interdisciplinary Essays in Honor of J. Wentzel van Huyssteen* (Eerdmans, 2006).

생각해보기

① 포스트토대주의란 무엇인가?

② 오늘날의 신학에서 하나님 형상 개념의 특징은 무엇인가?

③ 인간이 진화 과정의 산물이라는 과학적 사실과 하나님의 형상으로 지음 받은 피조물이라는 신학적 사실은 양립 가능한가?

III. 키스 워드의 『종교와 계시: 세계 종교들 안의 계시신학』

1. 서론

키스 워드(Keith Ward, 1938-)는 영국 헥삼 출신의 성공회 사제이자 신학자이며 철학자로서 영국 학술원 회원이다. 그래머 스쿨을 마친 후 1962년 웨일즈 대학교를 졸업한 그는 1964년부터 1969년까지 글래스고 대학교에서 논리학을 가르쳤다. 1968년 옥스퍼드 리네커 칼리지에서 문학 학사 학위를 받았으며, 케임브리지와 옥스퍼드 대학교에서 문학 석사와 신학 박사 학위를 취득했다. 1969-1971년 세인트앤드루스 대학교에서 철학을 가르친 워드는 1972년에는 영국교회 신부 서품을 받았다. 1971-1975년에는 런던 대학교의 종교철학 강사로, 1975-1983년까는 케임브리지 트리니티 홀 학장으로 일했다. 1983년에 런던 대학교의 도덕과 사회신학 교수가 되었으며, 1985년에는 킹스 칼리지 런던의 역사와 종교철학 교수가 되었다. 1991년 옥스퍼드 대학교 신학부 왕립 교수로 재직하다가 2004년 은퇴했다. 그 후 2004-2008년에는 런던 그레샴 대학교 신학부 교수로 있었다.

　　1993-1994년 글래스고 대학교에서 기포드 강연을 한 그는, 종교 간 대화에 많은 관심을 가지고 그와 관련된 여러 국제 학술지 및 기관에서 활동하고 있다. 워드의 주된 관심사는 비교신학, 그리고 과학과 종교의 관계다. 그의 주요 저술로는 *Religion and Creation*(1996), *Concepts of God: Images of the Divine in the Five Religious Traditions*(1998), *Religion and Human Nature*(1999), *Divine Action: Examining God's Role in an Open and Emergent Universe*(2007), *The Big Questions in Science and Religion*(2008),

Is Religion Dangerous?(2011), *Pascal's Fire: Scientific Faith and Religious Understanding*(2013), *The Christian Idea of God: A Philosophical Foundation for Faith*(2017) 등이 있다.

2. 본론

『종교와 계시: 세계 종교들 안의 계시신학』[10]은 워드의 1993 – 1994년 기포드 강연과 1993년 세인트존스 대학교에서 진행했던 셀윈 강연 내용을 책으로 출판한 것이다. 이 책에서 워드는 계시의 범주가 다양한 종교 전통 안에서 발견된다는 사실을 논증하고자 한다. 책의 1장에서는 우선 비교신학의 방법론을 소개한 후, 2장과 3장에서는 각각 원시 종교 안에서 발견되는 계시와 세계의 위대한 경전적 종교인 유대교, 베단타(힌두교), 불교, 이슬람교 안에서 주장되는 계시의 문제를 다룬다. 4장에서는 하나님의 역사적 자기 현시로서의 기독교 계시 이해를 다루고 5장에서는 유물론적 진화론, 칸트의 권위 비평, 그리고 오늘날 종교 다원주의의 도전에 대하여 다소 고백적·변증적으로 응답한다. 그는 이 책을 통해 다른 종교의 계시와 전통과 믿음에 개방된 자세를 가지고 다양한 믿음 체계 간의 수렴과 상호 보완성을 추구하는 '열린 신학'을 제시하고자 한다.

워드 신학의 출발점은 특수한 기독교 전통이 아니라 다양한 진리 주장이 공존하는 다종교적 상황이다. 그는 종교를 "인간의 선 또는 폐해와의 관계에 있어서 초감각적 영역에 대한 권위 있는 인식에 관심을 기울이는 것"[11]으로 정의한다. 그는 세계의 모든 종교 전통이 모종의 계시를 제공하

---

10   Keith Ward, *Religion and Revelation: A Theology of Revelation in the World's Religions* (New York: Oxford University Press, 1994).

11   Ibid., 54.

는 것으로 여겨져야 한다고 주장한다. "궁극적 실재(the Real)가 오직 한 전통 안의 예언자에게만 영감을 주었으며, 그것도 완전히 무오한 방식으로 그렇게 했다는 것은 받아들이기 어렵다"는 것이다.[12] 워드는 서로 다른 계시를 받아들이는 사람들이 모두 동일한 종류의 이성을 가지고 있다고 생각하기 때문에 이렇게 주장한다.

워드는 고백적 신학과 중립적 신학 사이의 중도를 추구한다. 그는 자신이 속한 종교 전통의 특수한 계시에 집중하는 고백적 신학의 정당성을 부인하지 않는다. 그러나 이성과 계시를 분리하고 기독교 외 다른 종교 속 계시 범주의 실재를 인정하지 않는 신학적 입장을 거부한다. 그는 다양한 종교 전통 안에서 발견되는 의미, 진리, 믿음의 합리성에 관심을 기울이는 '비교신학'(comparative theology)을 제안한다. 그는 고대의 원시 종교에서부터 경전적 종교 전통에 이르는 계시의 역사를 탐구한 후, 신이 다양한 역사적·문화적 맥락 안에서 다양한 방식으로 자신을 계시했다고 주장한다. 그는 계시가 인격적 신의 존재를 부인하는 불교 안에서도 발견될 수 있다고 본다. 그리고 이러한 주장을 위해 넓은 의미와 좁은 의미의 계시 개념을 구별한다. 계시는 넓은 의미에서 "특수한 종류의 경험을 통해 인간 의식 안에 참된 존재가 계시되는 것"을 의미하며, 좁은 의미에서는 "초자연적이고 인격적인 행위 주체로부터의 능동적 정보 전달"을 의미한다. 그리고 계시의 내용을 "지고한 가치를 지닌 대상의 본성, 인간의 삶을 위한 궁극적 목표의 본성, 이 목표를 성취하기 위한 길의 본성"[13]으로 이해한다. 온전한 유신론적 의미에서 계시는 "하나님이 인간의 정상적 인지 능력 너

---

12   Ibid., 318.
13   Ibid., 30.

머에 있는 어떤 것을 인간이 알 수 있도록 직접 의도하시고 그것을 인간이 알도록 만드실 때, 그리고 하나님이 의도적으로 그렇게 만드셨다는 것을 인간이 알 때 발생한다."[14]

그리스도인으로서 워드는 기독교 이야기의 정당성을 역사에 대한 본유적 연관성에 기초해서 변호한다. 그는 역사가 믿음의 눈을 통해 읽힐 수 있다고 믿는다. "하나님이 참으로 역사적 상황 안에서 자기-계시적으로 행동하신다면, 믿음은 역사의 의미에 대한 참된 인식을 위한 조건이 될 수 있다."[15] 그렇지만 워드는 기독교의 '중심적' 믿음에 대한 온전한 헌신을 고수하면서도 동시에 다른 종교 내 계시의 가능성을 인정하는 '열린' 입장을 제안한다. 말하자면 그는 포괄적 계시관을 가지고 있다.

워드는 한편으로는 고백적 신학자이고 다른 한편으로는 비교신학자다. 즉, 한편으로는 기독교 안에 주어진 계시가 가장 충만한 하나님의 계시라고 말한다. 다른 종교는 중요한 물음들에 관해 양립 불가능한 견해들을 가지기 때문에 그것들이 다 옳다고 할 수는 없다고 본다. 따라서 워드는 존 힉의 다원주의를 거부하며, 삼위일체론, 성육신, 원죄, 구속, 성서 영감 등 기독교 신학의 전통적 주제들을 진지하게 다룬다. 그리고 그리스도의 무죄성을 보증하는 '내위격적(enhypostatic) 기독론'[16]을 제안한다. 그러나 다른 한편으로 그는 예수를 한 인간으로 간주한다. 예수의 행동과 경험이 신적 말씀이 아닌 인간 주체에 의한 것이라고 주장한다.[17] 워드에게 그

---

14   Ibid., 16.
15   Ibid., 247.
16   예수 그리스도의 인성은 본래 자신의 인격을 가지고 있지 않지만(anhypostasis, impersonal humanity) 로고스의 신적 위격 안으로 받아들여짐으로써(enhypostasis) 자신의 인격을 갖게 되었다는 이론.
17   Ibid., 266.

리스도는 삼위일체 하나님의 두 번째 위격과 동일한 인간이 아니라, 하나님을 유일무이하게 계시한 인간이다. 그는 예수 안에서의 성육신 외에 다른 성육신이 있을 수 있다고 주장한다.

3. 결론

워드는 기독교 계시의 규범적 성격을 유지하면서도 많은 종교 안에 있는 진정한 계시와 공통된 합리적인 구원론적 구조를 인정함으로써, 고백적 신학과 비교신학 사이의 균형을 유지하고자 한다. 그러나 그의 주장처럼 서로 다른 종교 전통에 속한 사람들이 동일한 이성에 기초해서 믿음 체계를 수립하고 있는지는 분명하지 않다. 더욱이 그의 종교 이해와 달리, 초감각적이지 않은 자연의 대상을 숭배하는 종교도 있다. 많은 원시 종교는 인간의 삶을 위한 궁극적 목표가 아닌 단지 생명과 건강 같은 인간의 선을 신으로부터 얻어내는 것에 관심을 쏟는다. 원시 종교뿐 아니라 고등 종교들도 비이성적이고 파괴적인 마성적 힘으로 나타날 수 있다.

비교신학적 관점에서 볼 때, 역사적 계시에 대한 워드의 강조는 힌두교와 같은 비역사적 종교 전통을 폄하하는 결과를 초래할 수 있다. 또한 전통적 신학의 관점에서 볼 때 워드의 기독론은 자유주의적 견해로 비판될 수 있다. 워드는 모든 합리적 탐구자들에게 설득력 있는 '일반적인 합리적 기준'에 기초해서 자기의 입장을 정립하고자 한다. 그러나 그가 일반적인 합리적 기준으로 제시하는 정합성, 다른 지식과의 일관성, 통합 능력, 그리고 경험에의 적절성 자체에 대한 이해가 사람마다 다르기 때문에 그가 제시하는 기준이 과연 '일반적'이고 '합리적'인 것인지는 분명하지 않다.

더 읽어보기

Keith Ward, *Religion and Creation* (Clarendon Press, 1996).

Keith Ward, *Religion and Human Nature* (Oxford University Press, 1999).

Keith Ward, *Divine Action: Examining God's Role in an Open and Emergent Universe* (Templeton Press, 2007).

Keith Ward, *The Big Questions in Science and Religion* (Templeton Press, 2008).

Keith Ward, *Pascal's Fire: Scientific Faith and Religious Understanding* (Oneworld Publications, 2013).

생각해보기

① 모든 종교 안에서 계시가 발견될 수 있다는 워드의 견해를 어떻게 생각하는가?

② 워드가 말하는 기독교 계시의 독특성은 무엇인가?

③ 예수 안의 성육신 외에 다른 성육신이 있을 수 있을까? 없다면 왜 그런가?

위르겐 몰트만, 피터 해리슨

박성규

I. 위르겐 몰트만의 『창조 안에 계신 하나님』

1. 서론

위르겐 몰트만(Jürgen Moltmann, 1926-)은 독일의 신학자로서 판넨베르크와 나란히 20세기 후반의 세계적 석학으로 자리매김하고 있다. 그는 함부르크 태생으로서 1945-1948년 독일군으로 제2차 세계대전에 참전하던 중 벨기에에서 영국군의 포로가 되었다. 그리고 스코틀랜드 포로수용소에서 "기독교 신앙이 주는 삶의 새로운 희망을 경험"한다. 그는 이러한 신앙 경험을 계기로 석방되어 귀국한 후 괴팅겐 대학교에서 신학을 전공한다. 1952년 신학 박사 학위를 받고 1958년 부퍼탈 신학교에서 신학을 가르치게 되는데, 바로 이때 판넨베르크와 조우한다. 그 후 본 대학교를 거쳐 튀빙겐 대학교 조직신학 교수로 취임한 후 1994년 은퇴할 때까지 재임했다.

몰트만은 튀빙겐 대학교에서 가르치기 전에 브레멘에서 목회를 한 바 있으며 1950년대 이후에는 "기독교 형제 공동체"에 소속되었다. 가톨릭교회의 메츠(J. B. Metz)와 함께 정치신학의 선구자로 여겨지는 그의 신학은, 기독교 전통에 철저하면서도 단순히 전통 신학을 앵무새처럼 반복하기보다 새롭게 말하려고 시도한다. 그것은 한 마디로 '신보수주의' 또는 '보수적 혁명'의 신학이다.[18] 그 신학의 기본 모티프로는 '희망', '십자가', '교회 공동체'를 꼽을 수 있는데, 몰트만은 그중 '희망'에 가장 큰 강조점을 둔다. 에큐메니컬 운동에도 적극적으로 참여하여 가톨릭, 정교회, 유대교와의 대화에 큰 기여를 했고, 1960년대 말 이후로는 기독교와 수정 마르크스주의 사이의 대화에도 독보적인 기여를 했다. 해방신학자들과 비판적으로 교류함으로써 혁명신학과 정치신학에 지대한 영향을 끼쳤다. 몰트만의 신학은 한국과 아시아 신학에도 많은 영향을 주었다.

몰트만의 주요 저서는 대부분 한글로 번역되어 있다. *Theologie der Hoffnung*(1965; 『희망의 신학』, 이신건 옮김, 2017), *Der gekreuzigte Gott*(1973; 『십자가에 달리신 하나님』, 김균진 옮김, 2017), *Kirche in der Kraft des Geistes*(1975; 『성령의 능력 안에 있는 교회』, 이신건 옮김, 2017), *Trinität und Reich Gottes*(1980; 『삼위일체와 하나님의 나라』, 김균진 옮김, 2017), *Der Weg Jesu Christi*(1989; 『예수 그리스도의 길』, 김균진 옮김, 2017), *Der Geist des Lebens*(1991; 『생명의 영』, 김균진 옮김, 2017), *Das Kommen Gottes*(1995; 『오시는 하나님』, 김균진 옮김, 2017), *Sein Name ist Gerechtigkeit*(2008; 『하나님의 이름은 정의이다』, 곽혜원 옮김, 2011), *Wissenschaft und Weisheit*(2003; 『과학과 지혜』, 김균진 옮김, 2003), *Ethik der Hoffnung*(2010; 『희망의 윤리』, 곽혜원 옮김, 2017) 등이 그것이다. 또한 가장 최

---

18   H. G. Pöhlmann, *Gottes Denker. Prägende evangelische und katholische Theologen der Gegenwart. 12 Porträts*, 124.

근의 신간으로 *Auferstanden in das ewige Leben*(2020; 『나는 영생을 믿는다』, 이신건 옮김, 2020)이 있다.

2. 본론: 인류를 위한 창조론

몰트만이 1984-1985년 에든버러에서 했던 기포드 강연의 제목은 "창조와 하나님의 영"(Creation and the Spirit of God)이었다. 여기서 그는 창조론을 구원론의 서론 정도로 축소해서 이해해오던 기존의 방식을 뒤집어, 오히려 창조론을 구원론의 최종 목표로 삼는 '자연의 신학' 패러다임을 제시한다. 몰트만은 인류를 위한 창조론을 제시하고자 했는데, 그러한 그의 창조론은 이 세계 속에서 창조하고 보존하시는 하나님의 활동에 초점을 맞춘다. 그에 따르면 최근의 생태계 파괴는 인간이 이 세계에 미칠 수 있는 영향력이 얼마나 큰지를 분명히 보여준다. 따라서 이 세계와 하나님의 관계에 대한 인간의 이해는, 생명과 창조세계에 자양분을 공급하는 생태학적 창조론의 면모를 보여줘야 한다. 몰트만은 이를 위하여 시간, 영원, 공간, 인간의 고유성 그리고 진화를 철저히 탐색한다. 나아가서 창조세계와 그 세계 내 인간의 역할을 이해하기 위해 자연과학의 발전도 함께 탐색한다. 그는 하나님의 창조 활동 및 샤바트(안식일)의 역할과 관련된 성서의 가르침을 활용하며, 성령의 현재적 활동을 통해 참 하나님이 세계 안에 참여하신다는 것을 인식하는 창조신학을 구성한다. 동시에 참 하나님을 예배함으로써 인간이 창조된 지구를 존중하도록 요청한다.

　　몰트만이 기포드 강연을 기초로 1985년에 출간한 『창조 안에 계신 하나님』[19]은 이 강연뿐 아니라 그 이전에 이루어진 연구들의 결실이다. 또한

19　Jürgen Moltmann, *Gott in der Schöpfung* (München: C. Kaiser, 1985); 위르겐 몰트

이 책은 『삼위일체와 하나님의 나라』에서 윤곽을 드러내는 '사회적 삼위일체론'의 관점에서 출발한 메시아적·종말론적 조직신학 시리즈 가운데 두 번째 작품에 해당된다. 몰트만은 『창조 안에 계신 하나님』에서 마르크스주의와 환경주의부터 유대 카발라 전통, 여성신학, 자연과학의 목소리들과 전통적 기독교 신학에 이르는 광범위한 대화 상대들과 씨름한다. 이 연구의 범위는 실로 광대한 것이었지만 몰트만은 이렇게 광범위한 연구 범위 속에서도 자신만의 독창적인 신학을 보여준다.

　『창조 안에 계신 하나님』에서 몰트만은 우선 현재의 "생태 위기"(2장)를 직시한다. 독일의 히틀러 독재 시대에 신학의 주요 주제가 '자연신학과 계시신학의 대립'이었다면, 오늘날 신학의 주요 논점은 '환경의 위기'다. 따라서 그동안 '그리스도 안에 계시된 삼위일체 하나님 인식'이 교회에 신앙의 확신을 주었다면, 이제는 '성령의 도움으로 창조 안에 현재하는 하나님'을 인식함으로써 '인간이 자연과 화해하고 평화하도록' 신학적 반성이 일어나야 한다. 그 결과 몰트만의 신학 지평은 자연스레 기독론에 집중된 신학에서 '하나님의 창조 전체'로 확대된다. 그는 이를 토대로 상호 관계적인 "창조 인식"(3장)을 제시함으로써 개혁신학적 하나님 인식을 전개한다. 이는 몰트만의 신학적 구성과 그의 삼위일체 신학, 그리고 다음 장인 "창조자 하나님"(4장)을 이끌어가는 원동력이 되기도 한다. 그는 하나님의 삼위일체적 상호 침투에 대한 인식을 토대로 '삼위일체적 만유재신론'의 관점에서 하나님 자신 안에 마련된 창조를 위한 '양보 공간'인 하나님의 침춤(zimzum)을 설명한다. "하나님은 자신이 창조한 세계가 거주할 장소

만, 김균진 옮김, 『창조 안에 계신 하나님』(*Gott in der Schöpfung*, 서울: 대한기독교서회, 2017).

다.…이 세계는 하나님 안에서 공간을 발견하고 그의 영원한 생명 안에 참여하도록 허락되었기 때문에 영원하다."

몰트만은 유신론과 범신론 사이에서 중도의 길을 가는 삼위일체론적 창조론을 목표로 한다. 메시아적 왕국 속에 선포된 종말론적 약속이 신적·우주적 성령을 통하여 창조세계를 앞으로 나아가게 한다. 창조세계는 하나님 안에서 안식일 휴식의 최종적 쉐키나(shekinah), 즉 "창조의 축제"(11장)를 향해 나아간다. 몰트만에 따르면 창조의 미래는 하나님의 나라이며, 이는 곧 하나님 자신의 미래기도 한다. 따라서 몰트만에게 가장 익숙한 신학적 동기라고 할 수 있는 '삼위일체와 희망'은 "창조의 시간"(5장), "창조의 공간"(6장), "하늘과 땅"(7장), "진화"(8장), "하나님의 형상"(9장), 그리고 "신체성"(10장)에 대한 논의에 가이드를 제시한다. 그는 이러한 방식으로 개인적 인간, 공동체, 그리고 환경의 가치에 동기를 부여하면서 창조에 관한 성서의 증언을 현대 신학과 실천에 연결하고자 한다. 몰트만 사상의 이런 강력한 통합과 범위는 곧 창조론에 대한 그의 도전이 삼위일체와 하나님 나라에 대한 그의 착안과 부딪칠 수밖에 없음을 의미한다. 그의 창조론은 곧 그의 삼위일체와 하나님 나라 사상에 근거하고 있기 때문이다. 또한 몰트만 사상의 그러한 통합력은 현대 과학과 윤리적 관심사에 대해서도 대안적 답변을 제공하고자 하는데, 이는 결코 쉬운 일이 아니다. 『창조 안에 계신 하나님』은 이 주제에 관한 중요한 신학적 작업으로 남아 있다.[20]

몰트만은 『창조 안에 계신 하나님』에서 신학과 과학의 대화를 적극적

---

20   이 부분은 기포드 강연 공식 홈페이지 내용을 발췌·번역하여 소개했다. "God in Creation: A Theology of Creation and the Spirit of God," *The Gifford Lectures*, https://www.giffordlectures.org/books/god-creation-theology-creation-and-spirit-god(2021년 6월 16일 접속).

으로 시도한다. 창조론의 관점에서 과학과 대화할 수 있는 가장 적합하고도 현실적인 주제는 시간, 공간, 진화, 그리고 인간 이해다.[21] 이러한 주제들은 자연과학의 가장 기초적인 연구 주제기도 하다. 예를 들어 그는 "세계는 시간과 함께 창조되었다"(creatio cum tempore)는 아우구스티누스의 시간 이해와 논쟁한다. 아우구스티누스의 이러한 시간 이해에 따르면 '시간'의 '시작'은 창조된 '시간'이 아니라 하나님의 '영원'에 속한다.[22] 다시 말해서 "시간의 출발점은 절대적 출발점이며 따라서 시간에 속하지 않고 영원에 속한다."[23] 칼 바르트는 "창조 이전에는 시간이 없었으며 창조 이전에는 하나님의 영원만 있었다"고 규정함으로써 이 문제를 해결하려 했다.[24] 그러나 몰트만은 다른 해결책을 제시한다. 그에 따르면 아우구스티누스와 바르트 모두에게는 '영원'에서 '시간'으로 연결되는 접촉점이 불가능하다. '영원과 시간 사이에 무한한 질적 차이'가 존재하기 때문이다. 몰트만은 이 난제를 '하나님의 창조 결의'로 해결하고자 한다. 즉, 창조 전 하나님의 '영원'과 창조된 '시간' 사이에 하나님은 '창조의 결의'를 하셨다. "하나님은 창조를 위하여 시간을 내셨고, 또한 창조세계에 시간을 부여하기로" 결의하심으로써 '영원'에서 '시간'으로 넘어오는 과정이 가능해졌다. 따라서 몰트만은 "세계는 시간과 함께 창조되었다"는 아우구스티누스의 명제를 "하나님은 이 세계를 그 세계의 시간과 함께 하나님의 시간 속에서 창조하였다"는 명제로 재해석한다. 아우구스티누스의 명제는 창조된 시간과 관련될 수 없고, "오직 하나님의 창조 결의에 의해 개시된 하나님의 시간"과만

---

21   몰트만, 김균진 옮김, 『창조 안에 계신 하나님』, 5-9장 주제.
22   앞의 책, 181.
23   앞의 책.
24   앞의 책, 184.

관련될 수 있기 때문이다.

3. 결론

『창조 안에 계신 하나님』에서 몰트만이 추구한 것은 '기독교의 창조론'을 의식적으로 강조하여 제시하는 것이었다. 그에 따르면 '기독교적인 것'은 근본적인 의미에서 '메시아적인 것'이다. 그리고 메시아적인 것은 예수 그리스도의 선포와 역사 안에 각인되어 있다. 따라서 기독교적 창조론은 세계를 메시아의 빛 아래서 파악하며, 그 결과로 인간의 '해방', 자연의 '평화', 그리고 인간과 자연의 공동체를 부정하는 세력과 죽음의 세력으로부터의 해방을 지향한다.

다른 한편으로 메시아적 창조론은 피조물을 미래의 관점에서 파악한다. 피조물은 종말론적 미래를 위해 창조되었으며 그것은 미래에 완성된다. 몰트만에 따르면 '피조물의 미래'는 고대로부터 '영광의 나라'로 표현되어왔다. 따라서 '첫 창조'는 열린 창조로 인식되고 그 완성은 하나님의 영광의 '고향'이요 '거주지'로 인식된다. 영광의 나라에서는 하나님이 완전하고도 영원하게 자신의 피조물 속에 거하시며, 모든 피조물은 하나님의 충만한 영생에 참여하게 된다.

몰트만의 『창조 안에 계신 하나님』은 자연과학과 열린 대화를 시도한다는 점에서 기여한 바가 크다. 그러나 바로 이 점에서 한계도 발견된다. 메시아적 창조론의 관점을 중심으로 자연과학적 주제들을 전개하려는 시도로 인하여 아인슈타인의 상대성이론, 스티븐 호킹, 그리고 양자물리학자들의 시간 이해가 충분히 고려되지 못했다. 이러한 한계는 몰트만의 후기 작인 『과학과 지혜』에서 보충되었다.

더 읽어보기

위르겐 몰트만, 김균진 옮김, 『삼위일체와 하나님의 나라』(대한기독교서회, 2017).

위르겐 몰트만, 김균진 옮김. 『과학과 지혜』(대한기독교서회, 2003).

생각해보기

① 몰트만의 메시아적 창조론이 '영광의 나라'를 목표로 삼은 이유는 무엇인가?

② 몰트만이 창조의 '시간'과 관련하여 아우구스티누스 및 칼 바르트의 사상과 논쟁하여 내린 결론은 무엇인가?

③ 몰트만이 창조와 관련하여 자연과학과 대화함으로써 공헌한 점과 그 한계점은 무엇인가?

II. 피터 해리슨의 『과학과 종교의 영역들』

1. 서론[25]

피터 해리슨(Peter Harrison, 1955-)은 호주 태생으로, 호주 정부가 세계적 석학을 지원하기 위해 선발하는 호주 계관 연구 위원(Australian Laureate Fellow)으로 지명된 바 있으며 퀸즐랜드 대학교 소속의 "인류학 연구 소"(Institute for Advanced Studies in the Humanities) 소장이다. 현대 초기의 지성적 역사가로서 특히 과학, 철학, 종교 사이의 관계에 관심을 두고 있다.

해리슨은 옥스퍼드 대학교와 예일 대학교에서 석사 학위를 받은 후, 옥스퍼드 대학교에서 문학 박사 학위를, 퀸즐랜드 대학교에서 철학 박사 학위를 받았다. 호주 골드코스트에 있는 본드 대학교 교수로 역사학과 철학을 가르쳤고, 예일 대학교와 프린스턴 대학교에서 객원교수로 가르치기도 했다. 2003년에 호주 정부가 공공복지에 대한 그의 기여를 인정하여 수여한 100주년 훈장(Centenary Medal)을 받기도 했던 해리슨은 2007-2011년 동안 옥스퍼드 대학교에서 과학과 종교 석좌 교수였고 이때 해리스 맨체스터 칼리지 연구 위원과 "이안 램지 센터"(Ian Ramsey Centre) 소장을 겸임했다. 2011년에 에든버러 대학교에서 기포드 강연을 했으며 그 내용이 2015년 『과학과 종교의 영역들』[26]이라는 제목으로 출판되었는데 이 책은

---

25 이 부분은 기포드 강연 공식 홈페이지 내용을 발췌·번역하여 소개했다. "Peter Harrison," *The Gifford Lectures*, https://www.giffordlectures.org/lecturers/peter-harrison(2021년 6월 16일 접속).

26 Peter Harrison, *The Territories of Science and Religion* (London: The University of Chicago Press, 2015).

엘더스게이트 상(Aldersgate Prize)을 수상했다.

2014년 호주 연구 위원회는 앞에서 언급한 대로 해리슨을 호주 계관 연구 위원 중 한 명으로 지명하여 263만 달러의 상금을 주고, "서구에서 과학과 기술의 성장을 검토하여 이러한 성장이 어떻게 종교의 영향 속에서 쇠락했는지를 검증하게" 했다. 2019년에 옥스퍼드 대학교에서 뱀프턴 강연(Bampton Lecture)을 하기도 한 해리슨은 국제 과학사 학술원의 교신 회원이며 국제 과학과 종교 학회의 창설 회원이다.

해리슨의 주요 저서로는 *History without God? Historical Perspectives on Scientific Naturalism*(2019), *Narratives of Secularization*(2017), *Wrestling with Nature: From Omens to Science*(2011), *The Cambridge Companion to Science and Religion*(2010), *The Fall of Man and Foundations of Science*(2007), *The Bible, Protestantism, and the Rise of Natural Science*(1998), *'Religion' and the Religions in the English Enlightenment*(1990) 등이 있으며, 이 외에도 100편 이상의 논문이 있다.

2. 본론: 종교와 과학 간 관계의 역사

피터 해리슨의 기포드 강연을 기초로 한 저서 『과학과 종교의 영역들』의 내용을 소개하기에 앞서, 해리슨의 연구 배경사를 간략히 살펴보자. 해리슨의 기포드 강연보다 20년 앞선 1991년에 존 헤들리 브룩은 *Science and Religion: Some Historical Perspectives*를 출판한다. 이 책은 지난 반세기에 걸쳐 과학과 종교의 역사를 다룬 책 중 가장 중요한 저술로 평가받고 있는데, 종교와 과학의 관계에 관한 담론을 '갈등의 신화'(conflict myth)에서 '복합성 이론'(complexity thesis)으로 전환해야 한다는 주장을 담았기 때문이다. 그 이후로 많은 학자가 앞다투어 브룩의 주장에 응답하기 시작했으며, 그런 학자들은 주로 종교와 과학 사이의 복잡한 관계 유형들을 분류하는 데 집중한다는 특징이 있다.

브룩 이전의 과학과 종교 간 관계 규정은 '전쟁터 이론'(warfare thesis)이라는 말로 대변된다. 전쟁터 이론을 내세워 과학과 종교 사이의 '갈등 이론'(conflict thesis)을 주장했던 가장 영향력 있는 인물로는 과학자 존 윌리엄 드레이퍼와 작가 앤드루 딕슨 화이트를 들 수 있다. 드레이퍼는 이 문제를 역사-문헌학적으로 접근한 그의 저서 *The History of the Conflict between Religion and Science*(1874)에서 "과학과 종교 사이에는 지적 갈등이 본질적으로 내재해 있어서 적대적인 관계에 이를 수밖에 없다"는 주장을 서슴지 않았다. 한편 화이트의 저서 *A History of the Warfare of Science with Theology in Christendom*(1896)은 제목부터 살벌한 분위기를 물씬 풍기는데, 여기서 저자가 채택한 증거 사료들이 지나치게 선택적이어서 대부분의 학자가 거부 반응을 보일 정도였다고 한다.

종교와 과학 사이의 이러한 '전쟁 분위기'에 브룩보다 먼저 대응하여 해답을 찾고자 했던 학자가 바로 이안 바버다. 이안 바버는 1889-1991년의 기포드 강연 "과학 시대의 종교"에서 "과학과 종교를 다루는 매우 다양한 방법을 분류하는 데 도움이 될만한 네 가지 이론 유형"으로서 그 유명한 갈등, 독립, 대화, 통합 이론을 제시했다. 이안 바버가 이 강연을 마치던 해인 1991년에 브룩이 *Science and Religion: Some Historical Perspectives*를 출판했다. 다시 말해 바버와 브룩은 둘 다 종교와 과학 관계의 역사와 본질을 '전쟁'으로 규정해온 배경에서, 둘 사이에 나름의 새로운 관계 규정을 시도했다고 볼 수 있다.

브룩은 앞서 언급한 전쟁터 이론의 명제에 반대하여 문헌사적 반대 증거들을 제시하면서, 해박한 전문 지식을 바탕으로 과학과 종교의 역사를 총체적으로 정리해준다. 부분적으로는 이안 바버가 제시한 갈등, 독립, 대화, 통합의 네 가지 관계 유형론을 답습하면서, 다른 한편으로는 '복합성 이론'을 더욱 심화·발전시킨다. 브룩은 단순히 '종교'와 '과학'이 상호 연관되어 있는 다양한 방식을 기술하는 것을 넘어, "과학과 종교의 경계선들은 시대에 따라 바뀌어 왔다"고 지적했다. 그렇기 때문에 "과학과 종교의 기원에 대한 현대적 정의가 마치 초시간적 정당성을 가지고 있거나 둘 사이의 관계가 절대적인 것처럼 생각하는 것은 부적절한 일"이라고 주장한다.[27] 따라서 브룩은 과학과 종교 사이에 놓여 있는 이런 허점투성이의 경계들을 어떻게 조율할 것인가 하는 문제에 책의 대부분을 할애한다. 그는 종교와 과학의 관계를 단순히 갈등과 전쟁의 관계로만 보지 않고, 과거 종교와 과학의 관계가 보다 '복잡한 패턴'을 지니고 있음을 직시하도록 학자들에게 영감을 주었다.[28]

브룩의 '복합성 이론'이 제시된 지 20년 후인 2011년, 해리슨은 "과학, 종교, 현대성"(Science, Religion and Modernity)을 제목으로 기포드 강연 강단에 섰다. "과학과 종교의 영역들"은 원래 이 강연의 첫 번째 주제였는데, 후에 책도 이 제목으로 출판하게 된 것이다. 책의 서문에서 밝히고 있듯이[29] 해리슨은 과학과 종교가 두 개의 구별된 영역으로 취급되는 오늘날

---

27 앨리스터 맥그래스, 박규태 옮김, 『정교하게 조율된 우주』(*A Fine-Tuned Universe: The Quest for God in Science and Theology*, 서울: IVP, 2014), 36을 참고하라. 맥그래스는 과학과 종교의 관계를 원래부터 역사적 시대와는 무관하게 본질적으로 존재했던 것으로 보는 본질주의적 입장에 반대한다. 그에 따르면 오히려 종교와 과학의 관계는 "그들의 역사적 위치에 의해 빚어지기 때문에…역사적 맥락에 훨씬 더 큰 영향을 받는다."

28 https://www.academia.edu/12184077/Book_Review_Essay_Peter_Harrison_The_Territories_of_Science_and_Religion.

29 Peter Harrison, *The Territories of Science and Religion* (Chicago and London: The University of Chicago Press, 1955), ix.

의 현실에 이의를 제기하면서, 과학과 종교가 '두 개의 중첩된 영역'임을 밝힌다. 다시 말해서 과학은 '물리적 우주의 본성과 그 활동'에 관심하는 영역으로, 그리고 종교는 '인간 존재의 목적과 인간의 도덕적 가치의 근원'에 관심하는 영역으로 이분화시키는 오늘날의 이해는 본래적인 것이 아니라는 것이다. 근원으로 거슬러 올라가보면 이러한 현대적 이해와는 상황이 전혀 달랐다. 고대의 근원으로 거슬러 올라가보면 "인간의 궁극적 의미 및 가치와 관련된 물음들이 우주의 특성에 대한 이해로부터 분리되어 있지 않았다." 저자가 밝히고 있듯이 이 책은 "서구의 과학과 종교의 역사와 관련"되어 있는 것이 사실이지만, 더 정확히 말하자면 "우리가 어떻게 이 세계를 '과학'과 '종교'라는 이분화된 범주로 이해하게 되었는가"에 관심을 집중한다. 즉, "우리가 어떻게 물질적인 사실의 영역을 도덕적-종교적 가치의 영역으로부터 분리하게 되었는가?"라는 질문을 던지고 그에 대한 답을 제시하고 있다는 것이다.

따라서 저자는 이 책에서 '과학과 종교의 관계들에 관한 역사를' 직접적으로 서술하는 것을 목표로 삼지 않는다. 저자에 따르면 '과학'과 '종교'라는 두 영역은 서구 역사에서 지난 300여 년에 걸쳐 등장한 개념이며, 인류 역사에 비하면 비교적 짧은 역사를 지닌 개념들이기 때문이다. 이 책의 본래적 의도는 "우리가 '과학'과 '종교'라는 두 개념을 가지고 전형적으로 생각해 왔던 과거의 행태들을 검증해보는" 것에 있다. 해리슨은 그러한 검증을 위해 가장 유용한 방법을 제시하는데, 그것은 "*scientia*와 *religio*라는 라틴어 개념이 겪어온 숙명을 진지하게 검토해보는 것"이다.[30] 해리슨에 따르면 이 두 개의 라틴어 개념 모두가 "우선적으로 교리 또는 관습이라는

---

30   Ibid, x.

의미로 이해되기 전에 개인의 내적 본질을 의미하는 것으로 출발"하였다. 즉, "두 개념 모두 개인의 내적 본질 또는 덕목의 의미로 사용되다가, 후에 '교리'와 '관습'으로 이해되기 시작했다." 이러한 과정을 가리켜 해리슨은 '객관화' 또는 '대상화'라고 부르고 있으며, 그러한 객관화와 대상화의 과정이 바로 과학과 종교의 관계를 이해하기 위한 '전제 조건'이라고 규정한다. 더 나아가 해리슨은 "계통적으로 볼 때 과학과 종교라는 현대의 관념과 연관되어 있는 다른 개념들도 추적" 하는데, 예를 들어 "'철학', '자연철학', '신학', '신앙', 교리' 등의 개념들 모두가 오늘날의 우리에게는 전혀 익숙하지 않은 과거의 역사"를 가지고 있음을 밝혀낸다.

다음으로 해리슨은 이 책에서 "고대 그리스와 초기 기독교로부터 시작해서 19세기까지 이어지는…방대한 스케일의 역사적 범주"를 다루는데, 이는 "약간은 야심 넘치는" 작업이지만 꼭 "필요한" 작업임을 밝힌다. 그는 "고대 그리스에서 탄생하여 중세 기독교에서 사양길로 접어들었다가 과학 혁명으로 되살아나서 결국 19세기 과학의 전문화로 최종적 승리"를 거둔 "과학의 궤도에 관한 일반 담화의 문제를 탐구하려" 하기 때문이다. 이는 마치 "역사적 종교, 현대 기독교가 여전히 자신의 가장 초기의 형태를 기준으로 삼고 있다는 것"과 마찬가지다.

따라서 해리슨이 밝히고 있듯이 이 책은 "서구에서 자연 세계에 대한 연구가 광범위한 철학적-종교적 관심과 관련 맺는 다양한 방식에 관한 포괄적 역사를 제공"하는 것을 목표로 삼지 않는다. 바로 이 점에서 해리슨은 앞서 언급한 브룩과 차별성을 둔다고 할 수 있다. 오히려 해리슨은 "'과학'과 '종교'가 겪어온 변화들"이 일어나게 된 "특별한 역사적 계기들을 '파들어가는' 비교적 어려운 시도"를 하고자 한다.

이처럼 『과학과 종교의 영역들』은 주제에 있어 브룩의 책과 유사한

면이 있지만, 과학과 종교 간 만남의 성격 그 자체를 역사적으로 재구성하면서 질문한다는 점에서 브룩을 강력하게 보완한다. 책의 핵심 내용을 정리하자면 다음과 같다.[31]

(1) 종교와 과학의 관계에 의해 지형을 이루고 있는 개념의 영역은 '역사'를 가지고 있다. 따라서 종교와 과학의 관계를 초역사적·초문화적 개념으로 기술하는 것은 문제가 있다. 그러한 개념이 등장한 배경에 있는 역사적 실재들을 간과한 기술이기 때문이다. 따라서 해리슨은 이러한 개념들의 '역사적 출현'에 깊이 주목한다.

(2) 과학과 종교의 등장에는 부분적으로 반전이 있다. 해리슨의 개념으로 표현하자면 '안으로부터 밖으로의 반전'(the turning inside out)이 일어났다. 이는 '내면세계로부터 외면 세계로의 전환'이라고도 표현할 수 있다. 종교(religio), 과학(scientia), 믿음(fides/pistis)과 같은 초기의 개념들은 물론, 심지어 유용성, 자비(caritas), 진보 등과 같은 후대의 개념에서도 내면 세계로부터 외면 세계로 전환되는 반전 현상이 과학과 종교의 역사 과정에서 발생했다. 해리슨은 여기서 멈추지 않고 어떻게 그러한 개념들이 '개인과 공동체의 덕목을 서술하는 개념'으로부터 일련의 객관적 데이터가 되었고, 신앙 체계 또는 '세계관'이 되었는지를 구체적으로 보여주고자 한다.

(3) 역사적 기록에 따르면 현대 과학과 현대 종교는 대략 나란히, 상호 관계 속에서 출현했다. 오늘날 우리가 인식하는 것을 생산하기 위해 과학과 종교는 서로를 만들어가면서 비슷한 환경에 의해 형성되었다. 그리고

---

31   https://www.academia.edu/12184077/Book_Review_Essay_Peter_Harrison_The_
      Territories_of_Science_and_Religion.

이는 몇 가지 결과를 가져오는데, 첫째로 과학의 영역, 전제, 방법, 신뢰성, 목표를 규정함에 있어 신학과 '종교'가 큰 역할을 감당하게 된다. 그러나 이러한 신학의 역할은 해리슨의 표현대로 "심각한 역사적 기억상실" 속으로 사라지고 말았다. 둘째로 과학과 종교의 관계를 이해하기 위해 우리는 있는 그대로의 광범위한 담론을 이야기할 필요가 있다. 해리슨이 말하는 담론이란 '근대성과 세속주의의 출현' 및 '본질'을 자세히 설명하는 다양한 내러티브들이다.

해리슨의 핵심적 통찰의 본질을 축약하여 보여주는 명제는 다음과 같다. "현재의 과학-종교 관계는…역사적 조건들에 의해 결정되었다. 그러한 역사적 조건하에 종교와 과학 전공 분야의 경계선들이 기원했고 시대가 지나면서 발전되었다.…따라서 이 책의 과제 중 하나는 현대 서구 문화의 국면인 '과학'과 '종교'로 구분하는 독특한 방식들이 과연 도움이 되는지를 묻는 것이다." 이것을 부분적으로 보여주기 위해 해리슨은 *religio*와 *scientia* 개념이 16세기와 17세기에 어떻게 "내면적인 것으로부터 외면적인 것으로 실제로 전환되었는지를" 살펴보기 위해 그 개념들의 역사를 추적한다. 그 결과 두 개념 모두 본래 내면적 가치와 유사한 것이었는데, 결국 '신조들' 또는 '실험'과 같은 객관적인 것으로 외면화하기 시작했음을 발견한다.[32]

3. 결론

해리슨은 '삶과 앎의 분리'와 '분과 학문 영역들 사이의 장벽'을 해소하고

---

32   https://www.academia.edu/12184077/Book_Review_Essay_Peter_Harrison_The_
      Territories_of_Science_and_Religion.

자 했던 피에르 아도의 영향 속에서, '삶의 학문'으로서의 자연과학의 본래적 위치를 밝히고자 하였다. 그에 따르면 고대 그리스 초기에 '자연과학'은 곧 '자연철학'이었으며, 이때 자연철학은 '행복한 삶을 추구하는 학문'이었다. 이는 마이클 폴라니가 실증주의에 반대하여 요청한 '인격적 지식'(personal knowledge)과도 공명한다고 볼 수 있다. 이런 구도 속에서 신학은 이제 본격적으로 자연과학과 생명과 삶의 대화를 나누기 위하여, 존 폴킹혼이 강조하듯 겸허한 자세로 자연과학적 인식의 소리에 귀를 기울이고 배울 수 있어야 한다. 신학이 스스로를 게토화하여 그 영역을 교회와 개인적 신앙의 영역으로 후퇴시킨다면, 판넨베르크가 경고한 바와 같이 자연과학적 세계관에 대한 방어에 실패할 뿐 아니라 신학의 고유한 영역마저도 잃게 될지 모른다.

그러나 엄밀히 말해 신학이 과학의 모든 영역과 주제를 다 통합할 수는 없을 것이다. 오히려 과학을 인류 미래의 희망과 가능성 모색을 위한 동역자이자 파트너로 받아들여야 할 것이다.[33] 신학은 이를 위하여 폴킹혼의 주장처럼 과학의 연구 결과로부터 겸허하게 배울 뿐 아니라, 더 적극적으로 현대 물리학의 새로운 발견을 통하여 새롭게 형성된 세계관에 대해서도 설득력 있는 신학을 제시할 수 있어야 한다. 그러한 신학적 제안의 하나로 해리슨이 제시한 "신학과 과학의 영역들"에 대한 중첩 이론이 도움이 될 것으로 본다.

---

33   맥그래스, 박규태 옮김, 『정교하게 조율된 우주』, 79. 맥그래스는 "기독교 전통 안에서의 자연신학 접근법"을 제시하는데, 그에 따르면 진정한 기독교 자연신학은 소위 "틈새의 하나님"을 찾는 데 관심을 기울이지 않으며, 과학의 진리는 종교의 진리든 인간의 진리 탐구를 구성하는 한 부분으로 인정하여 과학적 방법 자체를 기꺼이 받아들인다.

더 읽어보기

Peter Harrison. *'Religion' and the Religions in the English Enlightenment*
(Cambridge University Press, 1990).

Peter Harrison. *The Bible, Protestantism, and the Rise of Natural Science*
(Cambridge University Press, 1998).

Peter Harrison. *The Fall of Man and the Foundations of Science* (Cambridge
University Press, 2007).

생각해보기

① 과학과 종교의 영역들에 대한 해리슨의 규정과 브룩의 '복합성 이론'
의 공통점과 차이점은 무엇인가?

② 과학과 종교의 영역이 중첩되는 부분과 구분되는 경계선은 어떻게 규
정할 수 있는가?

③ 해리슨의 '안으로부터 밖으로의 반전'에 대해 논의해보자.

새라 코클리, 캐트린 태너

최유진

I. 새라 코클리의 "되찾은 희생"[34]

1. 서론

새라 코클리(Sarah Coakley, 1951-)는 영국의 신학자이며 성공회 사제다. 케임브리지 대학교(B.A.) 졸업 후 하버드 대학교(Th.M.)에서 수학하고, 다시 케임브리지 대학교(Ph.D.)에서 에른스트 트뢸치에 관한 논문으로 박사학위를 받는다.[35] 랭커스터 대학교(1987-1991)와 옥스퍼드 대학교(1991-1993)에서 가르치다가 1995년 하버드 대학교 신학대학원 교수로 임용된

---

34   "Sacrifice Regained: Evolution, Cooperation and God," *The Gifford Lectures,* https://www.giffordlectures.org/lectures/sacrifice-regained-evolution-cooperation-andgod(2021년 6월 16일 접속).

35   그의 박사 논문은 다음과 같은 제목으로 출판되었다. Sarah Coakley, *Christ Without Absolutes: A Study of the Christology of Ernst Troeltsch* (Oxford, UK: Clarendon Press, 1988).

다, 2007년 케임브리지 대학교의 신학 분과 주요 석좌 교수로 재직하다가 2018년 은퇴했다. 2019년 5월에는 서울 새문안교회에서 열린 제12회 언더우드 국제 심포지엄에서 "기도, 욕망, 성: 오늘을 위한 삼위일체론의 재해석"이라는 제목으로 이틀에 걸쳐 강의하기도 했다. 2019-2020년에는 워싱턴 DC에 위치한 승천과 성아그네스교회(the Church of the Ascension and St. Agnes)에서 사제 겸 상주 신학자로서 교구민을 위한 설교와 강의를 하는 사목으로 활동했다. 2018-2020년 동안 세인트앤드루스 대학교 명예 교수로도 재직했으며 대표적인 저술로는 *Powers and Submissions: Spirituality, Philosophy and Gender*(2002), *Sacrifice Regained: Reconsidering the Rationality of Religious Belief*(2012), *God, Sexuality, and the Self: An Essay 'On the Trinity'*(2013), *The New Asceticism: Sexuality, Gender and the Quest for God*(2015)이 있다.

2. 본론

코클리는 "되찾은 희생"(Sacrifice Regained: Evolution, Cooperation and God)이라는 제목으로 2012년 애버딘 대학교에서 강연했다. 이 기포드 강연에서 코클리는 '진화론'과 '하나님의 목적과 섭리'라는 이분법에서 벗어나, 둘이 상생하는 길을 모색하고자 한다. 강연은 총 6회에 걸쳐 다음과 같이 진행되었다.[36]

---

36 강연에 관해서는 각주 34의 비디오 자료를 요약·설명하였으며, 최유진, "희생이라는 가치는 여전히 유효한가?: 빅히스토리 관점에서 조망한 새라 코클리의 기포드 강좌 연구", 「조직신학논총」 61(2020년 12월): 233-39을 수정·보완했다.

1) 1강 진화의 이야기들 희생의 이야기들

코클리에 따르면 하나님이 창조하신 세계는 르네 지라르가 제안한 것과 같은 폭력에 의해 이루어지고 유지되는 비관적인 세계가 아니다. 지라르에게 욕망이란 다른 사람의 욕망을 모방하는 욕망이고(모방적 욕망), 인간은 다른 사람의 욕망을 추구하기 위해 서로 경쟁하게 되며, 이 경쟁은 폭력의 악순환을 부르는데(모방적 짝패), 이러한 악순환은 피해자가 선택됨으로 끝난다(단독 피해자 메커니즘). 이와 같이 모방을 욕망하는 것이 일상화되면서 종교와 문화가 발생하는데, 이 문화 자체는 희생양 메커니즘에 의해 형성되고 안정화된다는 것이다. 이는 인간의 본성뿐 아니라 사회의 가능성과 안정성의 기초에 폭력이 자리함을 의미하기 때문에 코클리는 창조와 섭리를 위한 대안적 이야기가 필요하다고 봤다. 그는 그것이 바로 협력 진화에 관한 이야기라고 말한다.

2) 2강 협력, 일명 이타심: 게임 이론과 진화에 대한 재고

코클리는 이런 협력 진화의 가능성을 수학생물학자 마틴 노박의 연구 결과 속에서 타진한다. 노박은 '죄수의 딜레마'라는 수학 프로그램을 사용하여 협력의 진화를 위한 다섯 가지 모델(혈연 선택, 직접 상호성, 간접 상호성, 공간 선택, 집단 선택)을 정리해내며, 협력과 배신의 두 가지 전략을 사용하여 협력의 패턴을 연구한다. 배신자들은 잘 혼합된 집단에서 초기에는 승리하지만, 집단 내 배신이 너무 많아지면 장기적으로는 불리하다. 그는 안정적 협력 단계에서만 진화의 새로운 돌파가 가능하다는 것을 강조하며, 협력을 돌연변이 및 선택과 함께 진화의 제3원리로 제안하고 있다. 코클리는 이러한 협력 진화는 개체 유전자 수준에서가 아니라 전체 진화 수준에서 해명할 수 있다고 주장하면서 유전자 환원주의의 한계점을 지적한다.

그는 죄수의 딜레마와 같은 수학적 게임 이론이 확률적으로 계산된 비인간적/인간적 행동 패턴 사이의 희생적 연속체를 어느 정도 조명할 수 있지만, 인간 행동의 진정한 의도를 설명하기에는 불충분하다고 봤다. 코클리는 전인간(pre-human) 수준의 협력과 의도적이고 공감적인 차원의 협력은 구분되며, 협력의 전체적 스펙트럼을 탐구하기 위해서는 윤리학과 철학의 도움을 받아야 한다고 주장한다. 그러면서 진 포터의 자연적 목적론, 존 헤어의 의무론적 신적 명령의 방법, 티모시 잭슨의 아가페 윤리라는 세 가지 철학적 방법을 제시한다.

3) 3강 윤리, 협력, 인간의 동기: 진화윤리학의 기획 평가하기

코클리는 협력의 진화를 젠더 주제와 연결한다. 빅토리아 시대의 젠더관이 반영된 다윈의 성 선택을 비판하며(수컷은 진취적 면모, 암컷은 수줍어하는 면모로 기술), 성 선택을 수컷의 짝짓기 성공 관점에서 보는 것이 아니라, 다음 세대의 생존 및 번영을 가능하게 하는 모든 요소를 고려하는 관점에서 보고 수행한 연구들을 소개한다. 집단을 위한 미어캣의 협력 행위의 예를 들며 이런 행동이 미어캣의 번성에 기여한다고 보았다. 이런 맥락에서 코클리는 팍스 로마나에 저항한 수도원적 영성인 금욕주의가 우리 시대의 번성을 위해 필요하다고 제안하면서 이타주의와 금욕주의의 관계를 문화적 진화의 측면에서 해석한다. 그러면서 바르게 이해된 희생은 생산적이고 변혁적일 수 있으며, 협력하는 사회가 인간 진화의 관점에서 번성하는 사회라고 결론짓는다.

4) 4강 윤리, 협력, 젠더 전쟁: 새로운 금욕주의에 대한 전망

코클리는 전인간 수준의 협력에서 한 차원 도약한 인간의 이타심, 그리고 거기서 한 발 더 나아간 고귀한 희생 행동은, 초월적인 기독교적 힘에 의해서와 육체적 죽음 너머의 희망에 대한 믿음에 의해서만 동기를 부여받고 유지되는 초정상적인 윤리적 표현이라고 말한다. 그는 이런 초정상적 이타심을 설명하기 위해 목적론적 설명이 필요한데, 페일리의 주장처럼 외재적이고 개입주의적인 목적 및 신에 대한 설명 방식이 아니라, 토마스 아퀴나스의 주장처럼 자연 내재적인 목적 및 신에 대한 설명 방식이 유효하다고 봤다. 또한 근대 신학의 유령을 추방하며 무엇에 대한 목적을 묻는 것은 과학적으로 피할 수 없다는 포터의 주장에 주목한다. 전체 진화의 단계에서(개별적으로 복제하는 분자에서 염색체로, 원핵 생물에서 진핵 생물로, 무성 생식에서 성 생식으로, 단세포에서 다세포 유기체로, 개인에서 사회 집단으로) 단계 전환의 각 순간은, 전환되기 위하여 진화적으로 안정적인 협력의 단계를 요구하는 것으로 볼 수 있다. 여기서 우리는 진화의 과정이 무작위적인 무의미함이 아님을 알 수 있다.

5) 5강 재검토된 목적론: 신 존재에 대한 새로운 윤리-목적론적 주장

5강에서 코클리는 신 존재에 대한 새로운 윤리목적론적 해명을 시도한다. 그는 우선 전인간 수준의 진화 과정에서 목적론이 어떻게 작용하고 있는지를 기술하는데, 이때 '목적론'(teleology)이 아닌 '목적론적 법칙성'(teleonomy)이라는 말을 사용한다. 유전자 상호작용 수준에서만 생명체의 작용을 설명하자면 그 작용에 대한 인과적 설명을 할 때 그 생물종을 언급할 필요가 없다. 그러나 자연은 사실과 가치가 강하게 결합되어 있기 때문에 자연 안에 내재한 번성이라는 관점의 목적을 삭제할 수는 없다. 예를 들어, 저어새가 가진 부리의 특정한 모습에는 저어새라는 생물종을 번성하게 한다는 목적이 있다. 즉, 생명체들은 종의 번성이라는 목적을 부여

받았다는 수준에서 목적론을 해명하는 것이다. 이렇듯 종의 유익에 기여하는 목표 지향적인 설명은 전인간 수준의 진화에 대해서도 가능하다.

그렇다면 고도의 의도성을 가진 인간의 진화 역사에서 목적론은 어떻게 작용하고 있으며, 이것은 새로운 의미의 신 존재 증명과 어떤 관계가 있는가? 코클리는 칸트의 비판철학이 설정했던 인식론적 한계 안에서 해결할 수 없었던 목적론에 관한 딜레마를 수정된 아리스토텔레스적 토마스주의에 의거하여 해결하고자 한다. 그에 의하면 칸트는, 이성의 한계 밖에 존재하는 신이 세계 안에 하나의 현실체로 존재하지 않는 분이기 때문에 부득이 도덕 법칙의 종말론적 보증을 제공하는 것 대신 '실천 이성'이 요청되어야 한다고 보았으나, 신학에 대한 예비적 수단으로 '물리 목적론적 신학'(physico-teleological theology)을 인정한 것 같다고 말한다. "물리 목적론적 신학은 물리적 목적에 대한 연구를 통해 자연이 보여줄 수 없는 최종 목적에 대한 개념을 일깨운다"는 칸트의 언급 때문이다. 코클리는 앞서 언급한 새로운 수학적 렌즈를 통해 본 진화의 세계에는 협력적 목적론이 가득하지만, 칸트의 견해에 따르면 이는 결국 신을 위해 내려지고 동기가 부여된 이타심을 포함한 합리적·도덕적 결정에 기껏해야 예비적 역할만을 할 수 있다고 주장한다. 이에 반해 자연법에 대한 토마스의 설명은 칸트의 도덕 이론과 달리, 생물학 세계의 고유한 규범성에서, 미덕 분야의 더 분절되고 동일하게 고유한 규범성으로 아주 매끄럽게 이동할 수 있다는 것이다. 칸트는 단순한 예비 지식으로서의 목적론적 규칙성에 대한 호소를 도덕적 결정에 결합하고, 궁극적으로 목적론을 세계 그 자체 안에 자리매김하는 것으로부터 후퇴시킨다. 한편 토마스는 진화적 협력 및 이타심의 발견물과 완벽하게 조화를 이루는 것 같은 자연법을 제공하지만, 단순히 진화적 세계 자체의 질서에 대한 관찰에만 기대어 있지 않는 신 존재에 대한 효과적인 목적론 논증을 제공할 수는 없다는 한계가 있다.

6) 6강 자연신학 다시 생각하기: 의미, 희생, 하나님

마지막 강의에서 코클리는 칸트와 토마스 사이 어딘가에 자신의 자연신학을 위치시키고자 하면서, 자신이 지향하는 새로운 자연신학의 여섯 가지 특징을 기술한다. 첫 번째 특징은 평면토대주의(flat-plane foundationalism)에 대한 거부다. 그는 과학자, 철학자, 신학자들이 서 있을 수 있는 비맥락화된 보편적 '평면'은 없다고 간주하면서 서로 대화하기 위해서는 각자의 근본적인 형이상학적 전제를 물어야 한다고 주장한다. 두 번째는 반실재론(non-realism)과 사실/가치 분리에 대한 저항이다. 그는 독특한 인간의 지향성에 관한 칸트 윤리학의 통찰을 신아리스토텔레스적 이해와 창조적으로 결합하는 것이, 진화에 대한 우리의 사고 안에 사실과 가치가 밀접하게 얽힌 통찰을 제공한다고 제안한다. 세 번째는 '무로부터의 창조' 되찾기다. 코클리에 의하면, 무로부터의 창조 교리는 외재적이고 징벌적이며 가부장적인 하나님에 대한 정보를 주는 교리가 아니다. 토마스에게 이 교리는 순수현실태(*actus purus*)이신 하나님이 어떤 식으로든 자신이 창조한 영역과 결합하여 연결될 수 있음을 암시하는 것이다. 이 교리는 창조 영역 내에서 우상적이고 외재적인 자기 원인(*causa sui*)을 주장하는 것을 피할 방법에 대한 교리다. 칸트에게 신에 대한 주장은 (신적 존재론적 차이보다는) 인식론의 경계를 의미하지만 토마스에게 철학이 실패하는 순간은 우리가 인식론적 오류의 고통을 겪을 수 없는 경계를 그리는 것이 아니라, '눈부신 어둠'에의 신비한 신적 참여에 대한 초대다. 네 번째 특징은 잘못된 이신론과 유신론에 대한 거부다. 새롭게 창조된 자연신학은 계시와 교리를 반대하지 않지만, 합리적·철학적·과학적 토론에 앞서 교리적 포장을 독단적으로 부과하지 않는다. 기도는 불확실성, 고뇌, 광기를 포함하는 요동치는 특성들이 펼쳐진 길에 열려있다. 다섯 번째 특징은 '자연신학' 논쟁에 대한 응답에서 의지와 이성의 일치다. 코클리의 자연신학은 지속적인 탈은폐와 신비의 영역으로 초대한다. 여섯 번째는 세상에서 하나님을 '볼' 수 있는 영적 감각과 금욕적 능력이다. 코클리는 흄과 칸트의 인식론을 넘어서서 그레고리의 신 인식론에 따라 하나님을 보는 것이 금욕적 훈련을 통한 '관상적 봄'이라고 제안한다. 코클리는 인간의 분석적 인식이 아니라 지속적 수행을 통한 인간 자신의 변혁을 주장하는 것이다.

3. 결론

코클리는 하나님이 창조하신 세계를 움직이는 동력이, 르네 지라르가 설명한 모방적 욕망에서 촉발된 폭력이 아니라 사랑, 양보, 협력, 희생일 수 있음을 제안한다. 이를 위해 수학생물학자들과의 학제 간 대화의 결과물로, 협력은 돌연변이 및 선택과 더불어 진화의 원리가 될 수 있다고 주장한다. 협력은 종을 번성하게 한다는 목적에 이바지한다. 그것은 또한 도덕적 의도성을 가진 인간 수준의 이타심과는 구분되며, 특히 성인(聖人)과 같은 이타심/희생의 초정상적 예는 철학적·윤리학적 연구를 요청한다고 봤다. 이런 협력의 관점에서 본 진화는 외적으로 개입된 근대적 의미의 목적이 아니라 생물 자체, 자연 자체의 안녕과 번성을 위한 목적을 탐구할 수 있는 여지를 열어준다고 덧붙인다. 이를 통해 코클리는 근대의 신아리스토텔레스적 토마스주의와 칸트의 의무론적 철학을 결합함으로써 새로운 자연신학을 제시한다.

　　코클리의 시도는 이 세계가 전인간 수준의 협력 현상에서 차츰 의도를 가진 이타심, 초정상적인 희생으로 진화해가는 것을 보여주는 듯하다.

그렇다면 전인간 수준이 보다 낮은 단계로, 인간 수준이 보다 높은 단계로 가치 평가 되는 것인지, 각 단계는 그 자체로 가치 있는 것으로 간주하는지에 대한 명확한 설명이 필요하다.[37] 코클리가 전자를 주장하는 것이라면 인간 중심적인 진화 이해라고 비판받을 수 있고, 후자라면 십자가에서 행한 그리스도의 초정상적 희생 행동의 궁극성이 훼손될 가능성이 있다.

더 읽어보기

Sarah Coakley, *Powers and Submissions: Spirituality, Philosophy and Gender* (Blackwell Publishes, 2002).

Sarah Coakley, "Why Gift?: Gift, Gender and Trinitarian Relations in Milbank and Tanner," *Scottish Journal of Theology* 61, no. 2 (2008): 224-235.

Sarah Coakley, *Sacrifice Regained: Reconsidering the Rationality of Religious Belief: Inaugural Lecture as Norris-Hulse Professor of Divinity* (Cambridge University Press, 2012).

Eds. Sarah Coakley and Martin A. Nowak, *Evolution, Games and God: The Principle of Cooperation* (Harvard University Press, 2013).

고형상, 『욕망, 기도, 비움: 사라 코클리의 생애와 신학』(마다바름, 2019).

Martin A. Nowak and Roger Highfield, *Supercooperators : Altruism, Evolution, and Why We Need Each Other to Succeed* (2011; 『초협력자: 세

---

[37] 이 질문은 2021년 1월 30일 미래신학포럼에서 열린 필자의 코클리 발표에서 제기된 안윤기 교수의 질문을 참고한 것이다.

상을 지배하는 다섯 가지 협력의 법칙』, 허준석 옮김, 2012).

Fergus Kerr, *After Aquinas: Versions of Thomism* (Blackwell, 2002).

생각해보기

① 유전자 환원주의 관점의 한계는 무엇인가?

② 근대적 의미의 '외재적 목적'과 코클리가 대안적으로 제시한 '토마스
주의에 근거한 목적'은 어떻게 다른가?

③ 칸트가 해결하지 못한 목적론적 논증을 토마스 아퀴나스는 어떻게 접
근하는가? 이것은 코클리의 자연신학에 어떤 실마리를 주고 있는가?

II. 캐트린 태너의 『기독교와 새로운 자본주의 정신』

1. 서론

캐트린 태너(Kathryn Tanner, 1957-)는 미국의 신학자이면서 성공회에 속해
있다. 그는 1979-1983년 동안 예일 대학교에서 전 학위 과정(B.A., M.A.,
M.Phil., Ph.D.)을 모두 마쳤다. 박사 학위 논문은 기독교 신학사에서 하나
님의 행위성과 피조물의 행위성을 양립시키기 위한 노력을 탐구한다.[38] 예

---

38 Kathryn Tanner, *God and Creation in Christian Theology: Tyranny or Empowerment?*
(Oxford, UK: Blackwell, 1988).

일 대학교에서 가르치다가 1994년에 시카고 대학교 교수로 임용되어 재직한 후, 2010년부터 다시 모교로 돌아와 교수로 재직 중이다. 성공회 주교회(Episcopal House of Bishops)의 자문 역할을 하는 신학 위원회 위원이기도 하다. 대표적인 저작으로는 *The Politics of God: Christian Theologies and Social Justice*(1992), *Theories of Culture: A New Agenda for Theology*(1997), *Jesus, Humanity and the Trinity: A Brief Systematic Theology*(2001), *Economy of Grace*(2005), *Christ the Key*(2010) 등이 있다.

2. 본론

태너는 기포드 강연 연사로 초청되어 "기독교와 새로운 자본주의 정신"(Christianity and the New Spirit of Capitalism)이라는 주제로 2016년 애버딘 대학교에서 강연했고, 강연의 결과물을 동일한 제목으로 출간했다.[39] 이 제목은 막스 베버의 『프로테스탄트 윤리와 자본주의 정신』을 연상하게 한다. 막스 베버는 프로테스탄트 윤리와 자본주의의 발흥 사이에 선택적 친연성이 존재한다는 논지를 전개했는데, 태너는 이와 반대로 (금융) 자본주의와 기독교 신념이 양립할 수 없다는 주장을 펼치고 있다. 그의 이런 자본주의에 대한 성찰은 신자유주의식 자본주의 비판을 골자로 한 *Economy of Grace*에서 시작되었으나, 기포드 강연에서는 신자유주의식 자본주의의 특징 중 하나인 금융 자본주의에 초점을 맞춰 논지를 전개한다.

    태너는 금융 자본주의 비판에 특히 미셸 푸코를 참고한다. 푸코가 신자유주의 자본주의 시스템에서 어떻게 이 시스템의 통치에 휘둘리지 않고

Kathryn Tanner, *Christianity and the New Spirit of Capitalism* (New Haven, CT: Yale University Press, 2019).

저항할 수 있는지를 고민했던 철학자였기 때문이다. 그는 이를 위해 "스스로 윤리적 주체가 되는 것(self-fashioning)"을 강조하며 자기 관리와 절제를 제안한다.[40] 태너는 이에 비해 현재의 기독교 정신이 자본주의에 대항할 수 있는 항체를 결여하고 있다고 판단하고, 대안적인 자본주의 정신, 새로운 자본주의 정신을 총 6장에 걸쳐 개진한다.

우선 1장 "자본주의의 새로운 정신과 기독교적 응답"에서 태너는 베버의 시도를 복기한다. 베버는 기독교의 특정한 교리가 초기 자본주의를 형성하는데 큰 역할을 했다고 주장한다. 그에 따르면 사람들의 행동 이면에는 종교적 동기가 놓여 있고, 이 종교적 동기가 자본주의의 탄생을 초래했다. 즉, 힘든 노동으로 이윤 추구를 하는 것은 이생의 물질적 '웰빙'을 위해서가 아니라 구원받았는지 아닌지에 대한 불안을 다루는 효과적인 심리 기제였다(칼뱅의 이중예정설). 신학자인 태너가 경제 체제에 관심을 기울인 이유는 자본주의가 경제 체제에 머물지 않고 구체적인 문화적 형식들(신념, 가치, 규범들)로 구현되어 사람들의 행동을 통제하는 정신적·영적 기능을 하기 때문이다. 20세기 전환기인 산업 자본주의의 전성기 시절, 자본주의가 종교적 신념들과 분리된 이후에도, 물질적 즐거움을 고려하지 않은 일상의 훈련된 행동을 추구하는 기독교적 노동 윤리는 여전히 작동하고 있었다. 단일종을 대량 생산하고 대량 소비하는 속성을 지닌 포드식 산업 자본주의하에서는 한 사람이 한 직장에서 평생 일하는 노동 환경이 주어지는데, 여기서 자본주의 정신과 개신교 노동 윤리가 잘 맞아떨어졌다. 그러나 태너는 산업 자본주의와 달리 오늘날의 금융 자본주의 환경 속에서는 기독교적 신념이 자본주의의 그 새로운 정신과 양립할 수 없다고 주

---

40   Ibid., 99.

장한다.

2장 "과거에 묶여"에서 태너는 금융 자본주의가 인간의 주체성을 구성하고 자본주의에 대한 비판을 숨기기 위해 현재와 미래의 행동에 대한 과거의 중요성을 확대한다고 말한다. 금융을 통한 이윤을 장려하는 시스템에서, 빚은 우리를 과거에 묶어둔다. 예를 들어, 30년간 주택 저당대출금 상환의 의무를 지고 해고에 대한 두려움으로 파트타임 일을 하는 사람에게, 현재와 미래는 과거에 묶여 있다. 이에 반해 기독교는 오히려 과거와의 질적 단절을 제안한다. 기원인 에덴동산을 이상향 삼아 과거로 회귀하려는 것은 플라톤적인 구원이다. 기독교적 구원은 과거에서 현재를 거쳐 구원의 미래로 가는 지속적 과정이라기보다 하나의 상태에서 다른 상태로 통과하여 가는 것, 즉 죽음을 통한 통과와 같다. 이러한 통과는 빚에서 해방되는 것, 빚의 말소와 같은데, 스스로의 자원으로 면할 수 없는 상환되지 않은 빚인 죄에서 해방되는 것이다. 그리스도가 주는 구원은 한 사람이 거룩한 삶을 통해 마침내 스스로 지불해야 하는 것에 대한 '일종의 선불'이다.[41] 하나님이 우리에게 성취하라고 요구하시는 것은 이미 그리스도 안에서 우리의 것이다.

3장 "전적인 헌신"에서 태너는 금융 자본주의에서 의미하는 헌신과 기독교의 헌신을 비교한다. 산업 자본주의에서 회사에 대한 헌신은 회사가 그들에게 하는 헌신과 일치한다. 열심히 일하면 고용되고 승진하고 기여에 맞는 보수를 받는다. 헌신의 유인책으로 두려움을 이용하거나 보상을 사용하기도 하나, 두려움을 자극하려면 지속적 감시가 필요하고 감시는 비용을 발생시키며, 보상은 항상 만족할 만큼 주어지지 않기 때문에 둘

---

41   Ibid., 61.

이 효율적인 유인책은 되지 못한다. 그러나 금융 자본주의에서는 순응을 유도하기 위해 금욕의 방식으로 규율한다. 집에서든 가게에서든 직장에서든, 자기실현과 자기 성취를 더 크게 달성하겠다는 목표를 추구하기 위해서는, 가진 것을 최대한 이용하는 책임 있는 사람이 되어야 한다. 자신의 가치를 자기주도적으로 향상하며, 자신을 인적 자산으로 여긴다(호모 이코노미쿠스). 고용인의 자기 이해가 그들을 고용하는 회사의 자기 이해와 완벽하게 일치된다.

이에 반해 기독교에서는 하나님 외의 다른 어떤 것에 대한 전적인 헌신에 대해서도 간섭한다. 자신을 하나님께로 정향하는 것, 하나님께 헌신하는 것은 모든 다른 욕망을 포괄하고 연합하는 것이 된다. 하나님에 대한 헌신은 유일한 한 영역에서만 드러나는 것이 아니라 삶 전체를 통해 드러나며 그것이 우리 삶의 지속적 초점이다. 하나님에 대한 기독교적 헌신은 금융 자본주의가 유발하는 헌신의 메커니즘과 완전히 다르다. 하나님은 우리의 의지를 대체함으로써가 아니라 내 의지가 무엇이든지, 설사 그 의지가 의식적으로는 하나님의 의도와 반대되더라도, 하나님 자신의 의지를 내 의지 안에서 또 그것을 통하여 이루어내신다. 죄 된 옛 삶의 죽음은 나의 뜻 자체의 죽음을 요청하지 않는다. 그리스도 안에서 하나님의 뜻이 나의 선을 위한 것임을 확신할 수 있기 때문이다. 하나님의 욕망은 나를 구원하는 것이다. 하나님의 뜻과 나의 뜻을 통합하는 것은 금융 자본주의에서 기업의 뜻과 고용인의 뜻을 일치시키는 방식과는 다르다. 회심은 욕망의 일상적 추구에 대한 '투자 중단'을 필요로 한다.[42] 기독교적 헌신은 우리가 관련된 모든 다른 추구를 가로지르기 때문에, 금융 자본주의의 전적인 헌신

---

42   Ibid., 89.

요구, 즉 우리를 특정한 역할 또는 과제와 동일시하는 것으로부터 우리를 보호한다. 기독교적 정체성은 인격을 과제나 역할로 환원하지 않는다. 한 사람의 인격은 환원할 수 없는 방식으로 다른 역할 및 과제들과 연관된다.

푸코는 관습적인 역할과 과제의 일상적인 주체로부터 자아를 분리하는 '대항 행위'를 제안하지만, 태너가 볼 때 이런 (내재적) 자기 초월의 형식은 좋은 대안이 아니다.[43] 유한하고 타락한 세계를 어쩔 수 없이 받아들이게 되기 때문이다. 이에 반해 세계가 아닌 하나님은 우리의 욕망을 고쳐서 세계를 향한 하나님의 뜻과 완벽히 일치하게 만드신다.

4장 "오직 현재일 뿐"에서 태너는 금융 자본주의가 현재를 다루는 방식을 기술한다. 금융 자본주의 체제는 우리가 과거에 했던 결정으로 우리의 현재와 미래를 과거에 묶어두는 한편, 현재의 시간과 자원의 희소성에 집중하게 함으로써 현재에만 집중하여 미래를 바라보지 못하게 막는다. 금융 자본주의의 실제 경영에서는 현재 수행하는 일에 전적으로 몰두하면서 시간과 자원을 최대한 효율적으로 사용한다. 과거에 수행한 것은 미래에 수행할 것의 어떤 지표도 되지 않는다. 따라서 사람들은 에피쿠로스주의자들처럼 욜로의 삶을 즐기거나, 스토아주의자들처럼 자기 삶을 통제하는 일에 골몰하게 된다. 이에 반해 기독교는 현재를 회심 요구에 대한 응답의 순간으로 간주한다. 현재는 희소성 때문에 긴박한 것이 아니다. 우리는 그리스도 안에서 필요한 모든 것을 공급받는다. 그분을 통해 모든 은혜가 제공된다. 현재는 희소성과는 반대로 회심을 위해 제공되는 무르익은 시간이다.[44] 현재는 순간의 기회들이 상실될지도 모르기 때문이 아니라, 그

---

43   Ibid., 99-101.
44   Ibid., 125.

기회들이 우리의 곤궁과 필요에 완벽히 맞는 것이기 때문에 긴급하다. 우리가 현재를 잡으려 하는 이유는 상실될 기회에 대한 두려움이 아니라 그것의 직접적이고 압도적인 매력 때문이다.

5장 "다른 세상?"에서 태너는 '미래'에 대한 금융 자본주의와 기독교의 접근을 비교한다. 금융 자본주의의 관점에서 미래는 일종의 사전 기억 (advance memory)으로서 현재의 의사결정에 참여한다. 비금융 시장에서는 높아진 가격이 수요를 낮추고 낮아진 수요가 미래의 가격을 낮추지만, 금융 시장에서는 이와 반대로 증가된 수요에 의해 가격이 탄력을 받아 올라간다. 현재의 가격 증가가 미래의 더 큰 수요를 만드는 경향이 있다. 금융 시장의 자기 추진적인 되먹임 고리는 미래적 현재를 현재적 미래로 만드는 경향이 있다. 금융 시장의 파생상품들은 미래가 기대된 대로 나타나지 않을 가능성에 대비하여 보호하도록 설계되었다. 그 날짜에 계약한 것보다 가격이 더 오른다면 계약 가격과 미래의 실제 가격 사이의 차이를 상쇄할 수 있다. 파생상품은 어떤 범위 안에서의 미래 가격 변동 가능성을 토대로 예측을 하고, 미래의 능력을 길들이려 한다.

이에 반해 기독교에서는 미래를 완전히 통제할 수 없다고 본다. 기독교가 말하는 자기 개혁이란 인간이 자기 추진적으로 통제하는 것을 배제하는 것이다. 그리스도의 영에 의존하는 것, 영원한 삶, 하나님 자신의 삶을 향유하는 것은 우리 스스로 얻을 수 있는 것이 아니다. 따라서 그리스도인이 기대하는 미래는 현재와 다르다. 미래는 그 자체로 특별한 주의를 요청한다. 부활의 삶은 지금의 삶과 다르다. 이전에는 기대할 수 없었던 방식으로 변화하는 것이며, 유한한 인간 피조물의 잠재성을 단순히 연장하는 것이 아니다. 부활한 삶은 과거와 미래의 삶의 성격에 대한 일반화에 의해 제공된 데이터로 계산하거나 예측할 수 없다. 기독교적 미래는 계산에 종속되지 않는다. 미래를 현재로 끌어당겨오는 것, 그 차이를 줄이는 것은 금융 자산의 가격 매기기와 다르다. 미래는 "비접합적으로 현재에 남아 있다."[45] 하나님의 현존으로서의 미래는 그것을 둘러싸고 있는 피조된 모든 것으로부터 절대적으로 다르게 남아 있다.

6장 "어떤 세계"에서는 금융 자본주의가 그리는 세계가 아니라 기독교가 말하는 대안적 세계를 제안하며 이에 대한 헌신을 호소한다. 태너는 금융 자본주의의 노동 윤리가 근본적인 기독교적 헌신과 양립할 수 없다고 주장한다. 종교개혁 이전의 기독교는 경제적 목적을 위한 일보다 관상기도와 같은 종교적 추구에 가치를 두었다. 그러다가 루터가 소명 교리로써 노동을 통해 종교적 추구를 이룰 수 있다고 생각하게 했다. 열심히 일하는 것이 바로 하나님에 대한 헌신을 입증하는 방식이라는 것이다. 그러나 이런 옛 노동 윤리는 자아와 일을 분리하지 않고 경쟁을 부채질하며 개인의 무한 책임을 강조하는 금융 자본주의 시대의 경제 체계 속에서, 일자체가 목적이 되어버릴 위험에 노출된다. 자기 관리, 자기 효율을 달성하지 못해 경쟁에서 실패할 것에 대한 두려움에 사로잡혀 있는 사람들에게 태너는, 그리스도의 은혜를 받은 사람의 개인적 가치는 다른 사람들과의 비교로 설정되지 않음을 강조한다. 나의 가치는 타인과 비교하여 측정된 상대적인 것이 아니라 절대적인 것이다. 내가 획득한 구원은 다른 사람을 배제하지 않는다. "구원이란 싸워서 얻어진 희소 상품이 아니다."[46] 내가 하나님의 의도와 아무리 멀리 떨어져 있다 해도, 하나님은 우리가 실패할 때보다 성공할 때 더 사랑하지 않으신다. 하나님의 창조와 구원의 목적

---

45   Ibid., 164.
46   Ibid., 204.

은 인간에게 어떤 생산적인 행위를 떠맡기기 위한 것이 아니다. 인간으로부터 어떤 것이 필요해서 그들을 창조하고 구원하신 것이 아니다. 하나님은 인간이 하나님의 뜻에 완전히 전념하면서 살기 원하시지만, 그것이 하나님의 창조나 구원의 이유는 아니다. 하나님은 단순히 하나님의 삶을 나누시고, 그래서 그 삶의 온전함이 하나님이 아닌 어떤 것에서 반사되기를 바라신 것이다.

3. 결론

태너는 금융 자본주의와 기독교 신념이 양립할 수 없다는 주장을 펼친다. 금융 자본주의가 그려내는 세계는 인간을 과제와 역할로 환원하며 끊임없이 기업의 이익과 자신의 이익을 일치시키는 인적 자원(호모 이코노미쿠스)이 되도록 강제한다. 푸코는 그런 자본주의에 대항하기 위하여 자기 스스로가 윤리적 주체가 되는 것(self-fashioning)을 강조하며 자기 관리와 절제를 제안한다. 이에 태너는 죄로 물든 유한한 세계와의 초월적 단절 없이, 금융 자본주의에 대항하는 주체 형성은 불가능하다고 보았다. 따라서 세계와 분리되어 있는 하나님의 뜻에 나의 뜻을 평생 일치시키는 메타노이아야말로 금융 자본주의가 우리에게 던진 올무에서 빠져나갈 대안이라고 주장한다. 이러한 태너의 시도에 대해서는 기독교와 현실 세계 사이의 과도한 이분법적 도식을 고착시키는 것이 아닌가 하는 질문도 제기할 수 있다.[47]

　　태너의 기포드 강연은 과학이나 철학과의 학제 간 연구에 부합하지

---

[47]　이 질문은 2020년 6월 26일에 있었던 미래신학연구소에서 진행된 필자의 태너에 관한 발표 후에 나온 이용주 교수의 질문을 참고한 것이다.

않을지도 모르나, 그의 신학이 앞의 코클리 신학과 비교할 점이 많다는 점에서 선택했다. 코클리는 태너의 '은혜의 경제'에, '희생의 이미지'가 수반하고 있는 젠더 관점이 빠져 있다고 비판한다. 받는 것 없이 무조건 주는 하나님은 여성의 희생을 정당화하는 것은 아닌가? 코클리의 비판에 근거하여 태너의 경제 체계와 창조에 대한 이해가 희생이라는 진화의 원리와 어떻게 연결되는지를 연구하는 것도 의미 있는 신학적 작업이라고 본다.

더 읽어보기

Kathryn Tanner, *God and Creation in Christian Theology: Tyranny or Empowerment?* (Fortress Press, 1988).

Kathryn Tanner, *Jesus, Humanity and the Trinity: A Brief Systematic Theology* (Fortress, 2001).

Kathryn Tanner, *Economy of Grace* (Fortress, 2005).

Kathryn Tanner, "Incarnation, Cross, and Sacrifice: A Feminist-Inspired Reappraisal," *Anglican Theological Review* 86 no.1 (Winter 2004): 35-56.

Hilda P. Koster, "Creation as Gift: Tanner's Theology of God's Ongoing Gift-Giving as an Ecological Theology," eds. Rosemary P. Carbine and Hilda P. Koster, *The Gift of Theology: The Contribution of Kathryn Tanner* (Fortress, 2015): 257-284.

캐트린 태너, 백지윤 옮김, 『기독교와 새로운 자본주의 정신』(IVP, 2021)

① 베버의 논지인 자본주의와 개신교 윤리의 친연성이란 무엇인가?

② 태너가 금융 자본주의와 기독교의 양립 가능성을 부정하는 이유는 무엇인가?

③ 금융 자본주의자들이 그리는 미래와 그리스도인의 미래는 어떻게 다른가?

필자 소개 (가나다순)

강태영

경북대학교(B.Sc.), 장로회신학대학교(M.Div./Th.M.), 하이델베르크대학교(Dr.Theol.)에서 신학을 공부하고 지금 장로회신학대학교 객원 교수이다. 「현대 자연과학의 무신론적 경향성에 대한 고찰」 외 여러 편의 논문이 있다.

김정형

서울대학교 철학과(B.A.), 장로회신학대학교 신학대학원(M.Div.), 미국 버클리 연합신학대학원(Ph.D.)에서 철학과 신학과 과학을 공부하고, 지금은 장로회신학대학교에서 조교수로 재임하고 있다. 『창조론: 과학 시대 창조 신앙』, 『예수님의 눈물』 등의 저서와 다수의 논문이 있다.

박성규

장로회신학대학교(Th.B./M.Div./Th.M.)와 독일 뮌스터대학교(Dr. theol.)에서 조직신학을 공부하고 장로회신학대학교 조직신학 조교수를 역임했으며, 현재 장로회신학대학교 조직신학 객원 교수와 삼송교회 협동 목사로 재임하고 있다.

박형국

서울대학교(B.A.), 장로회신학대학교 신학대학원/대학원(M.Div./Th.M.), 에모리대학교(Th.M.), 그리고 드루대학교 신학대학원(M.Phil./Ph.D.)에서 종교학과 철학과 신학을 공부하고 현재 한일장신대학교 조직신학 교수로 재직하고 있다. 『죽음과 고통, 그리고 생명』(2015)과 「진화와 목적에 관한 소고 – 맥그래스의 기포드 강연의 보충」(2021) 외 다수의 저서와 논문을 저술했다.

백충현

서울대학교(B.A.), 장로회신학대학교 신학대학원(M.Div.), 프린스턴신학교(Th.M.), 예일대학교 신학대학원(S.T.M.), 버클리 연합신학대학원(Ph.D.)에서 철학과 신학을 공부하고 현재 장로회신학대학교 조직신학 교수로 활동하고 있다.『내재적 삼위일체와 경륜적 삼위일체』를 비롯하여 다수의 저서와 국내외 학술지 논문이 있다.

안윤기

서울대학교(B.A./M.A.)와 장로회신학대학교(M.Div), 튀빙겐대학교(Ph.D.)에서 철학과 신학을 공부하고 현재 장로회신학대학교 교양학(철학) 교수로 봉직 중이다. 주요 논문으로는「칸트 철학은 반(反)종교적인가?」,「자기의식 문제와 지성적 직관」,「로이힐린의 안경」등이 있다.

우종학

연세대학교(B.Sc./M.Sc.), 예일대학교(M.Phil./M.Sc./Ph.D.)에서 천문학을 전공하고 캘리포니아대학교 샌타바버라와 로스앤젤레스(UCSB & UCLA)에서 연구원을 지냈으며 서울대학교 물리천문학부 교수로 재직하고 있다. 국제 학술지에 발표한 100여 편의 논문과 다수의 저서가 있다.

윤철호

장로회신학대학교(Th.B.), 프린스턴신학교(Th.M.), 노스웨스턴대학교(Ph.D.)에서 신학을 공부하고 30년간 장로회신학대학교 조직신학 교수로 봉직했으며 지금은 동 대학교 명예 교수다.『너희는 나를 누구라 하느냐』등 10여 권의 저서와 국내외 전문 학술지에 발표된 100여 편의 논문이 있다.

이관표

연세대학교(Th.B./M.A./Ph.D. in theology), 장로회신학대학교(M.Div.), 독일 드레스덴대학교(Dr. phil. in Philosophie)에서 철학과 신학을 공부하고, 지금 한세대학교 사회복지학과/교양학부 교수로 봉직하고 있다. 주요 저서로는『하이데거와 부정성의 신학』,『소수자의 신학』(공저),『신학방법론』(공저) 등이 있으며, 논문으로는「하이데거 후기 철학에서 존재 자체의 '비움'성격과 그것을 통한 동양사상과의 대화 가능성에 대한 연구」,「신학의 원초적 방법론으로서의 '철학적 신학'」등 20여 편이 있다.

이상은

단국대학교(B.A.), 장로회신학대학교(M.Div./Th.M.), 하이델베르크대학교에서 신학을 공부하고 현재 서울장신대학교 조직신학 교수로 재직 중이다. 『화해에 기반한 통일』을 포함한 저역서 및 여러 권의 공저, 공역서를 출간해왔고 다수의 논문을 전문 학술지에 게재해왔다.

이용주

연세대학교(M.A./Th.M.), 장로회신학대학교(M.Div.), 하이델베르크대학교, 튀빙겐대학교(Dr.Theol.) 등에서 공부하였고 숭실대학교 기독교학과에서 재직 중이다. "Karl Barth Rezeption in Korea" 등 다수의 논문과 역서가 있다.

정대경

장로회신학대학교(Th.B.), 샌프란시스코신학대학원(M.Div.), 버클리 연합신학대학원(Ph.D.)에서 조직신학, 신학과 과학을 공부하고, 숭실대학교 교수 및 교목으로 봉직하고 있다. "Re-Enchanting the Human" 등 국내외 전문 학술지에 발표된 10여 편의 논문이 있다.

최유진

장로회신학대학교(B.A./M.Div./Th.M.), 프린스턴신학대학원(Th.M.), 게렛신학대학원(Ph.D.)에서 신학을 공부하고 장신대와 숭실대에서 강사, 초빙 교수, 겸임 교수를 거쳐 현재 호남신학대학교 조직신학 조교수로 재임하고 있다. 『혐오와 여성신학』(공저)과 다수의 논문이 있다.

편집자 소개

윤철호

장로회신학대학교(Th.B.), 프린스턴신학교(Th.M.), 노스웨스턴대학교(Ph.D.)에서 신학을 공부하고 30년간 장로회신학대학교 조직신학 교수로 봉직했으며 지금은 동 대학교 명예 교수다. 『너희는 나를 누구라 하느냐』 등 10여 권의 저서와 국내외 전문 학술지에 발표된 100여 편의 논문이 있다.

김효석

서울대학교(B.S.)에서 전기공학을, 장로회신학대학교(M.Div.), 하버드대학교(M.T.S.), 클레어몬트대학원대학교(Ph.D.)에서 신학과 종교철학을 공부하고 현재 한남대학교 인성플러스센터 연구 교수로 활동하고 있다. 비트겐슈타인 종교철학자 D. Z. Phillips에 대한 박사 논문이 독일 Mohr Siebeck에서 출간 예정이다.

신학과 과학의 만남

기포드 강연을 중심으로

Copyright ⓒ 장신대 연구지원처·윤철호 외 13인 **2021**

1쇄 발행 2021년 6월 28일

지은이	윤철호 김효석 강태영 김정형 박성규 박형국 백충현
	안윤기 우종학 이관표 이상은 이용주 정대경 최유진
펴낸이	김요한
펴낸곳	새물결플러스

편 집	왕희광 정인철 노재현 한바울 정혜인
	이형일 나유영 노동래 최호연
디자인	윤민주 황진주 박인미
마케팅	박성민 이원혁
총 무	김명화 이성순
영 상	최정호 곽상원
아카데미	차상희

홈페이지	www.holywaveplus.com
이메일	hwpbooks@hwpbooks.com
출판등록	2008년 8월 21일 제2008-24호
주 소	(우) 04118 서울시 마포구 마포대로19길 33
전 화	02) 2652-3161
팩 스	02) 2652-3191

ISBN 979-11-6129-205-2 03230

책값은 뒤표지에 있습니다.